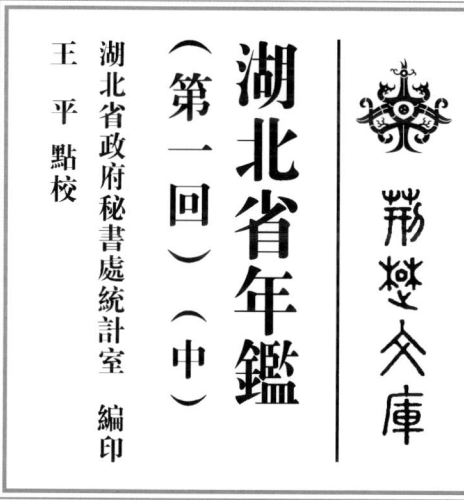

湖北省年鑑
（第一回）（中）

湖北省政府秘書處統計室 編印

王 平 點校

荆楚文庫

荆楚文庫編纂出版委員會

華中科技大學出版社

工　業

壹、概　說

　　本省之有工廠工業，始於遜清光緒年間，總督張之洞氏，以振興工業爲强國要圖，先後創辦各新式工廠，廠址在武昌者，有布、紗、麻、絲等四官局及氈呢、造紙等廠。在漢陽者，有煉鐵、針釘及官磚等廠。區區武漢一隅，各業工廠應時而興，且均具相當規模，蓋已極一時之盛，第董其事者大都昧於工業智識，終致虧累閉歇，其能勉强支持者，迨辛亥革命軍興，亦幾蕩然無存，良可惜也。

　　官營工廠在當時雖鮮著成效，然政府既經提倡，社會人士之有資力者，亦多奮然興起，從事於工廠之經營，其間固不無成敗互見，然此仆彼起，多能慘淡經營，歷盡時艱，以事挣扎，迄今雖仍未脫離幼稚時期，顧華中諸省，尚未有能出其右者，誠以本省物産富饒，交通便利，有以使之然也。今後果能權其輕重與緩急，調整步驟，極力策進，自不難蒸蒸日上矣。

　　茲編所載，僅限於工廠工業，至於手工業以調查尚未蕆事，故付闕如。再各業工廠屬於武陽漢三鎮者，係二十五年八月間實地調查，其屬於各縣者，係通信查報，惟各廠家於產品一項及公營工廠之資本數、年產值等項，多未填列，以時間匆促，未克補查，祇得就現有材料彙編，其中容有疏漏，俟將來復查補正。

　　武陽漢三鎮爲本省各業工廠集中之區，就中尤以漢口爲最盛，計有工廠四百零八家，資本約四千萬元，佔全省總數百分之七十七，年產值一萬五千萬元以上，佔全省總數百分之七十八，工人共約二萬一千，佔全省總數百分之四十四有奇。次爲武昌，計有工廠五十八家，資本約六百萬元，佔總數百分之十一，年產值共二千三百餘萬元以上，佔總數百分之十二，工人計一萬六千。再次爲漢陽，有工廠五十家，資本一百五十餘萬元，佔總數百分之三，年產值約七百萬元，佔總數百分之四左右，工人約在六千以上。

　　屬於各縣之工廠，在廣濟、江陵、蒲圻等縣，各有工廠五家至十家不等，資本首推江陵，計達二百餘萬元，次爲蒲圻，計三十萬元，再次爲廣濟，計八萬二千餘元。此外如大冶、光化、宜昌、應城、沔陽、襄陽、荆門、隨縣、宜都等縣，僅各有工廠一、二家，其資本之最大者，不過四十萬元左右，工人數除大冶約七百人外，其餘或數人乃至三十餘人而已。

貳、工　廠

一、總況

業別	廠數	資本（元）	工人數	年產值（元）
總計	548	51 365 648	46 563	203 231 737
漢口	408	39 827 548	21 285	157 561 024
水電	6	8 860 000	1 129	15 230 758
冶煉	8	1 506 288	460	1 059 960
金屬品	3	7 500	22	20 600
機器	57	207 350	906	684 490
電器	7	27 000	117	219 200
木材	6	77 000	50	161 960

續表

業別	廠數	資本（元）	工人數	年產值（元）
土石品	16	651 600	539	255 100
化學	48	1 622 010	1 789	2 699 388
飲食品	162	5 402 600	4 501	19 823 088
菸草	3	11 950 000	3 481	102 486 000
紡織	29	7 096 700	4 630	13 454 000
服飾品	9	855 100	363	157 300
交通工具	7	2 500	1 364	13 000
文化	37	1 530 350	1 320	1 140 980
其他	10	31 550	614	155 200
武昌	**58**	**5 886 800**	**15 990**	**23 429 273**
水電	2	700 000	196	290 000
機器	1	50 000	253	173 000
化學	3	40 000	202	200 000
飲食品	39	128 300	350	1 812 073
紡織	6	4 904 500	10 249	15 805 000
服飾品	3		4 150	5 000 000
交通工具	2	50 000	524	100 000
文化	1	10 000	56	40 000
其他	1	4 000	10	9 200
漢陽	**50**	**1 533 200**	**6 568**	**7 540 740**

續表

業別	廠數	資本（元）	工人數	年產值（元）
水電	2	128 000	15	54 000
冶煉	2	4 000	34	22 000
機器	13	117 000	458	303 440
化學	4	315 000	978	2 450 000
飲食品	17	952 400	1 333	4 651 300
菸草	1	3 000	36	5 000
紡織	9	13 800	897	55 000
軍火	2		2 817	
廣濟	**10**	**82 000**	**75**	**45 000**
水電	1	69 680	17	23 000
飲食品	9	12 320	58	22 000
江陵	**6**	**2 961 500**	**1 836**	**13 950 000**
水電	1	120 000	12	108 000
機器	1	1 500	31	12 000
飲食品	2	340 000	115	830 000
紡織	2	2 500 000	1 678	13 000 000
蒲圻	**5**	**300 000**		**500 000**
飲食品	5	300 000		500 000
大冶	**2**	**12 600**	**711**	
水電	1	12 600	6	

業別	廠數	資本（元）	工人數	年產值（元）
土石品	1		705	
光化	2	110 000	19	16 000
水電	1	80 000		16 000
飲食品	1	30 000	19	
宜昌	1	400 000	39	135 000
水電	1	400 000	39	135 000
應城	1	80 000	10	15 000
水電	1	80 000	10	15 000
沔陽	1	80 000	8	15 000
水電	1	80 000	8	15 000
襄陽	1	39 000	10	12 000
水電	1	39 000	10	12 000
荆門	1	30 000	4	
水電	1	30 000	4	
宜都	1	15 000	5	9 100
水電	1	15 000	5	9 100
隨縣	1	8 000	3	3 600
水電	1	8 000	3	3 600

二、公營

業別	廠名 （數字係廠數）	廠址	設立		負責人	獨資或合股	資本 （元）
			年	月			
總計	**20**						**755 500**
漢口	**8**						**1 500**
水電	平漢鐵路電燈廠	江岸車站	光 25	8	鄭鴻逵		
交通工具	平漢鐵路機務廠	〃	〃	6	羅英韓		
	平漢鐵路機車廠	〃	1	2	王大鏗		
	平漢鐵路修理廠	〃	9	9	張履鼎		
	平漢鐵路碎修廠	〃	〃	〃	陳一龍		
	平漢鐵路枕木廠	〃	光 25	10	蔣振銘		
	平漢鐵路電報廠	〃	9	7	李常海		
其他	貧民工廠	長堤街			陸仲屏		1 500
武昌	**10**						**754 000**
水電	武昌水電廠給水所	平湖門 2	24	8	張培均		200 000
	武昌水電廠發電所	磚瓦巷	〃	〃	〃		500 000
機器	湖北省建設廳武昌機廠	文昌門	23	6	盧釗		50 000

年產值 (元)	發動力			工人數					工作時間 (小時)	每日工資 (元)	
	蒸汽	油	電	共計	學徒	男工	女工	童工		最多	最少
5 468 000	**4**	**8**	**59**	**9 523**	**121**	**8 170**	**1 230**	**2**			
			14	**1 446**	**19**	**1 397**	**30**				
			14	42	1	41			8	1.25	0.35
				580	8	572			"	2.85	0.40
				478	4	474			"	1.80	"
				186	4	182			"	1.60	0.20
				35		35			"	1.75	0.45
				25		25			"	1.40	0.30
				30	2	28			"	2.00	0.40
				70		40	30				
5 468 000	**2**	**8**	**45**	**5 260**	**102**	**3 956**	**1 200**	**2**			
30 000			4	100	3	97			10	1.20	0.60
260 000		2	4	96	7	89			"	"	"
173 000		3	2	253	41	210		2	9	1.25	0.40

業別	廠名 （數字係廠數）	廠址	設立		負責人	獨資或合股	資本 （元）
			年	月			
化學	軍政部武昌製革廠辦事處附設皮件工場	中正路 209	22	1	魏朝璋		
	軍政部武昌製革廠南湖工場	南湖	20	7	〃		
紡織	湖北棉業改良委員會試驗總場徐家棚分場	徐家棚二郎廟	21	8	馮肇傅		4 000
服飾品	軍政部武昌被服廠	絲局街			潘倫		
	軍政部武昌被服廠第一工場	水陸巷			茅怡安		
	軍政部武昌被服廠第二工場	中正街 207	25	6	蔡紫珊		
交通工具	粵漢鐵路廠務處武昌徐家棚機廠	徐家棚	1		徐麟書		
漢陽	**2**						
軍火	漢陽兵工廠	磯頭街	光 20	1	鄭家俊		
	漢陽大藥廠	月湖堤	〃	4	譚寄陶		

續表

年產值 （元）	發動力			工人數					工作 時間 （小時）	每日工資 （元）	
	蒸汽	油	電	共計	學徒	男工	女工	童工		最多	最少
				80	10	70			8	0.80	0.30
		1		90	10	80			〃	0.90	〃
5 000		1		10		10			10	0.40	0.20
3 000 000		1	10	3 000		2 000	1 000		9	2.00	0.50
2 000 000				200		200			8	〃	〃
				950		750	200		〃	1.00	0.70
	2		25	481	31	450			〃	2.00	0.37
	2			2 817		2 817					
	2			2 240		2 240					
				577		577					

三、民營

甲、合工廠法

業別	廠名 （數字係廠數）	廠址	設立		負責人	獨資或合股	資本 （元）
			年	月			
總計	118						45 428 050
漢口	86						35 706 550
水電	漢口既濟水電公司既濟電廠	大王廟	光 34	8	江述之	合	3 750 000
	漢口既濟水電公司既濟水廠	宗關街 168	宣 1	9	李輝光	〃	3 750 000
	美最時電燈公司	漢江街 49			蓋諾	〃	
	漢口電燈公司	界限路 8	光 31	11	格耳	〃	1 360 000
冶煉	六河溝煤鑛公司揚子鐵廠	諶家磯	9		程萬選		1 500 000
機器	呂方記機器廠	河街 341	2	2	呂方根	獨	20 000
	冠昌機器廠	雲樵路	4	〃	林桂昌	合	20 000
	大隆機器廠	銘新街	21	8	朱松林	獨	3 000
	公記機器廠	湖南街	19	3	陳位醴	〃	6 750
	呂錦花機器廠	河段中街	宣 2		呂方根		20 000

年產值 (元)	發動力			工人數					工作時間 (小時)	每日工資 (元)	
	蒸汽	油	電	共計	學徒	男工	女工	童工		最多	最少
186 567 013	**79**	**41**	**202**	**30 821**	**888**	**14 188**	**13 557**	**2 188**			
149 706 813	**60**	**22**	**190**	**15 647**	**512**	**8 418**	**6 388**	**329**			
8 755 907	6			414	18	396			8	1.20	0.50
6 250 851	3			503	12	491			〃	4.10	〃
150 000	4	2		38		38			〃	2.66	0.60
	5			120	8	112			〃	2.50	0.50
1 000 000	13			337		337					
36 000			1	74	14	60			〃	0.53	0.20
4 500	1		1	135	46	89			9	1.20	0.60
6 000			1	35	28	7			〃	0.80	0.30
95 000			1	58	28	30			〃	1.50	0.20
75 000			3	45		42	3				

業別	廠名 （數字係廠數）	廠址	設立		負責人	獨資或合股	資本 （元）
			年	月			
機器	華豐機器廠	景福路					3 000
	中國煤氣機製造廠	慎昌街	23	2	李葆和		50 000
電器	新月光蓄電池	太平巷 7	19	〃	胡伯才	〃	5 000
	太明電池	黃陂街 452	19	4	程其中	〃	2 000
土石品	三合公記玻璃廠	漢中路 216	21	1	孫義清	合	30 000
	志成玻璃廠	漢正街 507	25	2	徐海如	〃	3 000
	公記料器廠	漢中路	21	3	〃		4 000
	應城石膏粉廠	宗關街	23	10	熊曉峯		100 000
	阜成軋石廠	礄口	13	6	王烈卿		160 000
化學	福興漂染廠	江家墩 18	17	3	劉秋	〃	200 000
	隆昌染廠	阮家前街	18	6	倪麒時	〃	80 000
	善昌染廠	礄口路 375	〃	7	陳雲甫	〃	13 500
	東華染廠	滿春路 21	19	9	陳福摻	〃	160 000
	悅昌染廠	大夾街 451	12	1	邱進佑	〃	8 000
	慶華染坊	藥幫一巷	24	8	董鶴峯	〃	6 000

年產值（元）	發動力			工人數					工作時間（小時）	每日工資（元）	
	蒸汽	油	電	共計	學徒	男工	女工	童工		最多	最少
18 000			1	39		39					
120 000	1			55		55					
100 000			3	32	24	8			8	0.45	0.15
50 000			1	33	20	13			12	"	0.12
50 000			1	78	23	30	5	20	8	1.20	0.10
7 200			1	50	10	40			"	0.80	0.30
45 000			2	90		90					
60 000		1		30		30					
		1		34		34					
372 000		1	2	85		85			12	1.50	0.50
190 000			1	44	7	37			10	0.80	0.30
21 000			13	48		48			"	1.00	0.20
320 000			1	60	4	56			12	0.60	0.10
20 000			1	42	22	20			"	0.20	0.20
8 000			1	34	32	2			10	0.40	0.10

業別	廠名（數字係廠數）	廠址	設立		負責人	獨資或合股	資本（元）
			年	月			
化學	悦華洗染店	五族街 28	20	6	盛杏卿	合	20 800
	太平洋肥皂廠	太平洋路 33	15	4	曹仙州	〃	60 000
	漢昌肥皂廠	漢正街	16	2	余叔瞻		50 000
	日華油餅廠	日租界	宣1	1	日商		
	華日藥廠	漢正街	23	3	陳言之		6 000
	楚勝火柴公司	仁壽路 20	17	4	萬澤生	合	60 000
	亞細亞火油公司	江岸路	光 30	2	海益	〃	
	美孚火油公司	〃		9	哈司	〃	
	大冶煤油廠	洞庭街	14	4	鄭昌	〃	27 500
	德士古煤油廠	江岸路	21	6	史德佛	〃	
飲食品	福新麵粉廠	警署前街	8	10	李國偉	〃	1 500 000
	裕隆麵粉廠	羅家墩	23	9	馬雨堂	〃	50 000
	金龍德記麵粉廠	巴黎街	25	4	黃雲卿	〃	50 000
	寶善機器米廠	漢水街 9	宣3	2	陳秀珊	〃	72 000
	曹祥泰機器米廠	沈家廟	10	7	曹慕堯		40 000

續表

年產值（元）	發動力			工人數					工作時間（小時）	每日工資（元）	
	蒸汽	油	電	共計	學徒	男工	女工	童工		最多	最少
35 000			1	30	13	17			10	0.30	0.20
120 000			1	30		30			11	0.45	〃
				57		57					
235 000		1		94		94					
40 000			1	49		9	40				
617 760			5	500		140	360		10	0.60	0.33
		3	1	60		60			9	1.50	0.50
		3	2	40		40			〃	〃	0.40
150 000			1	40		40			10	0.33	0.10
		1	2	120		120			9	1.50	0.40
6 000 000	1		2	323		323			12	3.00	0.50
2 500 000	1	1		136		136			〃	1.66	0.33
1 500 000	1		2	95		95			〃	1.80	0.53
606 395	1	1		60	5	50	5		〃	0.33	0.33
400 000			2	30		30					

業別	廠名（數字係廠數）	廠址	設立		負責人	獨資或合股	資本（元）
			年	月			
飲食品	大生機器米廠	沈家廟河街	10	10	張伯先		30 000
	福源油廠	皇經堂路 23	25	1	方柏庭	合	50 000
	信元油廠	礄口	24	2	潘賡裕		50 000
	安利英芝蔴廠	漢江街 106	同 5		馬克	〞	
	振興餅乾廠	中山路 532	19	5	李炳炎	獨	10 000
	嘉利蛋廠	五族街 61	光 34	4	克良	合	600 000
	禮和蛋廠	大智門	光 10				500 000
	培林蛋廠	呂欽使街					400 000
	美最時蛋廠	特一區	光 28		德商		
	安利英蛋廠	〞	光 26		英商		
	瑞樂蛋廠	日租界			比商		
	太平洋茶磚廠	蘭陵路	光 29		英商		1 000 000
	興商茶磚廠	礄口	光 22		黃雲浩		500 000
	新泰茶磚廠	蘭陵路	17	2	韋英利	〞	
菸草	頤中烟公司礄口製烟廠	水廠上街 56	13	5	葉文司	〞	700 000

續表

年產值（元）	發動力			工人數					工作時間（小時）	每日工資（元）	
	蒸汽	油	電	共計	學徒	男工	女工	童工		最多	最少
360 000		2		30		30					
1 800 000	2		1	78		78			10	1.00	0.20
85 000			1	84		84					
			1	340		100	240		11	0.60	0.30
50 000			2	70	6	20	40	4	10	0.30	0.15
	1			310		50	260		8	1.00	0.30
	1			140		40	100				
	2			58		36	22				
	2			190		80	110				
	2			175		45	130				
	2			37		21	16				
750 000	1			376		376					
550 000	1			700		700					
	1			376	52	324			8	1.50	0.50
14 976 000	4		9	1 042		290	464	288	9	2.60	1.40

業別	廠名 （數字係廠數）	廠址	設立		負責人	獨資或合股	資本 （元）
			年	月			
菸草	南洋兄弟煙草公司漢廠	仁壽路 77	23	8	胡英初	合	11 250 000
	大英煙公司	六合路 59			畢博施	″	
紡織	申新第四紡織廠	警署前街	10	1	李國偉	″	920 000
	泰安紗廠	″	13	1	近藤宗治	″	3 000 000
	亞東織造廠	漢正街	18	8	楊雲樵		6 000
	遠東布廠	至公巷	23	″	劉仲文		8 000
	和興織布廠	漢中路 97	2	″	鄧廷珍	獨	10 000
	光華染織布廠	漢中路	25	2	余榮廷[①]		10 000
	瑞華紗綫廠	興元街	22	5	倪子藩		6 000
	第一毛絨廠	″	20	6	徐庭芳	合	50 000
	穗豐打包廠	一德街	19	10	鄭搴民	″	1 000 000
	漢口打包廠	鄱陽街	9	″	劉守誠		1 000 000
服飾品	茂利鈕扣廠	五彩巷 63	24	1	顧公使	獨	10 000
	華太鈕扣廠	礄口安定巷	21	7	李慶餘		10 000

---

① 疑與 “光華織布廠余榮亭” 爲同一人。

續表

年產值 （元）	發動力			工人數					工作 時間 （小時）	每日工資 （元）	
	蒸汽	油	電	共計	學徒	男工	女工	童工		最多	最少
87 510 000	1		1	670		100	570		10	1.00	0.36
			4	1 769		777	992		9	〃	0.45
7 500 000		3	1	1 565		265	1 300		11	3.00	0.35
4 200 000	2		2	1 015		165	850		〃	1.80	0.15
160 000			2	78		39	39				
50 000			1	41		23	18				
30 000			1	55	10	40	5		10	0.30	0.20
100 000			2	103		46	48	9			
50 000			1	43		5	38				
100 000			2	33		18	7	8	〃	1.20	0.45
350 000			1	32		32			8	2.00	0.40
180 000			2	650		200	450				
23 000			1	60		60			10	0.80	0.20
8 500			1	31		31					

業別	廠名 （數字係廠數）	廠址	設立		負責人	獨資或合股	資本 （元）
			年	月			
服飾品	公大鈕扣廠	日租界	23	3	日商		20 000
文化	在東印刷所	昇平街 75	17	〃	馬莘芸	合	5 000
	新聞報印刷所	花樓街 18	3	5	張雲淵	〃	10 000
	正義報印刷所	居巷 95	7	8	蕭恩承		10 000
	掃蕩報印刷所	民生路河街下段 102	24	5	袁企園		50 000
	中亞印刷所	洪益巷 51	6	3	郝季貞	〃	80 000
	頤中煙公司印刷所	大智路 160	17	9	胡竹平	〃	1 000 000
	大同報印刷所	統一街 73	20	10	陶堯階		4 000
	東方印務局	湖北街	12	3	杜澄波	〃	10 000
	漢口聖教書局	鄱陽街	乾 51		文勵益		
	大光報印刷所	中山路永康里 52	24	〃	趙惜夢		50 000
	國華印刷公司	江漢路	21	11	蔡榮生	〃	2 000
	武漢日報印刷所	江漢路 486	18	6	王亞明		100 000
	漢記印刷所	江漢一路 65	23	4	陳子良		20 000

年產值（元）	發動力			工人數					工作時間（小時）	每日工資（元）	
	蒸汽	油	電	共計	學徒	男工	女工	童工		最多	最少
50 000			5	98		90	8				
20 000			1	31	15	16			"	0.73	0.20
55 800			1	39	7	32			"	0.60	0.30
28 470			1	33	5	28			8	1.10	0.65
260 000			8	75	17	58			"	1.20	0.30
40 000			2	40	2	38			10	1.00	0.60
	1	1	60	303		303			9	3.00	0.50
8 700			1	37	8	29			8	1.00	0.60
60 000			2	38	8	30			9	1.50	0.33
			10	44	2	42			"	1.10	0.30
22 714			1	53	13	40			5	1.33	0.13
12 000			1	31	18	13			10	1.00	0.20
160 000			2	68	11	57			"	1.60	0.50
14 016			1	42	6	36			12	2.66	0.03

業別	廠名 （數字係廠數）	廠址	設立		負責人	獨資或合股	資本 （元）
			年	月			
文化	中華印刷廠	五族街	6	3	陶菊泉		10 000
	大新印刷廠	永興里	16	6	趙義齋		20 000
其他	裕通粉袋廠	漢中路278	8	8	凌海洲	〃	5 000
武昌	**9**						**5 013 000**
化學	祥泰肥皂廠	關帝廟街	4	1	曹琴萱	獨	40 000
飲食品	保證合作聯合社	武泰閘河街	25	7	俞永祥	合	3 000
	鼎新恒油廠	上局正街	光1	1	張羣叔	獨	10 000
紡織	裕華紡織廠	武勝門外中新河	11	3	蕭厚生	合	3 000 000
	復興實業公司	武勝門外曾家巷	25	1	朱仙舫	〃	1 000 000
	大成紡織染廠第四有限公司	武勝門外上新河	〃	12	劉丕基	〃	600 000
	民生紡織股份有限公司	文昌門外	〃	11	魯履安	〃	300 000
交通工具	江漢造船廠	鮎魚套興陽嘴	19	9			50 000
文化	亞新地學社	橫街	光30	10	鄒伯庚	獨	10 000
漢陽	**12**						**1 217 000**

續表

年產值 （元）	發動力			工人數					工作 時間 （小時）	每日工資 （元）	
	蒸汽	油	電	共計	學徒	男工	女工	童工		最多	最少
35 000			1	40		40					
40 000			1	37		37					
100 000			2	310	18	24	268		〃	0.40	0.20
16 308 200	**8**	**5**	**5**	**10 408**	**214**	**2 650**	**5 946**	**1 598**			
200 000	1		1	32	5	27			10	0.60	0.40
16 200		1		34		34			12	0.80	0.10
152 000	1			34	2	32			10	0.30	0.20
8 000 000	1	1	2	2 582	144	1 120	883	435	11	0.75	0.35
	2			4 436		360	3 211	865	〃	1.20	0.40
5 000 000	1	1	1	1 057	30	275	752		10	1.10	〃
2 800 000	2			2 134		736	1 100	298	〃	1.50	0.35
100 000			1	43	11	32			9	1.20	0.10
40 000		1	1	56	22	34			〃	1.00	0.50
6 145 000	**3**	**11**	**6**	**2 198**	**137**	**2 031**	**30**				

業別	廠名 （數字係廠數）	廠址	設立		負責人	獨資或合股	資本 （元）
			年	月			
機器	胡尊記機器廠	雙街 6	宣 2	3	胡幼卿	獨	23 000
	周恒順機器廠	〃	光 26	9	周茂柏	〃	48 000
	洪順機器廠	打扣巷	光 28	7	周文軒	合	6 000
	孤兒院機器廠	瓜堤下正街	8	3	艾修士		2 000
化學	鼎泰油餅廠	楊家河	22		易春坡		5 000
	新業油餅廠	〃	17		姚維章		250 000
飲食品	立豐油廠	楊家河同英里	19	7	謝伯勤	〃	200 000
	謙順油廠	楊家河 74	20	12	龔壽徵	〃	60 000
	福豐油廠	同榮里	22		鄧德嵩		30 000
	福華油廠	楊家河	5		胡壁臣		240 000
	五豐機製粉廠	楊家河 106	19	12	胡元卿	〃	350 000
菸草	合記捲菸廠	水巷 9	13	5	傅金萱	〃	3 000
江陵	5						2 841 500
機器	長豐新記修理機器廠	沙市中山二路	21	5	金章志		1 500
飲食品	正明泰記麵粉廠	沙市崇文街	17	6	余光明		110 000

續表

年產值（元）	發動力			工人數					工作時間（小時）	每日工資（元）	
	蒸汽	油	電	共計	學徒	男工	女工	童工		最多	最少
20 000	1	1	1	32	12	20			10	1.50	0.20
200 000			2	201	41	160			〃	〃	0.50
10 000			1	45	11	34			〃	0.30	0.30
10 000			2	78	70	8			8	0.10	0.03
1 600 000			1	180		180					
			1	489		489					
900 000	1		2	300		300			〃	1.00	0.85
900 000	1		1	300		300			〃	〃	0.70
			1	204		204					
			1	269		269					
2 500 000			2	64		64			12	2.00	0.40
5 000			1	36	3	3		30	10	0.20	0.05
13 842 000	**1**	**3**	**1**	**1 824**	**14**	**357**	**1 193**	**260**			
12 000			1	31	9	22			〃	1.00	0.20
470 000			1	83	3	80			〃	4.00	0.50

業別	廠名 （數字係廠數）	廠址	設立		負責人	獨資或合股	資本 （元）
			年	月			
飲食品	信義元記麵粉廠	沙市三民	2		范純夫		230 000
紡織	沙市紡織公司	沙市寶塔街	19	8	蕭倫豫		1 000 000
	漢口打包廠沙市分廠	沙市交通左路	〃	9	白禮士		1 500 000
蒲圻	**4**						**250 000**
飲食品	義興茶廠	栗樹咀	9		劉志略		100 000
	聚興順茶廠	中畈	14		張友文		80 000
	義興公司	栗樹咀	24		郭子敬		30 000
	宏源川	灣上	22		張仲三		40 000
大冶	**1**						
土石品	華記湖北水泥廠	石灰窰	宣2	7	葉德之		
宜昌	**1**						**400 000**
水電	永耀電氣公司	宜昌					400 000

續表

| 年産值
（元） | 發動力 | | | 工人數 | | | | | 工作時間
（小時） | 每日工資
（元） | |
	蒸汽	油	電	共計	學徒	男工	女工	童工		最多	最少
360 000	1			32		32			12	1.00	0.50
3 000 000		1		965	2	210	693	60	11	1.30	0.35
10 000 000			1	713		13	500	200	8	0.70	0.20
430 000	**4**										
200 000	1			*					10	1.00	0.35
120 000	1			*					〃	〃	〃
60 000	1			*					〃	〃	〃
50 000	1			*					〃	〃	〃
	3			**705**	**5**	**700**					
	3			705	5	700			8		
135 000				**39**	**6**	**32**		**1**			
135 000				39	6	32		1			

乙、合工廠登記規則

業別	廠名 （數字係廠數）	廠址	設立		負責人	獨資或合股	資本 （元）
			年	月			
總計	**410**						**5 182 098**
漢口	**314**						**4 119 498**
水電	漢口居留民團電氣部	日租界上小路					
治煉	邵定興翻砂廠	四維路 74	10	3	邵阿金	獨	1 388
	華豐翻砂廠	景福路 42	12	2	張鏡林	〃	500
	順豐翻砂廠	府東一路 204	17	9	談軋大	〃	200
	彭寶順翻砂廠	平安里 42	20	8	彭雲山	〃	1 000
	山泰翻砂廠	長堤街 434	22	7	李志清	〃	500
	華容記翻砂廠	進化村	25	8	華容厲	〃	300
	順興昌翻砂廠	二曜路			祝燮臣	〃	2 400
金屬品	華新製罐廠	載家巷 67	21	3	錢寶昌	合	4 000
	華昌製罐廠	花樓街 456	22	1	王秉衡	〃	3 000
	遠東機器製罐燈廠	府西二路 140	24	7	毛長林	獨	500
機器	魏源順機器廠	漢正街 649	8	2	魏清臣	〃	1 000

年產值 （元）	發動力			工人數					工作 時間 （小時）	每日工資 （元）	
	蒸汽	油	電	共計	學徒	男工	女工	童工		最多	最少
11 196 724	**5**	**61**	**316**	**6 219**	**1 305**	**4 134**	**729**	**51**			
7 854 211	**2**	**4**	**309**	**4 192**	**1 106**	**2 711**	**353**	**22**			
65 000	1	1		12		12					
7 000			1	29	10	19			10	0.40	0.23
18 000			1	21	11	10			〃	0.70	0.10
6 000			1	6	4	2			8	0.30	〃
23 300			1	18	13	5			9	0.50	0.20
3 500			1	14	10	4			12	0.45	0.18
2 160			1	5	4	1			10	0.40	0.20
				30		30					
10 000			2	7	5	2			10	0.20	0.10
10 000			1	9	6	3			8	0.23	0.15
600			1	6	4	2			〃	0.40	0.20
3 600			1	10	5	5			14	0.40	0.20

業別	廠名 （數字係廠數）	廠址	設立		負責人	獨資或合股	資本 （元）
			年	月			
機器	蕭興隆機器廠	漢正街 23	18	8	蕭興隆	獨	200
	和興機器廠	漢正街 589	13	1	陳惠卿	合	600
	裕德機器廠	漢正街 703	14	9	劉鶴喦	獨	1 200
	金炳記機器廠	漢正街 137	15	4	金華慶	〃	600
	福順機器廠	漢正街 683	23	5	蕭壽亭	〃	400
	維昌機器廠	漢水街 244	20	2	舒海清	〃	800
	羅順昌機器廠	千總巷 36	10	4	羅玉山	〃	500
	鴻泰永機器廠	新安街 12	16	1	葛祺增	〃	3 000
	和永機器廠	新安街 544	24	6	周嘉清	〃	800
	泰記機器廠	鮑家巷 1	19	2	阮觀海	合	800
	泰昌機器廠	鮑家巷 7	宣 1	3	鄧志瑞	〃	2 000
	仲桐機器廠	河街 334	23	2	王杏生	獨	4 000
	復鑫祥機器廠	三民路 18	1	〃	周雲鵬	〃	1 000
	正昌機器廠	三民路 122	12	4	周昌茂	〃	800
	義復昌機器廠	三民路 80	15	8	周雲卿	〃	800

續表

年產值（元）	發動力			工人數					工作時間（小時）	每日工資（元）	
	蒸汽	油	電	共計	學徒	男工	女工	童工		最多	最少
1 000			1	4	3	1			8	0.40	0.20
3 600			1	9	5	4			10	0.30	〃
2 800			1	10	7	3			12	0.40	0.13
720			1	4	3	1			10	0.20	0.10
1 500			1	3	1	2			〃	0.70	0.20
1 000			1	10	3	7			9	0.80	0.40
2 500			1	10	5	5			12	0.50	0.20
8 000			1	12	8	4			10	0.40	〃
4 000			1	16	10	6			〃	〃	〃
10 000			1	8	5	3			9	0.35	〃
22 730			1	21	13	8			〃	〃	〃
30 000			1	11	8	8			8	0.40	〃
5 000			1	11	8	3			10	〃	〃
2 000			1	6	4	2			〃	〃	〃
1 200			1	6	5	1			12	〃	〃

業別	廠名 （數字係廠數）	廠址	設立		負責人	獨資或合股	資本 （元）
			年	月			
機器	李興發機器廠	大夾街 190	宣 1	8	李耀德	獨	1 000
	義同昌機器廠	長堤街 39	宣 1	9	高星五	獨	800
	仁昌機器廠	長堤街 470	22	1	杜益善	〃	400
	瑞昌機器廠	公成里	〃	6	余銘珊	合	2 000
	大生機器廠	太甯街	19	3	包樹藩	獨	5 000
	寶泰機器廠	江漢三路	12	6	劉測明	〃	300
	振華機器廠	公安路	19	8	高少珊	〃	2 000
	謝元泰機器廠	進化村	16	5	謝世海	〃	300
	周復泰機器廠	漢景街	1	1	周春山	〃	1 500
	魏雲記機器廠	漢景街 67	〃	3	魏灝庭	〃	1 500
	李昌機器廠	大智路 27	6	〃	李雙喜	〃	1 000
	勝昌機器廠	大智路 51	13	4	譚秩初	〃	700
	善昌機器廠	大智路	19	8	胡儀庭	〃	10 000
	順興機器廠	進化村	17	5	薛蓮生	〃	500
	協興機器廠	進化村 287	19	2	王歧銘	〃	600

續表

年產值（元）	發動力			工人數					工作時間（小時）	每日工資（元）	
	蒸汽	油	電	共計	學徒	男工	女工	童工		最多	最少
2 500			1	14	7	7			〃	0.30	0.10
12 000			1	10	6	4			12	0.30	0.15
1 800			1	7	4	3			11	0.13	0.03
3 600			1	7	5	2			9	0.80	0.40
5 000			1	12	11	1			10	0.20	0.03
3 600			1	9	7	2			〃	0.50	0.20
2 400			1	7	5	2			〃	〃	〃
1 200			1	5	4	1			〃	0.30	〃
5 000			1	10	8	2			〃	1.00	0.30
6 000			2	13	9	4			〃	0.40	0.20
7 200			1	8	4	4			〃	〃	〃
6 000			1	12	8	4			〃	0.80	〃
5 000			1	13	4	9			8	0.30	0.10
1 700			1	8	5	3			10	0.50	0.20
6 120			1	10	6	4			〃	〃	〃

業別	廠名 （數字係廠數）	廠址	設立		負責人	獨資或合股	資本 （元）
			年	月			
機器	漢合記機器廠	保成路 247	15	8	項瑞卿	獨	1 200
	大榮機器廠	保成路 204	18	9	周根祥	〃	1 000
	益錩機器廠	府東四路 10	11	6	李繼賢	合	3 900
	正大利機器廠	府南一路 312	20	11	陳漢亭	獨	200
	麒興發機器廠	府南一路 410	22	3	鄧昌麟	〃	500
	周清記機器廠	府南一路 260	23	5	周清山	〃	800
	泰鴻記機器廠	府北一路 114	14	2	秦鴻奎	〃	300
	周義興機器廠	德華里 9	1	8	周儀臣	〃	600
	發昌機器廠	德華里 12	13	5	白聚興	〃	2 000
	新華機器廠	一元路 120	21	〃	王雲甫	〃	300
	洪發利機器廠	四維路 68	3	1	高雲集	〃	5 000
	張洪興機器廠	新直路 9	1	3	張鵠臣	〃	5 000
	黃運興機器廠	興元街 1	18	〃	黃運連	〃	1 000
	潤新機器廠	存仁巷 34	15	〃	韋根澤	〃	200
	順興機器廠	中山路 607	18	8	周子裕	〃	500

年產值（元）	發動力			工人數					工作時間（小時）	每日工資（元）	
	蒸汽	油	電	共計	學徒	男工	女工	童工		最多	最少
15 000			1	21	13	8			10	0.70	0.20
4 000			1	14	13	1			〃	0.50	0.20
35 000			1	24	13	11			〃	0.70	0.40
720			1	4	3	1			12	0.30	0.20
2 000			1	7	3	4			10	0.40	0.20
1 800			1	10	8	2			8	〃	〃
3 600			1	9	6	3			10	0.50	0.20
1 700			1	6	5	1			11	0.20	0.01
6 000			1	14	9	5			〃	0.60	0.10
500			1	4	4				12	0.10	0.03
4 000			1	6	4	2			10	0.60	0.40
10 000			1	8	6	2			〃	0.40	0.10
2 400			1	6	5	1			12	0.33	0.13
500			1	4		4			8	0.30	0.10
7 000			1	5		5			12	0.10	0.05

業別	廠名 （數字係廠數）	廠址	設立		負責人	獨資或合股	資本 （元）
			年	月			
機器	針記襪車廠	萬年街 28	1	5	計國楨	獨	10 000
	漢昌永花車廠	鮑家巷 2	9	3	袁浩然	合	2 000
	百利製造襪機廠	花樓街 567	14	2	謝志浩	合	1 000
	天孫製造襪機廠	大夾街 162	17	8	張德祥	〃	3 000
電器	祥發仁電料行	四民路 5	15	5	繆詩生	獨	2 000
	佛光電氣廠	府東五路 221	25	3	李振邱	合	5 000
	通明電氣廠	貫忠里 1	〃	6	李安興	〃	2 000
	神明蓄電池	黃陂街 503	18	9	唐伯辰	獨	1 000
	亞新蓄電池	昇平街 91	24	〃	李錦章	〃	10 000
木材	瑞昌鋸木廠	興元街 37	9	3	高平芳	合	20 000
	義春和鋸木廠	五福路 64	19	5	黃裕亭	獨	20 000
	順泰鋸木廠	五福小路 25	24	7	田鎔鑫	合	30 000
	祥泰洋木行	漢中街 185			李厚鑒	〃	
	三泰洋木行	漢中街 245	13	8	顧祖康	獨	5 000
	惠民牙籤廠	府西二路 200	25	〃	陳少卿	〃	2 000

年產值（元）	發動力			工人數					工作時間（小時）	每日工資（元）	
	蒸汽	油	電	共計	學徒	男工	女工	童工		最多	最少
30 000			1	2	1	1			9	0.50	0.20
15 000			1	8	5	3			〃	0.40	〃
12 000			1	6	4	2			8	0.40	0.03
10 000			1	11	5	6			10	〃	0.10
3 600			1	5	5				12	0.25	〃
2 400			1	4	3	1			10	0.40	〃
7 200			2	6	3	3			〃	0.33	0.07
36 000			1	17	13	4			8	0.40	0.10
20 000			1	20	10	10			12	0.30	〃
10 000			1	14		14			10	1.10	0.40
80 000			1	5	1	4			〃	0.56	0.15
35 000			1	6	1	5			〃	0.70	0.50
			1	13		13			〃	0.94	0.46
36 000			1	5	1	4			〃	0.20	0.10
960			1	7	2	5			12	0.25	0.20

業別	廠名 （數字係廠數）	廠址	設立		負責人	獨資或合股	資本 （元）
			年	月			
土石品	志成玻璃廠	小新碼頭					2 000
	華利玻璃廠	日租界新小路			徐鶴廷		30 000
	光化玻璃廠	三元南里			袁亞東		3 000
	裕民料器廠	寶慶河街 20	22	9	李國楨	合	4 000
	上海車光廠	花樓街 223	23	6	羅賓興	〃	1 000
	漢口車光廠	花樓街 92	25	3	鄭竹影	〃	1 000
	志成眼鏡磨片廠	江漢路	4	〃	方正	〃	500
	漢民眼鏡公司	永康里 10	24	〃	程思濤	〃	9 000
	聯益眼鏡廠	百子前巷 67	〃	〃	應孝水	獨	100
	聯益福石膏廠	襄河街			胡克明		4 000
	阜成磚廠	雙廠巷			沈祝三		300 000
化學	興昌漂染廠	中山路 1442	23	〃	熊蔭庭	合	1 000
	沈茂記染廠	雙洞門左五巷	24	〃	沈晉山	〃	600
	公和染廠	大夾街 209	1	9	魯庭如	〃	8 000
	華安染廠	大夾街 227	24	4	徐同慶	〃	10 000

年產值（元）	發動力			工人數					工作時間（小時）	每日工資（元）	
	蒸汽	油	電	共計	學徒	男工	女工	童工		最多	最少
24 000				35		25	10				
20 000				34		34					
30 000				41		41					
				44		44			10	1.40	0.20
6 000				14	2	12			14	0.50	〃
2 400				9	7	2			10	0.40	0.03
5 700			1	1		1			5	0.53	
4 000			1	4	1	3			10	0.70	0.10
800			1	3	2	1			〃	0.50	0.20
				34		34					
				38		38					
10 000			1	7		7			8	0.40	0.13
5 000			1	4	1	3			10	0.20	0.10
35 000			2	17	7	10			12	0.38	0.18
36 000			1	26	13	13			〃	0.40	0.10

業別	廠名（數字係廠數）	廠址	設立		負責人	獨資或合股	資本（元）
			年	月			
化學	工興益記染坊	藥幫一巷 6	22	3	楊益庭	獨	500
	鼎新染紗廠	漢中路 261	17	2	劉文卿	合	4 000
	胡春和電鍍廠	長堤街 10	1	3	胡鈞安	獨	300
	鄧和興電鍍廠	長堤街 438	12	8	鄧則方	〃	8 000
	李和興電鍍廠	長堤街 320	18	1	李翹庭	〃	200
	謝雲昶電鍍廠	長堤街 300	20	7	謝子卿	〃	100
	亞光打磨廠	長堤街 333	24	〃	朱雲山	〃	700
	熊萬興打磨廠	長堤街 11	〃	8	朱幼堂	〃	200
	胡義源打磨廠	長堤街 121	〃	5	胡敬階	〃	300
	永昶打磨廠	長堤街 266	25	6	陳文炳	合	200
	鎮記打磨廠	府東四路 54	14	2	康金載	〃	1 000
	永昌打磨廠	府南一路 331	17	8	胡銀卓	〃	350
	同興打磨廠	木蘭街 32	13	5	夏揚順	〃	360
	俊華打磨廠	吉慶街 189	22	11	陳燮卿	〃	200
	萬順打磨廠	千總巷 14	23	2	彭順興	〃	200

續表

年產值	發動力			工人數					工作時間（小時）	每日工資（元）	
（元）	蒸汽	油	電	共計	學徒	男工	女工	童工		最多	最少
3 000			1	14	4	10			12	0.33	0.10
12 000			1	23	6	17			〃	〃	0.15
2 400			1	7	3	4			12	0.30	0.10
1 500			1	11	6	5			〃	〃	〃
1 000			1	7	4	3			〃	〃	0.20
1 500			1	10	5	5			10	〃	0.10
2 500			1	12	5	7			〃	〃	〃
5 000			1	4	2	2			8	0.25	〃
1 200			1	7	4	3			12	0.20	〃
3 600			1	6	2	4			〃	0.40	0.20
23 928			1	12	5	7			8	0.30	〃
4 800			1	12	7	5			12	〃	0.10
900			2	8	4	4			10	0.27	0.20
2 500			1	5	3	2			8	0.70	〃
3 600			1	11	5	6			10	0.30	0.10

業別	廠名（數字係廠數）	廠址	設立 年	設立 月	負責人	獨資或合股	資本（元）
化學	華中黃丹廠	新碼頭 8	25	8	李明榮	合	2 000
	黃興源黃丹廠	新碼頭河邊	8	7	張志楠	獨	3 000
	光華黃丹廠	漢正街	19	4	鄒澤周	合	3 000
	裕記黃丹廠	全記巷	22	8	袁吉清	獨	1 000
	華中肥皂廠	大夾街 498	24	〃	魯厭銘	合	4 000
	華興盛肥皂廠	長堤街 451	25	4	楊寶盛	〃	2 000
	中央女子肥皂廠	漢正街	21		李月英		10 000
	漢昌肥皂廠	漢正街	4	8	余叔瞻	〃	17 000
	漢口養氣製造廠	洞庭街 15	24	11	郭品三	〃	120 000
	華中製藥廠	漢正街 1103	22	〃	劉仲府	〃	6 000
	華中藥廠	漢正街					6 000
	建華油漆廠	吉慶里 19	18	3	張承謨	〃	20 000
	美最時皮廠	球廠街			德商		700 000
飲食品	漢興米廠	天寶巷			沈濟和		5 000
	裕豐源機器米廠	民族路 205	21	9	韓新源	獨	2 000
	永康機器米廠	民族路 109	〃	10	杜建康	合	1 000

續表

年產值（元）	發動力			工人數					工作時間（小時）	每日工資（元）	
	蒸汽	油	電	共計	學徒	男工	女工	童工		最多	最少
18 000			1	17		17			12	0.30	0.20
20 000			2	18		18			10	0.50	0.25
20 400			1	12		12			12	〃	〃
8 000			1	8		8			〃	0.30	0.20
9 600			1	30		30			11	0.45	〃
1 200			1	6	6				12	0.10	0.03
			1	29		29					
200 000				30	2	28			11	1.00	0.20
12 000	1		1	3		2		1	8	3.00	0.50
20 000			2	11	4	4	3		11	0.40	0.20
50 000				50		7	40	3			
56 000			4	7		7			8	1.00	0.15
				32		32					
				70		70					
40 000			1	5	2	3			12	0.33	0.33
12 000			1	4	2	2			〃	〃	〃

業別	廠名 （數字係廠數）	廠址	設立		負責人	獨資或合股	資本 （元）
			年	月			
飲食品	祥興機器米廠	民族路 16	24	1	李乾南	獨	2 000
	玉記西號機器米廠	民族路 161	〃	〃	胡敬卿	〃	4 000
	永昌機器米廠	民族路 200	25	3	胡全清	合	6 000
	元順機器米廠	黃陂街 161	22	6	陳敬安	獨	3 000
	同興機器米廠	黃陂街 119	24	9	歐陽 季良	合	6 000
	惠民機器米廠	黃陂街 380	25	6	田疇	〃	4 000
	信豐機器米廠	黃陂街 211	〃	8	劉少泉	獨	2 000
	仁記機器米廠	中山路 392	13	2	許久莽	〃	3 000
	玉豐新機器米廠	中山路 122	14	8	萬炎新	合	4 000
	裕豐機器米廠	中山路 452	16	3	韓星五	獨	3 000
	王記老號機器米廠	中山路 616	25	1	胡云卿	〃	4 000
	寶豐機器米廠	民權路 117	24	8	向伯歐	〃	4 000
	永昌機器米廠	民權路 314	25	3	朱品珊	合	6 000
	寶康機器米廠	民權路 180	〃	5	容迪臣	獨	3 000
	元豐機器米廠	民生路 95	20	4	聞青山	合	4 000

續表

年產值（元）	發動力			工人數					工作時間（小時）	每日工資（元）	
	蒸汽	油	電	共計	學徒	男工	女工	童工		最多	最少
32 760			1	5	1	4			12	0.30	0.10
60 000			1	4	1	3			〃	0.33	0.15
50 000			1	7	2	5			〃	0.30	〃
18 000			1	6	3	3			〃	0.33	0.33
50 400			1	12	2	5	5		〃	〃	〃
12 000			1	7	3	4			〃	0.25	0.20
73 000			1	10	2	3	5		〃	0.33	0.33
75 000			1	3		3			〃	0.27	0.10
146 800			1	8	2	6			10	0.33	0.33
75 000			1	4	2	2			〃	〃	〃
48 000			1	6	3	3			12	〃	〃
36 000			1	4	2	2			10	0.40	〃
62 000			1	5		5			12	0.33	0.20
78 000			1	3	1	2			〃	〃	0.33
37 000			1	5	4	1			〃	〃	〃

業別	廠名 （數字係廠數）	廠址	設立		負責人	獨資或合股	資本 （元）
			年	月			
飲食品	仁記東號機器米廠	民生路 155	20	5	許久莽	獨	3 000
	同康機器米廠	花樓街 282	18	8	齊季安	合	3 000
	永和機器米廠	花樓街 82	23	9	韓春輔	獨	3 000
	元豐玉機器米廠	花樓街 452	19	〃	蕭記安	〃	8 000
	元記機器米廠	花樓街 341	24	6	熊華豐	〃	1 000
	康記機器米廠	花樓街 398	〃	7	柳美亭	〃	3 000
	張福興機器米廠	球場街 49	15	5	張瓊林	〃	1 000
	慶泰機器米廠	球場街 102	19	11	陳春芳	〃	1 400
	宏記機器米廠	球場街 103	21	9	黃堯臣	〃	2 000
	永裕機器米廠	球場街 143	〃	11	張寶臣	〃	1 500
	福記機器米廠	球場街 57	24	3	徐采記	〃	100
	福星機器米廠	球場街 43	25	〃	周春庭	〃	400
	義豐機器米廠	漢景街 93	19	1	李鳳卿	合	6 000
	同泰永機器米廠	漢景街 333	〃	10	容松如	〃	2 000
	永泰長機器米廠	漢景街 226	23	3	冷玉銀	〃	2 000
	厚慎機器米廠	漢景街 46	〃	10	劉文邦	〃	6 000

續表

年產值（元）	發動力			工人數					工作時間（小時）	每日工資（元）	
	蒸汽	油	電	共計	學徒	男工	女工	童工		最多	最少
96 000			1	10	4	6			10	0.33	0.33
50 000			1	6	2	4			〃	〃	〃
56 000			1	3	1	2			〃	〃	〃
70 000			1	10	1	9			8	0.20	0.16
2 600			1	4	2	2			12	0.33	0.33
36 000			1	5	2	3			〃	〃	〃
18 000			1	4	2	2			〃	0.13	0.13
28 000			1	2	1	1			10	0.23	0.033
1 440			1	4	2	2			〃	0.20	0.13
5 300			1	5	3	2			12	〃	0.10
8 400			1	2	1	1			10	〃	0.033
2 000			1	5	1	4			〃	0.07	0.07
72 000			1	6	2	4			11	0.33	0.33
27 000			1	2	1	1			12	〃	〃
15 000			1	3	2	1			〃	〃	〃
12 000			1	6	3	3			〃	〃	〃

業別	廠名 （數字係廠數）	廠址	設立		負責人	獨資或合股	資本 （元）
			年	月			
飲食品	裕泰機器米廠	漢景街 109	25	3	曹相卿	合	2 000
	祥昌機器米廠	長堤街 603	22	10	戴錫祥	獨	3 000
	洪興機器米廠	長堤街 827	23	3	李少云	〃	2 000
	義和機器米廠	長堤街 526	24	7	計筱庭	合	1 000
	同興機器米廠	長堤街 274	25	2	李恒山	〃	600
	萬順機器米廠	長堤街 564	〃	3	韓質	〃	12 000
	李祥興機器米廠	沈家廟街 52	20	5	李應蘭	獨	1 000
	永源機器米廠	礄口路 96	17	9	徐求安	合	4 500
	惠豐信記機器米廠	礄口路 61	19	1	張波廷	〃	5 000
	振豐德記機器米廠	礄口路 36	22	2	熊玉落	〃	4 000
	義順機器米廠	大智路 53	15	9	郭子祺	獨	3 000
	振興機器米廠	大智路 169	17	8	王雪涛	〃	3 000
	乾盛機器米廠	大智路 196	23	7	祈述璋	合	1 000
	宏興機器米廠	興元街 169	15	4	曹才三	獨	3 000
	寶盛機器米廠	興元街 111	〃	8	倪子賢	〃	2 000
	元亨機器米廠	興元街 93	24	3	張錦堂	〃	3 200

續表

年產值（元）	發動力			工人數					工作時間（小時）	每日工資（元）	
	蒸汽	油	電	共計	學徒	男工	女工	童工		最多	最少
4 925			1	2		2			10	0.33	0.33
48 000			1	11	2	9			12	0.40	〃
69 200			1	5	2	3			〃	0.33	〃
21 000			1	4	1	3			〃	0.25	0.15
18 000			1	2	1	1			〃	0.33	0.33
36 000			1	5	2	3			〃	〃	〃
36 000			1	3	1	2			〃	0.25	0.10
10 000			2	8	1	7			〃	0.30	0.30
70 000			1	9	3	6			〃	〃	〃
25 000			1	7	4	3			〃	〃	〃
13 000			1	5	3	2			〃	0.15	0.10
35 440			1	5	2	3			10	0.33	0.33
31 980			1	3	1	2			〃	〃	〃
21 600			1	4	2	2			12	0.20	0.10
48 624			1	6	2	4			〃	0.33	0.33
19 500			1	4	3	1			〃	〃	〃

業別	廠名 （數字係廠數）	廠址	設立		負責人	獨資或合股	資本 （元）
			年	月			
飲食品	泰豐恒機器米廠	上正街 154	24	9	俞貢章	合	2 000
	裕豐機器米廠	上正街 135	25	4	陳永樊	〃	1 000
	易興發機器米廠	上正街 132	〃	5	易伯卿	獨	500
	大有機器米廠	府東一路 161	14	6	石燧坪	〃	4 000
	公泰機器米廠	府東一路 111	21	5	張春甫	合	3 000
	元大機器米廠	府東一路 177	25	6	徐惠生	獨	3 000
	元和善記機器米廠	府東一路 16	〃	8	蔣慕羣	合	4 000
	穗和昌機器米廠	府東五路 98	20	5	虞伯慶	獨	1 000
	寶興機器米廠	府東五路 150	25	6	張吉安	合	1 000
	同盛永機器米廠	府南一路 86	20	10	容輯五	獨	2 000
	泰興機器米廠	府南一路 114	21	1	徐泰興	〃	2 000
	玉華機器米廠	府西一路 129	25	3	黃有華	〃	1 000
	元豐機器米廠	府西二路 397	23	10	丁吉階	〃	200
	義豐源機器米廠	府西二路 105	24	12	向樹堂	〃	800
	仁記西號機器米廠	府北一路 336	23	11	許久莽	〃	2 000

年產值 （元）	發動力			工人數					工作 時間 （小時）	每日工資 （元）	
	蒸汽	油	電	共計	學徒	男工	女工	童工		最多	最少
30 000			1	3	1	2			12	0.33	0.33
24 000			1	4	2	2			〃	〃	〃
30 000			1	7	3	4			〃	0.30	0.20
96 000			1	8	5	3			10	0.33	0.33
45 000			1	6	2	4			12	〃	〃
36 000			1	9	5	4			8	〃	0.20
47 450			1	8	2	6			12	〃	0.33
50 000			1	6	2	4			8	〃	0.20
14 400			1	3	2	1			12	〃	0.33
36 000			1	3	2	1			〃	〃	〃
21 600			1	2		2			〃	〃	〃
30 000			1	2	1	1			10	〃	0.20
5 400			1	2		2			12	0.20	0.10
7 200			1	4	2	2			〃	0.33	0.15
86 400			1	7	3	4			〃	〃	0.33

業別	廠名（數字係廠數）	廠址	設立		負責人	獨資或合股	資本（元）
			年	月			
飲食品	勤和機器米廠	江漢路 406	21	5	計錦章	獨	3 000
	新記機器米廠	江漢路 470	25	2	唐福祥	合	1 000
	和豐機器米廠	江漢一路 40	19	9	朱慎吾	〃	2 000
	盛昌機器米廠	江漢一路 54	20	〃	江子和	〃	3 000
	馮福星機器米廠	江漢三路 20	19	〃	馮報輔	獨	1 500
	新豐機器米廠	江漢三路 41	20	5	朱耀階	合	3 000
	同泰機器米廠	統一街 276	24	10	鄭少階	獨	800
	兆豐機器米廠	統一街 209	25	8	魏興高	合	1 500
	天勝機器米廠	堤街 55	22	〃	羅德千	〃	800
	元隆機器米廠	堤街 101	24	6	熊華珊	獨	2 000
	羅正大機器米廠	梅神父路 56	21	7	羅潤身	〃	300
	武漢警備旅復興消費合作社	梅神父路 17	23	6	袁紫楠		
	余利記機器米廠	天德里 26	〃	9	余麗生	獨	1 000
	同春永機器米廠	天德里 13	24	4	黃慶珊	〃	2 000
	同慶發機器米廠	新馬路 85	22	10	張子獻	〃	500

續表

年產值 （元）	發動力			工人數					工作 時間 （小時）	每日工資 （元）	
	蒸汽	油	電	共計	學徒	男工	女工	童工		最多	最少
103 000			1	7	1	6			8	0.33	0.33
21 600			1	4	2	2			12	〃	〃
32 000			1	4	1	3			8	0.25	0.20
28 000			1	3	1	2			〃	0.33	0.33
30 000			1	6	2	4			〃	〃	〃
65 200			1	6	4	2			10	0.30	0.15
10 800			1	3	1	2			12	0.33	0.33
3 650			1	6		6			〃	〃	〃
12 000			1	4	1	3			〃	〃	〃
30 000			1	8	3	5			〃	〃	〃
5 400			1	3	2	1			10	0.20	0.20
5 040			1	12	1	11			12	0.33	0.33
10 000			1	4	3	1			11	〃	〃
14 400			1	4	2	2			12	〃	〃
2 000			1	2	1	1			10	0.21	0.033

業別	廠名 （數字係廠數）	廠址	設立		負責人	獨資或合股	資本 （元）
			年	月			
飲食品	熊衡昌機器米廠	新馬路 114	25	4	熊渭川	獨	600
	永餘機器米廠	保成路 106	22	3	朱少山	合	3 500
	順興機器米廠	長慶街 205	13	〃	陳漢卿	獨	6 000
	同懋永機器米廠	吉慶街 214	14	8	容堯卿	合	3 000
	泰豐機器米廠	橫堤上街 37	15	2	韓衡芝	獨	2 000
	喻恒大機器米廠	郭家巷 41	〃	3	喻顯禎	〃	3 500
	裕大機器米廠	新碼頭街 74	〃	5	趙玉山	〃	600
	李洪發機器米廠	寶善街 12	17	3	李和生	〃	3 000
	程洪興機器米廠	永清上路 44	18	〃	程洪順	〃	1 000
	寶泰協記機器米廠	中滑坡 40	〃	8	李明芳	合	3 000
	源豐昌機器米廠	橫堤下街 23	19	1	杜殿薌	獨	2 000
	盧恒茂機器米廠	鮑家巷 33	21	3	盧子敬	〃	1 000
	德順正機器米廠	華清街 81	〃	〃	周作範	〃	2 000
	裕豐維記機器米廠	小董家四巷 17	22	〃	羅榮昌	合	1 200
	集義森機器米廠	河街中段 306	23	2	趙孝材	〃	1 000
	義利機器米廠	清芬路 75	〃	3	彭亮清	獨	3 000

續表

年產值 （元）	發動力			工人數					工作 時間 （小時）	每日工資 （元）	
	蒸汽	油	電	共計	學徒	男工	女工	童工		最多	最少
10 800			1	2	1	1			12	0.20	0.10
57 000			1	6	2	4			〃	0.33	0.33
84 800		1	1	9	3	6			8	〃	〃
51 000			1	6	2	4			10	〃	〃
25 550			1	4	2	2			12	0.30	0.20
48 600			1	6	1	5			〃	0.33	0.33
1 200			1	6		6			〃	0.30	0.20
60 000			1	6	1	5			〃	0.25	0.15
35 000			1	4	2	2			〃	0.33	0.33
21 600			1	5	1	4			〃	〃	〃
60 000			1	7	2	5			〃	〃	〃
8 000			1	2		2			〃	0.30	0.10
36 200			1	2	1	1			11	0.33	0.33
15 000			1	2	1	1			12	0.30	0.10
32 000			1	2		2			8	〃	0.16
17 000			1	4	2	2			10	0.50	0.30

業別	廠名 （數字係廠數）	廠址	設立		負責人	獨資或合股	資本 （元）
			年	月			
飲食品	信和機器米廠	雲樵路 113	23	11	徐雲龍	獨	1 500
	同豐源機器米廠	戲子街 142	24	3	胡雨舟	合	3 000
	怡記機器米廠	洪益巷 57	〃	7	張少山	獨	3 000
	美豐機器米廠	大夾街 215	〃	9	吳伯寬	〃	5 000
	合作社機器米廠	口岸上路 2	〃	〃	劉伯禹	合	20 000
	徐義發機器米廠	進化村 201	25	1	徐大勇	獨	600
	鑫記機器米廠	襄河街 128	〃	2	熊芝卿	合	1 200
	大發機器米廠	關道街 56	〃	6	尹炳衡	〃	3 000
	添成機器米廠	公成路 57	〃	8	左仁卿	獨	1 500
	永泰機器米廠	漢正街	20	2	劉舜階	合	5 000
	順興機器米廠	漢正街 661	13	8	陳茀珊	〃	4 000
	寶泰機器米廠	漢正街 863	17	3	夏文峯	〃	5 000
	兆泰機器米廠	漢正街 549	18	2	劉舜階	〃	4 000
	協豐機器米廠	漢正街 94	19	4	齊佛遜	〃	4 000
	漢豐機器米廠	漢正街 415	20	3	楊樹臣	〃	6 000
	裕茂機器米廠	漢正街 502	21	8	王星棠	〃	3 000

續表

年產值（元）	發動力			工人數					工作時間（小時）	每日工資（元）	
	蒸汽	油	電	共計	學徒	男工	女工	童工		最多	最少
15 600			1	3	2	1			10	0.25	0.10
28 184			1	5	2	3			12	0.33	0.33
11 000			1	4		4			〃	〃	〃
72 000			1	6	2	4			〃	〃	0.15
21 600			1	6	2	4			10	〃	0.20
2 160			1	2	1	1			12	〃	0.20
78 200			1	4	1	3			〃	〃	0.10
12 000			1	4	3	1			〃	〃	0.33
18 000			1	2	1	1			〃	0.30	0.10
60 000			1	16	2	14			〃		
110 000			1	18	5	13			〃	0.40	0.33
40 000			1	4	2	2			〃	0.20	0.10
55 000			1	16	6	10			〃	0.33	0.33
70 000			1	5	1	4			10	0.23	0.14
108 000			1	8	3	5			12	0.33	0.33
72 000			1	7	2	5			〃	〃	〃

業別	廠名（數字係廠數）	廠址	設立		負責人	獨資或合股	資本（元）
			年	月			
飲食品	同德機器米廠	漢正街 594	21	9	范子衍	合	6 000
	寶豐機器米廠	漢正街 404	23	3	劉綏青	〃	3 000
	新華機器米廠	漢正街 261	〃	7	李炎山	〃	6 000
	聚太和機器米廠	漢正街 1 132	〃	12	邱哲欽	獨	3 000
	源盛森記機器米廠	漢正街 983	24	1	張伯村	〃	4 000
	寶和機器米廠	漢正街 644	〃	3	江競安	合	3 000
	洪興機器米廠	漢正街 134	〃	〃	李少云	獨	3 000
	順興機器米廠	漢正街 233	〃	4	陳金清	〃	4 000
	裕大機器米廠	漢正街 730	〃	10	閔瑞清	合	3 000
	萬源機器米廠	漢正街 1 233	25	3	周幼庭	〃	5 000
	鼎裕機器米廠	漢正街 984	〃	〃	張云卿	〃	4 000
	森泰機器米廠	漢正街 847	〃	〃	潘伯川	〃	3 000
	桃源森記機器米廠	漢正街 58	〃	5	徐祥發	〃	3 000
	許榜發機器米廠	河街	〃	9	許慈榜	獨	800
	民生機器米廠	河街 210	18	8	許久孫	〃	500

續表

年產值 （元）	發動力			工人數					工作 時間 （小時）	每日工資 （元）	
	蒸汽	油	電	共計	學徒	男工	女工	童工		最多	最少
96 000			1	14	3	11			12	0.33	0.33
72 000			1	12	3	9			〃	〃	〃
33 610			1	8	2	6			〃	〃	〃
50 000			1	6	2	4			〃	〃	〃
60 000			1	5	3	2			〃	〃	〃
48 000			1	6	2	4			〃	〃	〃
132 000			1	6	2	4			〃	〃	0.20
44 000			1	6	2	4			〃	〃	0.33
30 000			1	6	1	5			〃	0.40	0.13
48 000			1	7	2	5			〃	0.33	0.33
22 000			1	5	3	2			〃	〃	〃
60 000			1	4	2	2			〃	〃	〃
51 000			1	9	2	7			〃	0.36	0.10
21 600			1	3	1	2			10	0.33	0.33
8 000			1	3	1	2			12	0.30	0.10

業別	廠名 （數字係廠數）	廠址	設立		負責人	獨資或合股	資本 （元）
			年	月			
飲食品	許德泰機器米廠	河街 207	20	9	許慈榜	獨	500
	茂生機器米廠	河街 232	21	8	鄭玉成	〃	500
	羲發機器米廠	河街 193	23	〃	陳成祥	合	1 000
	玉豐永機器米廠	河街 216	25	3	夏曉舫	〃	3 500
	永昌和記機器米廠	民族路 200	21	7	胡全清	〃	6 000
	漢口冰廠	湖南街	16	1	韓秀郎	〃	100 000
	普利冰廠	府南一路 256	18	6	陳可盦	〃	5 000
	中國豆食公司	天德里	20	1	蔣文海	〃	800
	新生豆食公司	江漢二路	25	3	汪惠風	〃	1 900
	王福興磨坊	漢水街 136	同 1	6	王天理	獨	200
	春泉記磨坊	文章巷 16	14	5	余春泉	〃	100
	福記糖菓店	黃陂街 425	15	3	段古芳	〃	500
	冠生園	統一街	18	8	張松章	合	50 000
	美豐餅乾廠	小居巷 2	19	〃	任子漁	〃	3 500
	中孚餅乾廠	黃陂街 74	〃	11	貝時康	獨	5 000
	華孚餅乾廠	苗家碼頭 63	22	4	黃漢鐸	合	5 000

續表

年產值（元）	發動力			工人數					工作時間（小時）	每日工資（元）	
	蒸汽	油	電	共計	學徒	男工	女工	童工		最多	最少
12 000			1	4	2	2			12	0.20	0.10
12 000			1	3	1	2			〃	0.33	0.15
1 500			1	2		2			〃	〃	〃
18 000			1	4		4			〃	0.20	0.10
70 000			1	6	2	4			〃	0.33	0.33
30 000		1	1	14	1	13			8	2.00	0.50
20 000		1		13		13			〃	0.50	0.20
7 200			1	9	2	7			12	0.33	0.03
5 000			1	5	1	4			10	〃	〃
720			1	1			1		〃	0.10	0.05
360			1	2			1	1	〃	〃	〃
11 000			1	17	5	12			12	0.20	0.10
18 000			1	16	4	9	3		〃	0.40	0.07
20 700			1	10	3	2	5		8	0.27	0.15
20 000			1	10	7	3			10	0.60	0.30
15 000			1	16	5	2	9		9	0.40	0.15

業別	廠名 （數字係廠數）	廠址	設立 年	設立 月	負責人	獨資或合股	資本 （元）
紡織	光華織布廠	漢中路 79	24	7	余榮亭	〃	10 000
	德記織布廠	漢中路 250	21	〃	李伯平	獨	500
	華豐聚記織布廠	漢中路 725	19	2	孫錦臣	合	3 000
	協昶織布廠	漢中西路 59	21	7	楊進亭	獨	600
	震霞織布廠	長堤街 908	22	2	郭雲亭	〃	200
	三信針織廠	民權路 182	23	8	馮良臣	〃	3 000
	民康藥棉紗公司	警署街 1	21	11	華邁英	合	9 000
	同興紗廠	漢正街			袁樹滋		4 000
	漢章永紗廠	五彩巷 41	13	6	王國鈞	獨	1 000
	瑞豐織布廠	漢正街			孫錦臣		10 000
	裕豐織布廠	漢正街			楊文慧		500 000
	協記染織布廠	漢正街			葉子宣		2 400
	和興染織布廠	漢中街	5	2	鄧廷珍		5 000
	有聲絲光紗廠	大新碼頭					8 000
	福昌染織廠	礄口路			張雲廷		30 000

續表

年產值（元）	發動力			工人數					工作時間（小時）	每日工資（元）	
	蒸汽	油	電	共計	學徒	男工	女工	童工		最多	最少
20 000			2	20	9	7	4		8	0.50	0.20
18 000				52	8	16	25	3	12	0.80	〃
35 000				58	3	25	30		8	0.25	0.10
20 000				38		22	16		10	0.60	0.13
6 000				30	9	11	10		〃	0.40	0.30
35 000				36	9	12	15		12	〃	0.20
20 000			1	21		7	14		〃	〃	0.18
				40			40				
40 000			1	24	4	20			8	〃	0.10
				64		40	24				
				32		32					
				36		17	19				
40 000				69		39	20	10			
150 000				30		30					
				196		180	16				

業別	廠名 （數字係廠數）	廠址	設立		負責人	獨資或合股	資本 （元）
			年	月			
紡織	昌興染織廠	礄口路			王世鈞		200 000
	龍昌染織廠	大夾街			符石林		300 000
	平和花廠	華昌街	光 28	8	朱子方		
	隆茂花廠	湖南街	5	9	楊錦笙		
服飾品	新亞軍服廠	球廠街			梅笑鳩		800 000
	信記襪廠	新安街			孫菊卿		3 000
	夏錦記織帶廠	花樓街 549	6	3	夏培芝	獨	500
	張永泰織帶廠	萬壽街街 4	21	10	張成安	〃	1 000
	勝新織帶廠	福昌里 6	22	〃	姜蘭芳	〃	600
	華興製帽工廠	關帝巷 12	24	8	余國枝	合	10 000
交通工具	瑞豐汽車修理廠	湖南路					2 500
文化	李中書印刷所	昇平街 27	1	1	李顯庭	獨	1 500
	采霞印刷所	昇平街 16	7	11	白純文	合	4 000
	大新印刷所	花樓街 47	7	8	胡欽臣	〃	20 000
	益文印刷所	花樓街 198	11	〃	楊純清	〃	5 000

續表

年產值 （元）	發動力			工人數					工作 時間 （小時）	每日工資 （元）	
	蒸汽	油	電	共計	學徒	男工	女工	童工		最多	最少
				185		163	22				
				48		48					
170 000			1	18		18					
180 000			1	18		18					
				90		90					
				37		24	13				
5 000			1	4	2	2			12	0.27	0.10
10 000			1	13	7	3	3		〃	0.33	0.20
10 800			1	8	4	4			〃	0.20	0.033
50 000			3	22	5	17			10	0.50	0.10
13 000				30		30					
3 000			1	8	3	5			12	0.40	0.20
20 000			2	15	6	9			〃	0.55	0.30
40 000			2	28	3	25			8	0.80	0.25
14 400			2	4	2	2			10	0.50	0.03

業別	廠名 （數字係廠數）	廠址	設立		負責人	獨資或合股	資本 （元）
			年	月			
文化	大華印刷所	花樓街 337	22	1	張敬夫	合	4 500
	壯報印刷所	府西一路 149	24	9	劉治平		10 000
	采章印刷所	民權路 187	3	1	蕲玉珊	獨	3 200
	華昌印刷所	四民路 47	7	10	任澄波	合	5 750
	中華印刷所	五族路 84	5	3	陶菊泉	獨	10 000
	新華印刷所	大董家巷 58	10	5	蔡覺民	〃	5 000
	新昌印刷所	大江家院 83	16	8	趙義高	合	10 000
	白鶴印刷所	江漢路	17	4	蔡懷民	〃	6 000
	新民報印刷所	後花樓	15	9	謝倩茂		5 000
	天利印刷公司	黃陂街 93	〃	7	吳秉三	獨	5 000
	公興泉印刷公司	黃陂街 37	光 2	3	古萬南	合	5 500
	道新印刷所	大夾街 154	7	1	孟道佛	獨	2 500
	龔留青印刷所	大夾街 213	11	3	龔秉誠	〃	2 000
	景星義印刷所	五桂巷 5	19	〃	易榮卿	〃	3 000
	江漢印書館	葆華街 47	20	1	唐性初	〃	20 000

年產值 （元）	發動力			工人數					工作 時間 （小時）	每日工資 （元）	
	蒸汽	油	電	共計	學徒	男工	女工	童工		最多	最少
6 000			3	17	9	8			8	0.73	〃
26 000			1	22	3	15		4	〃	1.00	0.20
8 500			1	10	8	2			14	0.40	〃
30 000			1	22	2	20			9	0.70	0.30
24 000			1	28	4	24			〃	1.50	0.50
10 000			2	25	6	19			10	0.60	0.10
10 000			6	19	11	8			8	1.00	0.40
28 000			1	11	7	4			9	0.60	0.20
15 000			1	28	3	25			8	1.00	0.03
8 000			1	15	12	3			10	0.50	0.10
12 000			6	18	10	8			8	0.70	0.20
2 500			1	5	2	3			10	1.30	〃
8 000			2	10	3	7			〃	0.50	0.10
12 000			1	16	8	8			〃	〃	〃
40 000			1	19	6	13			12	0.60	0.20

業別	廠名 （數字係廠數）	廠址	設立		負責人	獨資或合股	資本 （元）
			年	月			
文化	建業印刷所	清芬路 74	22	12	劉建勛	獨	1 400
	國光印務局	阜昌路	21	4	李光偉	合	10 000
	中西報印刷所	江漢一路	光 32	8	王華軒		20 000
其他	漢口煤球廠	五福路	17	〃	項惠卿	〃	10 000
	上海煤球廠	太和里	21	4	繆詩生	〃	8 000
	長江正記煤球商店	興元橫巷 1	23	6	范文卿	〃	2 000
	金星製造牙刷廠	長堤街 352	21	1	朱文卿	獨	400
	華中牙刷廠	中正路 387	25	7	劉春南	〃	150
	孤兒院幼幼工廠	中山路	21	2	李嘉禾	合	1 500
	永安粉袋廠	襄河街 318	25	4	耿澤生	〃	3 000
	良濟豬鬃廠	湖南街			熊雲程		
武昌	**39**						**119 800**
飲食品	元豐機器米廠	武泰閘河街	23	7	陳子揚	〃	500
	福華機器米廠	〃	〃	8	尹鳳梧	〃	1 200
	源泰機器米廠	〃	25	7	孫少源	〃	600

續表

年產值（元）	發動力			工人數					工作時間（小時）	每日工資（元）	
	蒸汽	油	電	共計	學徒	男工	女工	童工		最多	最少
2 880			1	15	4	11			8	0.20	0.03
50 000				43	8	35			9	1.50	0.50
14 000				31	3	28			12	1.00	0.03
6 400			1	4		4			10	0.40	0.40
20 000			2	9		9			8	0.60	0.20
15 000			1	8	2	6			12	0.20	0.14
3 000			1	5	2	3			″	0.40	0.30
600			1	4	3	1			10	0.30	0.10
3 000				104	98	6			8	0.70	″
7 200				31	6	25			12	0.30	″
				69	34	35					
1 653 073	**32**		**7**	**322**	**74**	**237**	**11**				
300		1		2	1	1			12	0.40	0.33
1 320		1		6		6			″	0.60	0.30
1 728		1		2		2			10	0.33	0.15

| 業別 | 廠名
（數字係廠數） | 廠址 | 設立 | | 負責人 | 獨資或合股 | 資本
（元） |
			年	月			
飲食品	誠信豐機器米廠	武泰閘河街	25	7	胡子明	合	1 000
	協豐機器米廠	〃	〃	〃	謝春庭	〃	600
	洪泰順機器米廠	長虹橋街	24	〃	張香甫	〃	400
	洪盛永機器米廠	〃	〃	〃	陳愷軒	獨	600
	大同新記機器米廠	〃	25	1	周海清	合	1 000
	農民機器米廠	〃	〃	8	廖子英	〃	1 000
	寶豐機器米廠	〃	〃	〃	楊光年	〃	1 000
	張宏茂機器米廠	積玉橋街	15	3	張采清	獨	1 000
	紡織工人消費合作社	〃	20	4	黃興週	合	13 600
	王裕源機器米廠	〃	21	10	王恒軒	獨	3 000
	德慎榮機器米廠	〃	24	9	樂存華	〃	300
	仁太機器米廠	中正路	25	3	凌信夫	〃	2 000
	振泰機器米廠	〃	〃	6	王玉堂	合	5 000
	協記機器米廠	〃	〃	7	劉少堂	獨	4 000

續表

年產值（元）	發動力			工人數					工作時間（小時）	每日工資（元）	
	蒸汽	油	電	共計	學徒	男工	女工	童工		最多	最少
4 380		1		8	2	6			〃	0.60	0.33
1 728		1		2		2			〃	0.30	0.10
7 200		1		7	1	6			〃	0.50	0.20
1 500		1		5	2	3			11	0.66	0.33
3 000		1		5	2	3			〃	0.50	〃
10 300		1		9	2	7			10	0.66	〃
547		1		5		5			12	0.33	0.10
12 000		1		3		3			〃	0.14	0.03
144 000		1		11	1	10			〃	0.33	0.33
48 000		1		6	2	4			〃	0.10	0.10
1 000		1		3		3			〃	0.30	〃
10 000			1	4	3	1			〃	0.33	0.33
3 300			1	3	2	1			〃	0.43	〃
38 400			1	4	3	1			〃	0.33	〃

業別	廠名 （數字係廠數）	廠址	設立		負責人	獨資或合股	資本 （元）
			年	月			
飲食品	元成機器米廠	中正路	25	7	鄭顯庭	獨	2 500
	洪勝機器米廠	望山門	24	1	胡榮卿	〃	4 000
	民生機器米廠	〃	21	2	吳贊卿	合	8 000
	同鍋順機器米廠	武昌路	15	5	劉筱舫	〃	3 000
	湘贛新機器米廠	〃	21	8	吳煜階	〃	2 000
	張萬泰機器米廠	平閣路	14	4	張繡夫	獨	10 000
	永濟耀機器米廠	〃	2	6	萬耀記	〃	10 000
	民和機器米廠	東廠口	21	3	謝松坡	合	3 000
	福盛機器米廠	旃壇林街	23	10	楊維周	獨	1 500
	民民機器米廠	沙湖巷	25	8	邱燮堂	〃	500
	德隆機器米廠	上新河街	21	4	陳如錢	合	2 000
	同春機器米廠	文昌門街	25	〃	任樹生	獨	3 000
	元茂機器米廠	敦義堂街	〃	3	馮壽增	合	6 000
	劉萬泰機器米廠	武勝門街	22	11	劉萱榮	獨	2 000
	元泰機器米廠	十字橫街	19	2	陳子揚	合	2 000

續表

年產值 （元）	發動力			工人數					工作 時間 （小時）	每日工資 （元）	
	蒸汽	油	電	共計	學徒	男工	女工	童工		最多	最少
54 000			1	7	2	5			12	0.33	0.33
55 000		1		18	4	14			〃	〃	〃
70 000		1		5	4	1			〃	〃	〃
100 300		1		8	2	6			〃	〃	〃
20 000		1		6	2	4			〃	0.40	〃
50 000		1		23	3	20			〃	0.50	〃
280 000			2	13	3	10			〃	〃	〃
1 800		1		5	2	3			〃	0.20	0.07
1 600		1		2	1	1			〃	0.33	0.33
3 270		1		3		3			〃	〃	0.10
25 200		1		8	2	6			〃	〃	0.33
36 000		1		15	3	12			〃	0.30	0.10
320 000		1		7	5	2			〃	0.35	0.35
30 000		1		6	3	3			10	0.33	0.10
50 000		1		9	3	6			12	0.40	0.33

業別	廠名 （數字係廠數）	廠址	設立		負責人	獨資或合股	資本 （元）
			年	月			
飲食品	乾元機器米廠	社稷壇街	19	10	毛松濤	合	4 000
	工棧機器米廠	玻璃街	23	8	張漢清	〃	1 000
	裕豐祥機器米廠	王惠橋街	24	6	梁佑安	獨	1 000
	正太機器米廠	察院坡	20	8	易璧如	〃	3 000
	謙益恒油廠	絲局正街	光 1	1	張羣叔	〃	10 000
紡織	李萬興染織廠	都府堤			李海坡		500
其他	普益煤球廠	筷子街	23	2	任耀南	〃	4 000
漢陽	**36**						**316 200**
水電	漢陽電氣公司	外河街	14	8	周仲宣	合	108 000
	合安電燈合作社	蔡甸					20 000
冶煉	王義順翻砂廠	興隆巷	8	3	王木金	獨	1 500
	潘洪昌翻砂廠	段家街	〃	7	潘梅生	〃	2 500
機器	德順機器廠	雙街	10	5	湖潤琴	〃	1 500
	郭順明機器廠	〃	16	10	郭達明	〃	300
	劉明記機器廠	福來街	〃	6	劉明賢	〃	300

續表

年產值 （元）	發動力			工人數					工作 時間 （小時）	每日工資 （元）	
	蒸汽	油	電	共計	學徒	男工	女工	童工		最多	最少
85 000		1		19	4	15			〃	0.50	〃
15 000		1		4	1	3			〃	0.40	〃
25 000		1		5	2	3			〃	〃	〃
13 000			1	9	3	6			〃	〃	〃
120 000		1		25	1	24			10	0.30	0.20
				30		19	11				
9 200		1		10	3	7			〃	0.20	0.10
1 395 740	**1**	**7**		**1 553**	**108**	**1 065**	**351**	**29**			
54 000	1	1		15	1	14			11	1.50	0.50
		1									
10 000		1		19	8	11			9	0.50	0.20
12 000		1		15	7	8			10	0.55	0.17
4 000		1		12	5	7			〃	0.40	0.13
4 000		1		7	3	4			12	0.50	0.20
1 440		1		11	8	3			〃	〃	〃

業別	廠名（數字係廠數）	廠址	設立		負責人	獨資或合股	資本（元）
			年	月			
機器	和記機器廠	楊泗街	2	1	馮春山	合	3 200
	藝榮昌機器廠	〃	7	3	尹榮齋	獨	4 500
	精藝齋機器廠	打扣街	18	8	陳侶鵬	〃	12 000
	義恒順機器廠	雙街	8	4	宋進山	獨	3 000
	曹森泰機器廠	和星街	5	7	曾孫氏	〃	1 200
	五昇昌機器廠	〃	1	1	顧維生	〃	12 000
化學	福興油餅廠	同榮里					30 000
	中興誠油餅廠	楊家河					30 000
飲食品	楚豐機器米廠	東正街	22	3	解松甫	獨	2 500
	禾豐機器米廠	顯正街	25	6	彭東川	〃	800
	寶順機器米廠	南正街	21	5	夏筱亭	〃	1 800
	寶永機器米廠	洗馬長街 58	〃	8	徐秀柏	〃	300
	鼎順機器米廠	彈夾巷 42	20	〃	朱云海	合	4 000
	森泰機器米廠	雙街 157	16	〃	王少雲	獨	3 000
	裕興機器米廠	武聖正街	13	12	鄭雲抒	合	5 000
	鈺豐機器米廠	青石街 68	21	3	金鴻香	〃	6 000

續表

年産值（元）	發動力			工人數					工作時間（小時）	每日工資（元）	
	蒸汽	油	電	共計	學徒	男工	女工	童工		最多	最少
6 000		1		11	8	3			12	0.67	0.20
8 000		1		16	8	8			〃	0.60	〃
10 000		1		11	6	5			4	〃	0.40
3 000		1		8	7	1			10	0.30	0.30
7 000		1		6	2	4			4	0.60	0.40
20 000		1		20	10	10			11	1.34	0.20
600 000				135		135					
250 000				174		174					
25 000		1		5		5			12	0.33	0.33
1 500			1	2		2			〃	0.30	0.20
24 000		1		5		5			〃	0.33	0.33
10 800			1	3	1	2			〃	0.20	0.10
60 000		1		15	3	12			〃	0.33	0.33
20 000		1		17	1	16			〃	〃	〃
80 000		1		11		11			10	0.66	〃
50 000		1		8		8			〃	〃	〃

業別	廠名 （數字係廠數）	廠址	設立		負責人	獨資或合股	資本 （元）
			年	月			
飲食品	馨裕永機器米廠	西大街 40	17	2	胡香波	合	3 000
	裕餘機器米廠	泉隆街 68	24	4	王潤倉	〃	2 000
	永豐機器米廠	泉隆街 42	18	〃	張興福	〃	4 000
	福昌油廠	楊家河			潘廣裕		40 000
紡織	亨記花廠	洗馬長街	24	8	盧純臣	合	5 000
	華盛花廠	楊泗街	〃	10	萬海波	〃	6 000
	大昌染織廠	東正街 208	22	2	李梓材	〃	500
	同記染織廠	東正街 212	21	〃	李子亭	獨	300
	同興染織廠	洗馬長街	18	1	楊鐵夫	合	540
	華記染織廠	〃	7	9	馬秋成	〃	260
	興泰記染織廠	〃	25	5	楊峙東	〃	500
	日信洋行	人壽街 5	光 30	6	中川	〃	
	余福記毛巾廠	營防巷			余漢卿		700
廣濟	**10**						**82 000**
水電	光明電燈廠	武穴					69 680

續表

年產值（元）	發動力			工人數					工作時間（小時）	每日工資（元）	
	蒸汽	油	電	共計	學徒	男工	女工	童工		最多	最少
30 000		1		10	8	2			12	0.33	〃
10 000		1		2		2			8	0.40	0.30
40 000		1		8		8			10	0.66	0.33
				110		110					
8 000		1		16	1	3	12		12	0.13	0.13
20 000		1		27	3	14	10		8	0.25	0.17
7 000				32	5	25	2		10	0.50	0.10
5 000				34	8	24	2		12	0.30	0.20
7 000				38		30	3	5	10	0.50	0.10
4 000				31	5	20	5	1	〃	〃	〃
4 000				31		26	2	3	〃	〃	〃
				340		20	300	20	〃	0.20	0.20
				348		333	15				
45 000		**10**		**75**	**7**	**68**					
23 000		1		17	1	16					

| 業別 | 廠名
（數字係廠數） | 廠址 | 設立 | | 負責人 | 獨資或合股 | 資本
（元） |
			年	月			
飲食品	長豐機器米廠	武穴後堤街	19	10	胡承有		3 200
	同和機器米廠	武穴後堤街112	〃	1	汪留芳		2 000
	公大機器米廠	武穴府廠街	13	9	張金才		1 920
	公和機器米廠	武穴後壩街	16	〃	吳雨卿		2 000
	同源機器米廠	縣城馬家巷	18	6	周繩武		800
	豫豐和機器米廠	龍坪下市	25	9	程文明		600
	利豐合機器米廠	〃	21	4	李金山		600
	聚豐玉機器米廠	龍坪上市	20	9	邱文標		600
	龍興機器米廠	龍坪下市	16	10	王金鏞		600
江陵	**1**						**120 000**
水電	沙市電氣廠	毛家場					120 000
蒲圻	**1**						**50 000**
飲食品	興隆茂茶廠	中畈	光 1		王春琛		50 000
大冶	**1**						**12 600**
水電	啓明電燈公司	黃石港					12 600

年產值（元）	發動力			工人數					工作時間（小時）	每日工資（元）	
	蒸汽	油	電	共計	學徒	男工	女工	童工		最多	最少
4 000		1		11	1	10			8	0.27	0.24
5 000		1		12	1	11			〃	0.50	0.27
4 000		1		7	1	6			〃	0.27	0.24
5 000		1		11	1	10			〃	〃	〃
4 000		1		3	1	2			〃	0.48	0.18
		1		4	1	3				0.40	0.10
		1		4		4				〃	〃
		1		2		2				〃	〃
		1		4		4				〃	〃
108 000		**1**		**12**		**12**					
108 000		1		12		12					
70 000											
70 000									10	1.00	0.35
		1		**6**		**6**					
		1		6		6					

業別	廠名 （數字係廠數）	廠址	設立		負責人	獨資或合股	資本 （元）
			年	月			
光化	**2**						**110 000**
水電	啓明電燈公司	老河口					80 000
飲食品	蔚豐碾磨廠	〃	19	10	張仲雅		30 000
應城	**1**						**80 000**
水電	公益電氣公司	應城西門內					80 000
沔陽	**1**						**80 000**
水電	普新電燈廠	新堤					80 000
襄陽	**1**						**39 000**
水電	樊城電燈廠	樊城前溝					39 000
荆門	**1**						**30 000**
水電	協昌電燈廠	沙洋					30 000
宜都	**1**						**15 000**
水電	光耀電燈公司	宜都					15 000
隨縣	**1**						**8 000**
水電	列山中學電燈廠	縣城					8 000

年產值 （元）	發動力			工人數					工作 時間 （小時）	每日工資 （元）	
	蒸汽	油	電	共計	學徒	男工	女工	童工		最多	最少
16 000	1	1		**19**	**4**	**12**	**3**				
16 000	1										
		1		19	4	12	3		10		
15 000		1		**10**	**5**	**5**					
15 000		1		10	5	5					
15 000	1			**8**		**8**					
15 000	1			8		8					
12 000		1		**10**		**3**	**7**				
12000		1		10		3	7				
		1		**4**	**1**	**3**					
		1		4	1	3					
9 100		1		**5**		**1**	**4**				
9 100		1		5		1	4				
3 600		1		**3**		**3**					
3 600		1		3		3					

四、電廠

縣市	廠名	廠址	資本（元）	發電容量（千瓦）	電流種類	原動機種類	每日發電最多量（千瓦）
漢口	既濟電廠	大王廟	3 750 000	16 500	交流 60 週波① 380/220 伏	汽輪	16 500
	美最時電燈公司	江漢街		820	直流　　440/220 伏	油機汽機	
	漢口電燈公司	界限路	1 360 000	5 305	〃　　　　　〃	〃	
	漢口居留民團電氣部	日租界上小路		505	〃　　　　　〃	油機汽機	200
武昌	武昌水電廠發電所	磚瓦巷	500 000	1 600	交流 40 週波 380/220 伏	汽輪	1 450
漢陽	漢陽電氣公司	外河街	108 000	208	交流 50 週波 380/220 伏	煤汽機油機	208
	合安電燈合作社	蔡甸	20 000	36	直流　　200 伏	〃	
廣濟	光明電燈廠	武穴	69 680	200	交流 50 週波 380/220 伏	〃	
江陵	沙市電氣廠	沙市毛家場	120 000	402	〃　　　　　〃	柴油機	295
大冶	啓明電燈公司	黃石港	12 600	30	〃　　　　　〃	〃	

---

① 週波：日語，意即頻率。

全年收入（元）	全年支出（元）	用户數	每度電費（元）		包燈十六支光	工人數					工作時間（小時）	每日工資（元）	
			表燈	電力		學徒	男工	女工	童工	共計		最多	最少
2 500 000	2 350 000	21 750	0.21	0.08	1.20	18	396			414	8	1.20	0.50
150 000			0.23	0.12			38			38	〃	2.66	0.60
						8	112			120	〃	2.50	0.50
65 000	60 000	730	0.22	0.10	1.20		12			12			
260 000	231 000	4 335	0.22	0.15		7	89			96	10	1.80	0.60
54 000	52 000	表314 包366 力4	0.25	0.12	1.50	1	14			15	11	1.50	0.50
23 000			0.24		1.30	1	16			17			
108 000	94 000	1 485	0.27	0.10	1.50		12			12			
		表50 包107	0.26		1.20		6			6			

縣市	廠名	廠址	資本（元）	發電容量（千瓦）	電流種類	原動機種類	每日發電最多量（千瓦）
光化	啓明電燈公司	老河口	80 000	85	直流　235 伏	汽機	42
宜昌	永耀電氣公司	宜昌	400 000	500	交流 60 週波 380/220 伏	〃	
應城	公益電氣公司	應城西門內	80 000	80	交流 50 週波 380/220 伏	柴油機	62
沔陽	普新電燈廠	新堤	80 000	112	交流	煤汽機	
襄陽	樊城電燈廠	樊城前溝	39 000	67	直流　230 伏	柴油機	46
荊門	協昌電燈廠	沙洋	30 000	66	直流　220 伏	油機	
宜都	光耀電燈公司	宜都	15 000	180	直流　200 伏	柴油機	
隨縣	列山中學電燈廠	隨縣	8 000	10	直流	〃	

附註：一、總表所列數字與《湖北省各業工廠概況表》（二十五年十二月本室編製）所載，間有不符之處，係因最近將原有材料重新審核，酌加修正所致。

二、公營工廠係由政府機關所經營者。

三、民營工廠依工廠法所規定，分爲合工廠法工廠及合工廠登記規則工廠兩種編列。

四、有＊號之工人數皆在三十人以上，但其確數若干，未據填報，無從查攷。

五、各廠成立年月其在遜清年間者，均分別註明"光""宣"等字樣。

六、電廠之廠數、資本數、工人數三項，業已按其性質，分列於公營工廠及民營工廠各表中，惟因欲明瞭電廠之特質起見，於第四項另列電廠表以資參攷。

續表

全年收入（元）	全年支出（元）	用戶數	每度電費（元）		包燈十六支光	工人數					工作時間（小時）	每日工資（元）	
			表燈	電力		學徒	男工	女工	童工	共計		最多	最少
16 000	17 000	370			1.40								
135 000	128 000	1 654	0.27	0.10	1.50	6	32		1	39			
15 000	14 000	500	0.22		1.00	5	5			10			
15 000		300			1.30		8			8			
12 000	12 000	274	0.22				3	7		10			
			0.25		1.20	1	3			4			
9 100	11 200	227			1.50		1	4		5			
3 600	3 600	120			1.50		3			3			

商　　業

壹、概　　說

　　本省商業較發達之市場，計有漢口、武昌、宜昌、沙市、老河口、武穴、樊城、石灰窰及黃石港等九處，茲將其概況、商店數及全年營業數分別述列於后：

　　一、漢口　本埠爲長江、漢水及洞庭湖等水系之交點，乃豫、陝、川、滇、黔、桂、湘、贛、皖等省水道交通之總匯。平漢路爲溝通華北華中之縱幹綫，以本埠爲終點；粵漢路係華南華中交通唯一孔道，北迄於武昌與平漢路隔江互相接應。因地理及交通便利，中外商旅咸集，本省及隣省各地輸出國內外之貨物向多假道於本埠，而輸入之洋貨亦先運抵本埠再銷各內地消費區，是以貿易甚盛，不特爲華中之商業中心，亦全國首屈一指之內地口岸也。

　　自隴海路通車後，原日集中鄭州由平漢路南運之陝豫貨物，一部份改道沿隴海路向連雲港東運，且由連雲港轉運通商口岸之土貨免徵轉口稅，改道之轉口土貨益見增加，滬渝直航之後，川滇貨物已多經而不駐，加以漢口及宜昌、沙市各海關徇本省當局之請，代徵進出口洋土貨堤工捐，川滇貨物假直航而趨避者當必更多；粵漢路完成後，本埠交通固益形便利，港粵桂之貨可直接北來，但同時湘省之貨可選行南運矣，冬季湘水及長江水位低落，湘水航行江照輪船僅可達靖港或蘆林潭停泊接駁裝卸，長江方面噸數較大之輪船，常常不能出入黃石港，水道貨運加價，尤爲促成湘貨假粵漢路南運之原因；川湘黔等省出產之多量桐油，向先集中漢經提煉後始可運銷外洋，去年中國植物油廠成立，在重慶、萬縣、長沙等處皆先後進行設立分廠，上述各省之桐油將可就地提煉，直接裝運出口，毋須運漢矣；川絲湘茶更可保稅逕運上海轉船出洋，凡此種種，本埠商業繁榮實受相當打擊。將來滬粵、京川各汽車路完成，本埠陸上交通當更便捷，然汽車路運費過昂，貨運不甚相宜，終亦不能期望過殷，浙贛路業已通車，贛貨可以東運，京贛路宜貴段現正興築，南萍路本年亦可通車，將來與湘黔、湘桂、川黔、漢黔等路互相銜接，彼此聯運，自西而東與長江平行，川、滇、黔、桂、湘、贛、皖等省運經本埠之貨勢必大減，似此情形推測，本埠商業前途，恐再無振展之希望。

二、武昌　本埠係自闢之商埠，在華中之地位與漢口相彷彿，因堤岸適當長江水勢之衝，水波頗急，築建碼頭，停泊船舶起卸貨物，不甚相宜，故商業不如漢口之發達，然以地租地價較漢口為廉，故工廠及堆棧亦不少。本埠係本省省會，機關學校林立，公務員學生眾多，消費力量較大，乃本埠繁榮之主因，年來開闢馬路，整頓市容，頗具成績，粵漢路通車，過往之商旅已漸見增加，對於本埠之商業不無小補。

三、宜昌　本埠瀕長江北岸，當三峽之口，為入川咽喉，鄂西及川中出入貨物胥由此轉運，大輪東通漢滬，小輪西至重慶，宜渝之間，往昔帆船往來尤夥，陸上交通有漢宜汽車路東達漢口，固商業頗盛之內地口岸也。自川江輪航成功後，川中貨物逕運漢滬，不復停駐，本埠商業繁榮頓受影響。

四、沙市　本埠居武漢上游，在江陵東南十五里，即古沙頭市，乃荊門、當陽、遠安、枝江、松滋、宜都、長陽、五峯、巴東、建始、恩施、利川、鶴峯等地進口貨物集散地，川鹽運輸之通匯，汽車路有洛韶幹綫通過，北達老河口，南通常德，水陸交通頗便。

五、老河口　本埠位於光化縣城西南五里許，瀕臨漢水，當陝豫之衝，下通武漢，為小輪通航之終點，漢水西通陝南漢中，其支流均水北通豫南，陸上交通有汽車路，西通白河，東通襄陽與襄花、襄沙兩綫銜接，為鄂北漢水沿岸第一商場。平漢路自花園至本埠之花河支綫現已動工興築，將來完成通車，當能促進本埠之繁榮也。

六、武穴　本埠位於本省東南端長江北岸，當鄂皖贛之衝，為蘄春、黃梅、廣濟、陽新及贛省之瑞昌等縣出入貨物集散市場，除來往江輪停泊於此裝卸貨物外，有小輪來往黃石港、蘄春、九江、武漢，為武漢下游一大商場。

七、樊城　本埠位於唐白河及漢水匯合之處，隔岸與鄂北重鎮之襄陽相對峙，陸上交通有汽車路至老河口與老白路銜接，東有襄花路通鄂東各地，南有襄沙路可達沙市、常德；鄂北、豫南、陝南之貨多聚於此，自平漢路通車後，在交通上之地位已不復如前之重要矣。

八、石灰窰　本埠瀕臨長江南岸，與黃石港相距約五公里，因鑛區及工廠之工人麕集，市面商業頗盛。

九、黃石港　本埠為漢口武穴間江輪寄椗上落客貨之所，陸上交通有汽車路可通武漢及羊樓洞等處，為附近各縣出入貨物必經之地，商業尚屬發達。

貳、商店及營業

廿四年度

種類	漢口		武昌		宜昌		沙市	
	商店數	全年營業數	商店數	全年營業數	商店數	全年營業數	商店數	全年營業數
總計	12 234	335 763 241	4 015	18 468 140	1 315	8 969 377	2 287	8 645 764
金融	202	6 064 832	18		24	5 400	22	
銀行	45		6		6		6	
錢莊	107		6		17		15	
典當	26	5 773 664	6				1	
信託保險	20	291 168			1	5 400		
儲蓄	4							
交通	827	419 220	469	78 504	6	112 800		7 488
船舶	20				3	112 800		
轉運	82	419 220	7	78 504	3		3	7 488
汽車	57		15					
馬車	98							
板車	239		305					

老河口		武穴		樊城		石灰窰		黄石港	
商店數	全年營業數	商店數	全年營業數	商店數	全年營業數	商店數	全年營業數	商店數	全年營業數
958	5 875 152	1 078	3 418 948	348	2 160 472	225	1 173 028	235	884 344
22		5	85 000	10		2	70 000	3	80 000
2		2		1		1		1	
20		2		9				1	
		1	85 000			1	70 000	1	80 000
									5	9 624
								4	8 880
								1	744

種類	漢口		武昌		宜昌		沙市	
	商店數	全年營業數	商店數	全年營業數	商店數	全年營業數	商店數	全年營業數
脚踏車	128		85					
人力車	203		57					
飲食	**2 049**	**40 816 200**	**896**	**5 506 090**	**218**	**867 719**	**679**	**1 808 776**
熟食	318	1 511 304	162	334 188	18	63 324	131	163 334
酒菜	188	1 045 764	44	1 483 404	45	115 008	134	114 782
粮食	343	8 593 680	215	2 415 945			140	669 148
麵粉	158	2 842 080	67	192 346			57	238 248
醬園	112	6 471 004	10	90 120	22	248 508	38	282 780
豆腐			28	37 512				
炒坊	50	36 000	12	25 140	2	4 800		
糖坊			9	14 172				
油坊					13	24 375		
糟坊			4	4 680				
糖菜罐頭	178	6 587 904	28	117 615	27	242 388	42	154 380
茶菓	72	1 292 904	28	222 564	17	77 736	16	126 204
水菓	113	12 276 756	82	567 144	9	91 580	27	48 372

續表

老河口		武穴		樊城		石灰窯		黄石港	
商店數	全年營業數	商店數	全年營業數	商店數	全年營業數	商店數	全年營業數	商店數	全年營業數
282	**1 014 852**	**436**	**751 492**	**57**	**151 164**	**44**	**102 480**	**44**	**140 024**
15	19 920	42	1 500	3	2 880	3	1 200		
75	102 864	35	27 660	7	7 560	4	15 960	2	24 240
98	293 340	101	461 604			20	68 640	16	71 280
19	32 580	70	80 940			6	9 840	6	9 120
13	470 808	19	17 496						
		68	63 384			1	1 200	8	15 600
		19	23 160						
								3	5 754
8	57 600	5	58 320	14	96 720				
4	6 420	6	9 804	5	2 772	3	3 480	1	750
5	31 320	2	2 160	8	41 232	1	2 160	1	1 680
		5	5 460					2	12 300

種類	漢口		武昌		宜昌		沙市	
	商店數	全年營業數	商店數	全年營業數	商店數	全年營業數	商店數	全年營業數
冷飲	5	36 996						
菸酒	488		204		65		80	
蛋類	26	116 808	3	1 296			14	51 528
醫藥	**371**	**6 836 360**	**112**	**376 275**	**70**	**436 140**	**56**	**373 644**
中藥	277	4 470 884	99	275 999	59	343 104	45	302 952
西藥	94	2 365 476	13	100 276	11	93 036	11	70 992
服飾	**559**	**2 923 596**	**153**	**122 401**	**41**	**187 068**	**108**	**163 824**
衣莊	215	538 140	90	450 411	22	90 156	40	65 736
鞋帽	344	2 385 456	63	271 990	19	96 912	68	98 088
紡織	**523**	**80 473 412**	**81**	**1 504 164**	**97**	**1 517 708**	**136**	**1 320 784**
布疋綢緞	246	59 494 268	44	1 409 338	57	1 250 520	86	829 076
呢絨氈毯	13	403 872					1	6 348
棉草蔴綫	204	11 977 896	27	80 388	33	256 616	49	495 360
絲繭	45	8 180 400						
麻			10	14 448	7	10 572		
打包	5	416 976						

續表

老河口		武穴		樊城		石灰窰		黃石港	
商店數	全年營業數	商店數	全年營業數	商店數	全年營業數	商店數	全年營業數	商店數	全年營業數
45		54		20		6		5	
49	**238 668**	**16**	**75 228**	**18**	**117 920**	**22**	**60 240**	**6**	**38 160**
44	178 068	16	75 228	15	77 520	22	60 240	6	38 160
5	60 600			3	40 800				
17	**13 212**	**26**	**135 564**	**8**	**13 628**	**5**	**7 680**	**3**	**3 840**
3	8 400	14	102 264			2	1 680	1	1 200
14	4 812	12	33 300	8	13 628	3	6 000	2	2 640
84	**1 717 200**	**51**	**508 620**	**34**	**488 760**	**17**	**215 688**	**7**	**141 360**
59	1 456 200	28	454 260	25	420 240	8	136 728	4	138 480
22	255 240	23	54 360	9	68 520	9	78 960	3	2 880
3	5 760								

種類	漢口		武昌		宜昌		沙市	
	商店數	全年營業數	商店數	全年營業數	商店數	全年營業數	商店數	全年營業數
旅館	280		56		19	24 016	40	61 224
旅館	280		56		19	24 016	40	61 224
禽畜	296	959 796	160	31 320	12	53 448	15	31 164
牲畜	25	92 388	34	27 360			3	5 760
牛羊皮	19	460 488			12	53 448	11	23 364
牛油			1	3 960				
牲腸	3	224 160						
鬃骨	64	236 760					1	2 040
屠宰	185		125					
土石	302	3 959 484	76	534 440	18	49 320	40	231 552
陶瓷	118	1 521 816	39	129 308	7	9 840	16	39 156
玻璃料器	78	716 940			3	10 560	6	38 856
磚瓦石灰	48	308 568	27	59 400			13	27 240
石膏			2	6 120				
營造	23	1 412 160	4	339 612	3	28 920	5	126 300
製造	35		4		5			

續表

老河口		武穴		樊城		石灰窰		黄石港	
商店數	全年營業數	商店數	全年營業數	商店數	全年營業數	商店數	全年營業數	商店數	全年營業數
8	**10 836**	**15**	**18 180**	**6**	**6 720**	**4**	**4 800**	**1**	**1 440**
8	10 836	15	18 180	6	6 720	4	4 800	1	1 440
				5	**19 200**			**1**	**1 400**
				5	19 200			1	1 400
20	**71 220**	**24**	**44 004**	**7**	**30 840**			**1**	**14 400**
16	65 880	4	24 372	6	30 840				
4	5 340	20	19 632						
									1	14 400
				1					

種類	漢口		武昌		宜昌		沙市	
	商店數	全年營業數	商店數	全年營業數	商店數	全年營業數	商店數	全年營業數
金屬	**537**	**10 458 892**	**63**	**155 880**	**61**	**1 602 318**	**55**	**320 268**
銅鐵錫器	150	426 492			5	17 820	21	13 440
五金	321	9 147 240	62	153 240	13	1 379 490	34	306 828
機器	66	884 160	1	2 640				
磁鐵					43	265 008		
電器	**144**	**1 655 712**	**17**	**37 050**	**12**	**31 920**	**5**	**71 520**
電料	144	1 655 712	17	37 050	12	31 920	5	71 520
木竹	**580**	**2 897 074**	**141**	**327 276**	**44**	**120 228**	**167**	**138 012**
木竹藤器	434	1 998 514	17	28 008	43	119 028	167	138 012
中西傢具	34	334 920	7	43 068				
木竹料	112	563 640	117	256 200	1	1 200		
化學	**426**	**7 861 390**	**82**	**674 570**	**67**	**792 480**	**76**	**304 858**
火柴	10	1 068 192					3	10 320
燭皂鹼	119	828 456	16	44 522	22	162 216	24	78 972
皮革	106	1 081 464	21	78 236	4	6 156		
橡皮	8	103 464						

續表

老河口		武穴		樊城		石灰窑		黄石港	
商店數	全年營業數	商店數	全年營業數	商店數	全年營業數	商店數	全年營業數	商店數	全年營業數
29	**345 040**	**36**	**52 248**	**9**	**88 320**	**6**	**21 360**	**10**	**52 104**
4	1 640	5	2 280						
25	343 400	31	49 968	6	79 920	1	720	2	7 440
				3	8 400				
						5	20 640	8	44 664
2	**3 600**	**3**	**42 336**	**2**	**6 444**	**1**	**3 000**		
2	3 600	3	42 336	2	6 444	1	3 000		
13	**23 216**	**107**	**86 300**	**6**	**5 500**	**1**	**1 800**		
13	23 216	40	31 620	6	5 500	1	1 800		
		67	54 680						
14	**232 280**	**33**	**87 792**	**15**	**223 056**	**1**	**10 800**	**1**	**720**
4	33 360			1	2 880	1	10 800		
		9	11 628	8	10 236				

種類	漢口		武昌		宜昌		沙市	
	商店數	全年營業數	商店數	全年營業數	商店數	全年營業數	商店數	全年營業數
顏料	54	2 924 040			6	118 356	7	121 128
油漆	43	666 336	25	508 684	8	463 392	8	28 980
洗染	63	720 648	20	43 128	27	42 360	34	65 448
化粧品	23	468 788						
文化	**478**	**1 072 620**	**153**	**638 722**	**47**	**64 488**	**89**	**267 156**
紙張	176	252 096	54	411 384	29	27 948	37	203 112
儀器文具	79	951 672	25	114 346	5	15 480	6	36 180
印刷出版	100		48		8		24	
照像	27	159 984	17	64 248	3	12 600	4	9 840
度量衡	12	21 000	3	3 216			10	6 516
鐘表眼鏡	36	508 020	6	45 528	2	8 460	2	8 700
玩具	48	79 848					5	2 808
藝術	**175**	**1 377 924**	**67**	**454 550**	**17**	**237 812**	**39**	**485 644**
首飾	92	845 613	21	395 950	13	230 652	30	481 108
美術品	39	489 852	3	6 816			7	4 536
古玩	9	33 816	1	1 444	2	4 320		

老河口		武穴		樊城		石灰窰		黃石港	
商店數	全年營業數	商店數	全年營業數	商店數	全年營業數	商店數	全年營業數	商店數	全年營業數
1	148 320	2	31 260	2	177 300				
5	37 200	6	2 904	2	6 240				
4	13 440	16	42 300	2	26 400			1	720
30	**157 720**	**32**	**78 804**	**22**	**70 560**	**4**	**2 040**	**8**	**1 920**
17	104 800	5	59 304	16	62 160			1	960
4	12 000	7	10 080	3	4 320				
6		6		1		2		5	
1	2 400	6	2 340	1	1 200	2	2 040	2	960
		3	3 600						
2	38 520	5	3 480	1	2 880				
5	**128 280**	**14**	**79 220**	**2**	**39 800**	**4**	**7 560**	**6**	**22 740**
5	128 280	13	78 720	2	39 800	4	7 560	6	22 740
		1	500						

種類	漢口		武昌		宜昌		沙市	
	商店數	全年營業數	商店數	全年營業數	商店數	全年營業數	商店數	全年營業數
花房	4	8 640	40	50 340	1	2 880		
娛樂	31		2		1		2	
衛生	**147**	**319 824**	**37**	**72 204**	**13**	**44 100**	**3**	**13 812**
理髮	118	208 944	24	45 444	8	22 260		
浴池	29	110 880	13	26 760	5	21 840	3	13 812
其他	**4 356**	**166 718 910**	**1 434**	**7 354 548**	**549**	**2 762 372**	**755**	**2 995 748**
牙行	1 062	117 231 786	239		170		114	
堆棧	19	382 656			7		14	
洋行	53							
燃料	534	3 577 224	280	808 488	16	127 464	67	185 304
包作承攬	33	89 088						
特許商辦	58	2 682 096	1	1 987 200			5	81 432
洋雜	375	11 331 768	101	816 092	70	424 512	72	980 352
雜貨	885	23 695 992	436	3 085 776	152	1 982 520	206	1 483 952
山貨					5	26 556		
舊貨	56	526 392	19	35 940	2	2 580	27	10 260

續表

老河口		武穴		樊城		石灰窰		黄石港	
商店數	全年營業數	商店數	全年營業數	商店數	全年營業數	商店數	全年營業數	商店數	全年營業數
4	7 820	29	17 460			2	3 360	1	1 920
2	1 820	27	13 008			1	960		
2	6 000	2	4 452			1	2 400	1	1 920
379	1 910 508	261	1 356 404	147	898 160	118	662 220	138	373 992
108		89		21		40		115	
		4							
2	3 120	15	20 564						
53	348 060	13	69 224	41	310 160	16	103 800	6	54 240
64	1 275 960	41	1 186 380	72	570 720	34	536 760	10	311 592
						2	1 200		
		6	3 588						

種類	漢口		武昌		宜昌		沙市	
	商店數	全年營業數	商店數	全年營業數	商店數	全年營業數	商店數	全年營業數
租賃	95	190 296	27	45 288	10	28 140	5	23 808
手工	754	3 133 224	306	540 444	106	170 600	217	177 360
香紙炮	88	1 107 204	25	35 320	11		28	53 280
其他	334	2 771 184						

附註：一、全年營業數係以元爲計算單位。

二、本表所列數字，係根據本省各營業稅局二十四年度復查納稅商户明細簿所載經征數，其非由各該局征收營業稅之商業，則分向各該課稅機關查填，並參考有關之書誌，以補不足，然泰半僅及於商店數而已。

三、銀行業係根據《二十四年全國銀行年鑑》（中國銀行經濟研究室編）材料，各行辦事處亦作一家計。

四、牙行業（漢口市除外）係根據本府財廳及湖北省會稅捐經征所二十四年度登記數。

五、漢口市旅館、車行、屠宰、娛樂等業，係根據漢口市稅捐稽征處二十四年度經征數，至典當業除根據該處經征數外，其在日法租界內開設者亦併入。

六、武昌市車行、屠宰、娛樂等業，係根據湖北省會稅捐經征所二十四年經征數。

七、菸酒業，係根據武陽漢菸酒牌照稅稽征處及本府財廳二十四年度數字，並加以估計。

八、漢口市商店數，外籍商店及日法租界華人商店僅有 240 家在内，餘均未納稅，無從查考，此種缺憾，俟將來調查彌補之。

老河口		武穴		樊城		石灰窰		黄石港	
商店數	全年營業數	商店數	全年營業數	商店數	全年營業數	商店數	全年營業數	商店數	全年營業數
151	283 284	29	30 564	13	17 280				
1	744					1	300		
		64	36 084			19	20 160	7	8 160

叁、市鎮

武昌　省會，油坊嶺，豹子澥，五里界，魯家巷，覃公廟，紙坊，土地堂，山坡，賀勝橋，湖泗橋，金口，法泗洲，新窰，馬鞍山，青山，溝口。

漢陽　縣城，蔡甸，黃陵磯，新溝。

嘉魚　縣城，簰州，龍口，六溪口。

咸寧　縣城，賀勝橋，官埠橋，汀泗橋，柏墩馬橋，白沙橋。

蒲圻　縣城，汀泗橋，羊樓峝，羊樓司，新店，車埠，趙李橋，石坑，神山，黃龍，泉口。

崇陽　縣城，大沙坪，白霓橋，石城灣，堰市，蔡家墩，洪家橋，路口，小沙坪，新塘嶺，桂口。

通城　縣城，官塘坳，麥市，鯉港，沙堆，十里市，河埠橋，磨橋，北港。

通山　縣城，橫石潭，寶石，廈舖，楊芳林，南林橋，寺下，山石。

陽新　縣城，龍港，燕廈，富池，漳源口。

大冶　縣城，石灰窰，黃石港。

鄂城　縣城，葛店，金牛，燕磯，華容，丁橋，殷店，長嶺，謝埠，涂家堖，梁子鎮。

黃岡　縣城，新洲，團風，倉子埠，陽邏，黃州，樊口，上巴河。

浠水　縣城，蔡家河，關口鎮，洗馬畈，蘭溪鎮，六神港，巴河鎮，走馬崗，竹瓦店，團陂鎮，汪家崗，楊家祠。

蘄春　縣城，漕河鎮，菩堤壩，高家新舖，彭思橋，橫車橋，株林河，獅子口，劉公河，張家塝，兩河口。

廣濟　縣城，武穴，龍坪，田家鎮。

黃梅　縣城，孔壠鎮，大河舖，獨山鎮，停前驛，胡世柏，濯港街，土橋舖，渡河橋。

　　英山　縣城，楊柳灣，石頭嘴，鸚鳴河，雷家店，芭茅街，金家舖，夾舖，土門潭，白羊山，大畈河，瓦寺。

　　羅田　縣城，滕家堡，平湖，大河岸，駱駝坳。

　　麻城　縣城，宋埠，白果，歧亭，中館驛，閔家集，閻家河，夫子河，順河集，木子店。

　　黄安　縣城，七里坪，八里灣。

　　黄陂　縣城，六指店，沙套，瀟口鎮，横店，黄花澇，祁家灣，張家店，長軒嶺，王家河。

　　禮山　縣城，三里城，大新店，雙橋鎮，二郎店，黄陂站，河口，宣化店。

　　孝感　縣城，花園，三汊埠，三汊港，白沙舖，楊家河，小河溪，王家店。

　　雲夢　縣城，伍洛寺，李家店，三集店，道人橋，護子潭，隔蒲潭，胡金店，義堂鎮。

　　漢川　縣城，繫馬口，分水嘴，田二河，城隍港，蚌湖口，楊林溝，垌塚，劉家隔，麻河渡，小里潭，玉皇閣，迴龍灣，江家集，南河渡，榔頭。

　　應城　縣城，長江埠，陳家河，黄家灘。

　　安陸　縣城，西十字街，西門外，溁水港，巡店。

　　應山　縣城，廣水，馬坪，郝家小店，陳家巷，蔡家河。

　　隨縣　縣城，厲山，安居，淅河，唐縣鎮，均川，洛陽店，萬家店，高城，塔兒灣，何家店，隨陽店，環潭。

　　鍾祥　縣城，内郢，外郢，橫山，臼口鎮，石牌鄉，洋梓鎮，豐樂鎮。

　　京山　縣城，宋河鎮，多寶灣鎮，永隆河鎮，源泉鎮，龍泉鎮，永興鎮，孫橋鎮，官橋鎮，東橋鎮，三陽店。

　　天門　縣城，城關，岳口，皂市，漁薪，乾驛，彭市，蘆市，麻洋，黑市，漁泛，毛家嘴，徐馬，石河。

沔陽 縣城，新堤，仙桃鎮，峯口，彭家場，通海口。

潛江 縣城，浩口，黃家場，蚌湖，鍾滾壋，張截港，泗港，梅家嘴，許家場，周家磯。

監利 縣城，朱河，新溝，上車灣，下車灣，尺八百，螺程集，堤頭，汪家橋，毛家口，周老嘴，分鹽，柳集，陳沱口，余家埠，劉家舖，觀音寺。

石首 縣城，藕池，調關，調弦，蛟子淵，三義寺。

公安 縣城，閘口，申津渡，黃金口，卧湖堤，鄭公度，孟家溪，班竹壋，麻豪口。

松滋 縣城，沙道觀，新江口，朱家埠，木馬口，天星市，磨盤洲，街河市，西齊，劉家場，新陳市，紙廠河，楊林市，洋溪，浣市，米積台。

枝江 縣城，丹陽鎮，洋溪鎮，董市，仙女廟，周家場，江口，問安寺，草埠，劉港，馮口。

江陵 縣城，沙市，郝穴，彌陀市，草市，岑河口，熊口，老新口。

荊門 縣城，沙洋，拾迴橋，后港。

宜城 縣城，璞河瑙，流水溝，孔家灣小河。

棗陽 縣城，南吳家店，西璩家灣，鹿頭鎮。

襄陽 縣城，樊城，張家灣，東津灣，雙溝，歐家廟，泥溝，薛家集，竹篠舖，程家河。

光化 縣城，老河口，三官殿，巨興集，秦家集，油坊崗。

穀城 縣城，石花街，盛家壙，仙人渡，太平店，廟灘，茨河，張家集，冷家集。

保康 縣城，歇馬河，馬橋口。

南漳 縣城，武鎮，安家集，報信鎮，湧泉舖，九仙觀，老官廟，丁家集，吳家集，龍門集，石門集，果賀坪，蕭家堰，太平街，東鞏，巡檢司，甘溪，峽口集，重陽坪，店子埡，兩峪，馬良坪。

遠安　縣城，洋坪，徐家棚，舊縣。

當陽　縣城，溪渻，河溶，慈化，雙蓮，萬城，馬山。

宜都　縣城，過路灘，觀音橋，蕭家隘，聶家河，石門，古老背，紅花套，茶店子，白洋，安福寺，顧家店，武魁場，紫荊嶺。

宜昌　縣城，南藩鎮，通惠鎮，龍泉鎮，鴉雀鎮，土門鎮，莊鎮，雙泉鎮，太和鎮，穆家店，大橋邊，曹家畈，三斗鎮，平舊鎮，小溪塔，分鄉，羅甸溪，太平溪，霧渡河。

興山　縣城，鄒家嶺，大里溪，平邑口，嚮灘，南陽河，平水河，黃糧坪。

秭歸　縣城，沙鎮溪，香溪，新灘，窯灣，溪洩灘，牛口，茅坪廟河。

長陽　縣城，資垢，磨市，賀家坪，榔坪，都鎮灣，津洋口。

五峯　縣城，漁關，灣潭。

鶴峯　縣城，走馬坪，五里坪。

宣恩　縣城，椒園，慶陽壩，小關，貓兒石，獅子關，洗馬坪，長潭河，萬寨，板寮，高羅，麻陽寨，沙道溝，李家河，板栗園，上峝坪。

來鳳　縣城，百户司鎮，羊勒車，毛壩，舊司，大河壩，漫水。

咸豐　縣城，丁塞，清水塘，十字路，尖山寺，忠堡，活龍坪，黑洞。

利川　縣城，李子坳，團寶寺，汪家營，南坪，忠路，建南，毛壩。

恩施　縣城，芭蕉鎮，龍鳳壩，崔家壩，白菓壩，白楊坪，羅針田。

建始　縣城，下壩觀，長梁子，羅家壩，三里壩，紅岩寺，高店子，石堐子，官店口，花果坪，銅鼓堡。

巴東　縣城，野三關。

房縣　縣城，青峯，下店，陽日灣，大木廠，玉堤，軍馬，馬尾，杜家川。

均縣　縣城，均鎮，南關鎮，青山港鎮，草店鎮，浪河鎮。

鄖縣　縣城，西關，安陽口，梅家舖，大堰鎮，鮑家店，黃龍鎮，十堰鎮。

竹山　縣城，南關，保豐，田家壩，官渡河。

郿西　縣城，縣川鎮，土門鎮，香口鎮，黄雲舖，觀音鎮，天河口，羊尾山，夾河關，上津市。

漢口市　本市。

肆、對外貿易

一、概説

對外貿易之影響於國民經濟最爲直接與顯著，進出口貨物之紀載，海關方面較爲完備，本省境内計有海關三所，故先分別略述之。

甲、漢口關　漢口係咸豐八年中英《天津條約》允開長江口岸之一，咸豐十一年開關通商，關設原日夏口縣漢口河街，即今本關之所在地，初關監督駐法租界學堂街，税務司駐英租界内本關，訂有關章四款分若干項，凡大洋船内江輪船只准在大江龜山頭之北甘露寺之南停泊，離西岸一里之限内起卸貨物。本關初設有二分關，一爲石灰窰分關，該關派有洋扦手一人，常川駐此監視訂有專章之船隻起卸貨物，即水泥廠裝運物料進口，水泥出口，及日本裝運大冶鐵礦砂出口之輪船；一爲漢陽分關，設於漢陽縣南岸咀，距正關約三公里，本關進出口貨，其價值大致超過十萬元上下堪稱大宗者；進口洋貨方面計有鞋底皮、海參、燕窩、糖品、菸葉、紙菸、檀香、輕木材、棉花、本色棉紗、棉布、細嗶嘰、直貢呢、絨毛繩綫、人造絲及綫品、紫銅錠及塊、未鍍鋅鋼鐵條、未鍍鋅鋼鐵箍、未鍍鋅花素馬口鐵、未鍍鋅鐵絲圓釘鐵方釘、鍍鋅鋼鐵片、鍍鋅鋼鐵絲、鉛錫鋁等箔、柴油、煤油、汽油、石腦油、扁陳油、滑物油、純鹼及燒鹼、鹼及製品、硫化元、人造靛、未列各染料、火柴、捲筒紙菸紙、毛或光普通印書紙、羊毛邊紙、印書紙、電器及材料、紡織廠機器、汽車、車輪胎、手工及機器縫紉針；進口土貨方面計有豬鬃、豬腸、生牛皮、未硝山羊皮、蛋、穀米、小麥、菸葉、紙菸、五棓子、桐油、柏油、生漆、藥材、麵粉、豆類、糖品、苧蔴、棉花、本色棉紗、棉布、煤、鹽、精鹽；土貨出口方面計有豬鬃、豬腸、生牛皮、未硝山羊皮、碎骨及廢骨、鴨毛、蛋、穀米、小麥、麩糠、麵粉、豆類、豆餅、棉子餅、花生、芝麻、紅棗、蓮子、茶、菸葉、紙菸、黑木耳、茯苓、梧子、桐油、柏油、生漆、藥材、生絲、苧蔴、棉花、本色棉紗、石膏、煤、鐵礦砂、生鐵及鐵磚等項。

乙、宜昌關　宜昌係光緒二年中英《烟台條約》允開口岸，光緒三年二月開關通商，關設宜昌縣城南外，距縣治一里許，關監督及稅務司均駐宜昌，本關進出口貨物其價值大致約十萬元上下堪稱大宗者，進口洋貨方面計有棉布、糖品、紙菸、人造靛及煤油等項；進口土貨方面計有穀米、麵粉、竹笋、菸葉、紙菸、棉紗、棉布及食鹽等項；出口方面計有豬鬃、牛皮、棉花、五梧子、黑木耳、桐油、柏油及生漆等項。

丙、沙市關　光緒二年中英《烟台條約》於本口岸僅許洋船停泊，光緒二十一年中日《馬關條約》乃允開關爲通商口岸，二十二年八月開關通商，關設江陵縣沙市，距縣治十五里，初歸宜昌關監督兼管，稅務司駐沙市，進出口貨物其貨值大致約十萬元上下堪稱大宗者，洋貨進口方面計有棉布、糖品、紙菸、人造靛、五金及煤油等項；進口土貨方面計有小麥、麵粉、本色棉紗、棉布、紙菸、粗鹽及精鹽等項；出口土貨方面計有生牛皮、豆類、小麥、棉花、梧子、黑木耳、桐油及柏油等項。

二、二十五年來漢口關進出口貨值

單位：國幣萬元

民國年次	進出口貨值		洋貨進口		土貨進口		土貨出口			
	淨數總計	指數	淨數	指數	淨數	指數	共計	指數	往外洋	往各口岸
一	21 040	46.77	6 265	57.97	1 889	18.85	12 886	53.33	2 072	10 814
二	23 998	53.34	8 234	76.19	2 884	28.79	12 880	53.31	2 099	10 781
三	22 014	48.93	7 949	73.55	2 130	21.26	11 935	49.40	2 149	9 786
四	25 069	55.72	6 747	62.43	2 436	24.31	15 886	65.75	2 079	13 807
五	27 237	60.54	7 659	70.87	3 046	30.40	16 532	68.42	1 558	14 974
六	26 600	59.13	7 371	68.21	3 396	33.90	15 833	65.53	1 619	14 214
七	25 733	57.20	6 765	62.60	2 948	29.42	16 020	66.30	1 565	14 455
八	31 221	69.40	8 255	76.39	3 504	34.97	19 462	80.55	2 154	17 308
九	26 479	58.86	9 152	84.69	3 584	35.77	13 743	56.88	1 632	12 111
十	27 039	60.10	9 891	91.52	3 651	36.44	13 497	55.86	1 378	12 119
十一	32 125	71.41	10 086	93.33	4 898	48.89	17 141	70.94	2 030	15 111
十二	37 953	83.03	9 045	83.70	6 854	68.41	21 454	88.79	1 827	19 627
十三	44 006	97.82	12 823	118.65	7 327	73.13	23 856	98.73	2 299	21 557

續表

民國年次	進出口貨值		洋貨進口		土貨進口		土貨出口			
	淨數總計	指數	淨數	指數	淨數	指數	共計	指數	往外洋	往各口岸
十四	44 988	100.00	10 807	100.00	10 019	100.00	24 162	100.00	3 110	21 052
十五	44 415	98.73	10 384	96.09	7 911	78.96	26 120	108.10	2 379	23 741
十六	31 309	69.59	5 333	49.35	6 160	61.48	19 816	82.01	1 361	18 455
十七	48 557	107.93	10 791	99.85	9 988	99.69	27 778	114.97	3 115	24 663
十八	41 367	91.95	10 002	92.55	8 235	82.19	23 130	95.73	2 803	20 327
十九	31 236	69.43	8 713	80.62	4 919	49.10	17 604	72.86	1 967	15 637
二十	82 466	72.17	11 108	102.79	6 724	67.11	14 634	60.57	2 902	11 732
廿一	23 912	53.15	3 856	35.68	8 372	83.56	11 684	48.36	3 164	8 520
廿二	22 958	51.03	3 426	31.70	7 685	76.70	11 847	49.03	765	11 082
廿三	24 221	53.84	3 221	29.80	7 257	72.43	13 743	56.88	985	12 758
廿四	24 032	53.42	3 322	30.74	6 902	68.89	13 808	57.15	1 260	12 548
廿五	31 123	69.18	3 287	30.42	8 853	88.36	18 983	78.57	1 356	17 627

附註：由二十一年起洋貨進口淨數僅係直接由外洋進口之數，進出口貨值淨數總計數字亦因之而不完全。

三、二十五年來宜昌關進出口貨值

單位：國幣萬元

民國年次	進出口貨值		洋貨進口		土貨進口		土貨出口			
	净數總計	指數	净數	指數	净數	指數	共計	指數	往外洋	往各口岸
一	864	43.31	179	29.64	143	14.58	542	132.20		542
二	891	44.66	287	47.52	131	13.35	473	115.37		473
三	745	37.34	270	44.70	61	6.22	414	100.98		414
四	764	38.30	178	29.47	110	11.21	476	116.10		476
五	1 033	51.78	223	36.92	263	26.81	547	133.41		547
六	886	44.41	336	55.63	215	21.92	335	81.71		335
七	607	30.43	106	17.55	167	17.02	334	81.46		334
八	942	47.22	384	63.58	332	33.84	226	55.12		226
九	1 426	71.48	520	86.09	750	76.45	156	38.05		156
十	676	33.88	61	10.10	399	40.67	216	52.68		216
十一	1 389	69.62	268	44.37	850	86.65	271	66.10		271
十二	1 221	61.20	254	42.05	535	54.54	432	105.37		432
十三	2 750	137.84	597	98.84	1 778	181.24	375	91.46		375

續表

民國年次	進出口貨值		洋貨進口		土貨進口		土貨出口			
	淨數總計	指數	淨數	指數	淨數	指數	共計	指數	往外洋	往各口岸
十四	1 995	100.00	604	100.00	981	100.00	410	100.00		410
十五	2 620	131.33	566	93.71	1 498	152.70	556	135.61	2	554
十六	1 178	59.05	126	20.86	698	71.15	354	86.34		354
十七	2 108	105.66	671	111.09	852	86.85	585	142.68		585
十八	1 972	98.85	418	69.21	1 048	106.83	506	123.41	1	505
十九	2 166	108.57	417	69.04	789	80.43	960	234.15	1	959
二十	1 844	92.43	342	56.62	882	89.91	620	151.22	31	589
廿一	1 820	91.23	35	5.79	1 028	104.79	757	184.63	20	737
廿二	1 357	68.02	51	8.44	900	91.74	406	99.02		406
廿三	1 216	60.95	33	5.46	724	73.80	459	111.95		459
廿四	1 330	66.67	11	1.82	946	96.43	373	90.98		373
廿五	1 530	76.69	19	3.15	871	88.79	640	156.10		640

附註：由二十一年起洋貨進口淨數僅係直接由外洋進口之數，進出口貨值淨數總計數字亦因之而不全。

四、二十五年來沙市關進出口貨值

單位：國幣萬元

民國年次	進出口貨值		洋貨進口		土貨進口		土貨出口			
	淨數總計	指數	淨數	指數	淨數	指數	共計	指數	往外洋	往各口岸
一	863	17.82	603	90.27	86	7.40	174	5.77		174
二	685	14.14	496	74.25	49	4.22	140	4.64		140
三	680	14.04	474	70.96	71	6.11	135	4.48		135
四	707	14.60	475	71.11	47	4.04	185	6.14		185
五	678	14.00	368	55.09	37	3.18	273	9.06		273
六	689	14.22	375	56.14	74	6.37	240	7.96		240
七	991	20.46	488	73.05	165	14.20	338	11.21		338
八	1 180	24.36	402	60.18	537	46.21	241	8.00		241
九	1 180	24.36	482	72.16	474	40.79	224	7.43		224
十	1 212	25.02	629	94.16	289	24.87	294	9.75		294
十一	1 744	36.00	618	92.51	610	52.50	516	17.12		516
十二	3 081	63.60	577	86.38	954	82.10	155	5.14		1 550
十三	3 680	75.97	628	94.01	1 058	91.05	1 994	66.16		1 994

續表

民國年次	進出口貨值		洋貨進口		土貨進口		土貨出口			
	净數總計	指數	净數	指數	净數	指數	共計	指數	往外洋	往各口岸
十四	4 844	100.00	668	100.00	1 162	100.00	3 014	100.00		3 014
十五	5 108	105.45	474	70.96	874	75.22	3 760	124.75		3 760
十六	8 318	68.50	356	53.29	414	35.63	2 548	84.54		2 548
十七	6 062	125.14	887	132.78	967	83.22	4 208	139.62		4 208
十八	5 351	110.47	837	125.30	857	73.75	3 657	121.33		3 657
十九	3 348	69.12	409	61.23	445	38.30	2 494	82.75		2 494
二十	2 905	59.97	451	67.51	610	52.50	1 844	61.18	9	1 835
廿一	1 878	38.77	17	2.54	474	40.79	1 387	46.02	1	1 386
廿二	1 422	29.36	8	1.20	215	18.50	1 199	39.78		1 199
廿三	2 093	43.21	8	1.20	373	32.10	1.712	56.80		1 712
廿四	1 292	26.67	11	1.65	328	28.23	953	31.62		953
廿五	2 131	43.99	14	2.10	445	38.30	1 686	55.94	1	1 685

附註：由二十一年起洋貨進口净數僅係直接由外洋進口之數，進出口貨值净數總計數字亦因之而不全。

五、本省對省外國外貿易實況

前各表所列係本省境內三關紀載之數字，吾人應注意者，即自民國廿一年（1932）起，海關統計編製方法變更，各關土貨進口已非净數，故各關區之消費量各若干，無從稽考，而各關間接由他口轉出外洋之土貨不入其原始輸出關卡統計，視爲最後輸出口岸之貨物登記之，故各關輸出國內外各若干亦無從辨別，但各關土貨出口往外洋及通商口岸之總數仍不變，土貨出口方面大致尚有可資憑藉之處，洋貨進口至各關之數字則係直接進口之數，並未減去復出口及加入由通商口岸轉入之洋貨，自民國廿一年起內地各關洋貨進口之數皆減少甚至於無者，實際上並非進口縮減，例如本省方面之進口洋貨，多由上海轉来，其由外洋進口時，即先在江海關完稅，其數已列入江海關洋貨進口統計中，不復入漢口、宜昌及沙市各關數字內，漢口、宜昌及沙市，各關之洋貨進口數目減少，即此故也。

吾人研究某關區貿易，僅憑海關統計尚虞不足，若研究湖北全省對外貿易問題，僅憑三關統計數字，則掛漏與缺陷之處自必更多，蓋關區與行政所劃分之省區不同，將漢口、宜昌及沙市三關區合併其範圍與湖北省範圍不一致，故三關各種貨物進口净數之和，並非即盡係湖北省所消費之數量；而三關土貨輸出外洋及通商口岸之總數，亦並非盡係湖北省所出産之貨物，川東萬縣下游各地如開縣、雲陽、奉節、巫山、巫溪等處出産之羊皮、牛皮、桐油、生漆、藥材、食鹽等項皆沿長江經宜昌關轉運漢滬，萬宜之間我國川江輪船停泊裝卸貨物之所計有雲陽、奉節、巫山、巴東、秭歸等埠，凡由帆船運抵宜昌再由輪運出口之貨物，與由以上各埠假手輪船裝載徑運漢滬時即作爲宜昌關原産貨物報關納稅出口。漢水上游陝南之白河、洵陽、安康、漢陰、石泉、洋縣、城固、南鄭、褒城、沔縣及川東之城口、萬源等處出産之牛皮、穀米、麥、木耳、茶、桐油、生漆、生絲、棉花、蔴；豫南漢水支流各流域，如淅川、鄧縣、鎮平、南陽、新野、唐河等處出産之小麥、雜糧、菸葉、桐油、生漆、生絲、繭綢、棉花；皖西之潛山、太湖、宿松[①]等處出産之米、麥、茶

---

① 原稿皖西三縣誤作爲"潛江、太湖、松滋"，現徑改爲"潛山、太湖、宿松"，特此説明。

及茯苓等項，皆沿水道集中漢口。此外平漢、粵漢兩路沿綫之貨物多先運至漢口，轉出口時與武漢各廠製造之工業品如麵粉、茶磚、紙菸、棉紗、棉布等項，同視爲漢口關原產貨物報關完稅出口。川東之黔江、酉陽、秀山等處出產之多量桐油，及五棓子、茶油、生漆、藥材、木材；黔東之松桃、江口、銅仁①、黃平、施秉、鎮遠、清溪、劍河、黎平、錦屏、天柱等處出產之五棓子、桐油、生漆、水銀；湘省出產之生豬、豬鬃、豬腸、牛皮、鴨毛、穀米、豆類、蓮子、茶、五棓子、菸葉、桐油、茶油、生漆、木材、夏布、銻、鉛、錳、煤、爆竹、粗紙等項，其由粵漢路、帆船、汽車及人畜力運抵漢口，與由任何運輸方法先抵藕池，再由小輪運抵漢口出口時，亦視作漢口關原產貨物報關出口，惟自粵漢路通後，湘省之貨一部份已易途矣。此外本省鶴峯、五峯出產之茶、桐油、生漆、藥材等項大部份沿漊溇兩水入湘境，經豐水集中於津市；来鳳及宣恩南部出產之豬鬃、獸皮、蛋、茶、五棓子、菸葉、桐油、生漆、藥材等項則沿酉水入湘，經沅水集中於常德。以上四縣貨物復由輪運經岳州，作爲岳州關原產貨物出口；而咸豐及利川西部出產之茶、生漆、藥材等項則沿黔江、彭水，經川省涪陵江入長江，經萬縣報關作爲原產貸出口。致輸入上述各地之洋土貨物如紙菸、糖品、棉紗、棉織品、毛織品、金屬製品、食鹽、煤油、洋紙、洋雜等項，除由火車及小部份利用汽車及人畜力輸運外，其餘大部份皆循水道運入分配於各消費區。

以上所述皆爲海關所記載數字不切合研究本省對外貿易問題之用最大原因，是以不得不從別方面另行蒐集資料，就海關統計數字出入之處作適當之修正。茲經就平漢、粵漢兩路貨運登記，委托各地商會調查所得及各方面有關係之資料取材，參照實際情形，按各項進出口貨物酌量加以估計，編成“本省對省外國外貿易初步估計”，藉資一覯本省對外貿易情形之梗概，表列本省出超 8 700 000 元，此項估計不敢謂爲如何準確，然最低限度亦係一或然可能之概數。

① 原稿黔東各縣中作“銅銀”，疑爲“銅仁”之誤。

六、本省對省外國外貿易初步估計

廿五年份

輸出

項別	值（元）	備註
總計	**143 600 000**	
豬鬃	2 000 000	海關進口約值 65 000 元，出口約值 2 500 000 元，兩路運進約值 300 000 元
豬腸	1 000 000	海關進口約值 400 000 元，出口約值 2 500 000 元，兩路運進約值 700 000 元
生水黃牛皮	4 500 000	海關進口約值 300 000 元，出口約值 5 500 000 元，兩路運進約值 600 000 元，運出約值 250 000 元
羊皮	1 500 000	海關出口約值 2 000 000 元，平漢路運進約值 300 000 元
蛋品	4 500 000	海關出口約值 7 000 000 元，平漢路運進約值 1 700 000 元
鴨毛	100 000	海關出口約值 170 000 元，粵漢路運進約值 40 000 元
未列名動物產品	2 500 000	海關出口約值 3 500 000 元
茶	6 500 000	據海關、商品檢驗局、日本文中國年鑑及兩路貨運統計估計

輸入

項別	值（元）	備註
總計	**143 600 000**	
生猪	2 600 000	平漢路運進約值 2 200 000 元，粤漢路運進約值 230 000 元
其他牲畜	500 000	兩路運進約值 430 000 元
皮革及製品	400 000	海關進口約值 600 000 元
魚介海産	900 000	海關進口約值 1 600 000 元，出口約值 180 000 元
葷食罐頭食物日用品	1 200 000	海關進口約值 1 600 000 元
穀米	8 500 000	海關進口約值 5 000 000 元，平漢路運進約值 4 000 000 元，湘米多由帆船運来
小麥	2 300 000	海關進口約值 250 000 元，出口約值 2 500 000 元，平漢路運進約值 4 400 000 元，陝南來貨亦不少
菓品、子仁、香料及菜蔬	4 200 000	海關進口約值 1 100 000 元，兩路運進約值 3 000 000 元，海關出口數列入未列名植物産品數字中

輸 出

項別	值（元）	備註
黑木耳	1 000 000	海關出口約值 1 200 000 元
茯苓	300 000	海關出口約值 750 000 元
五倍子	200 000	海關出口約值 700 000 元
藤、竹、木及製品	400 000	海關出口約值 900 000 元
芝蔴	2 500 000	海關出口約值 11 000 000 元，平漢路年運進約值 8 000 000 元
豆類	1 000 000	據海關與兩路統計，武漢各豆油廠需用原料豆數量，及本省產量估計
豆餅	4 500 000	據海關出口數及武漢各廠出品數估計
棉子餅	400 000	海關出口約值 500 000 元
桐油	8 000 000	據羅馬萬國農學會估計數複估計
桕油	2 000 000	海關出口約值 2 500 000 元
麵粉	1 000 000	海關進口約值 1 000 000 元，出口約值 2 000 000 元
麩糠	1 000 000	省外少來貨，海關進口亦甚少

續表

輸入

項別	值（元）	備註
木材	1 000 000	海關進口約值 700 000 元，外加湘省木材入境概數
糖品	15 500 000	海關進口約值 18 000 000 元，兩路運出約值 1 200 000 元
菸草（紙菸在內）	4 300 000	海關進口約值 19 500 000 元，出口約值 11 170 000 元，兩路運進約值 5 280 000 元，運出約值 9 300 000 元
酒及飲水	300 000	海關進口約值 570 000 元，出口約值 250 000 元
棉製品（布疋在內）	1 700 000	海關進口約值 2 680 000 元，出口約值 140 000 元，兩路運進約值 57 600 元，運出約值 700 000 元
夏布	350 000	海關進口約值 200 000 元，出口約值 80 000 元，粵漢路運進約值 300 000 元，平漢路運出約值 5 000 元
亞蔴火蔴縈蔴貨	800 000	海關進口約值 1 100 000 元
毛及製品	2 000 000	海關進口約值 2 800 000 元，兩路運出約值 140 000 元
絲貨及絲夾雜質貨	100 000	海關進口約值 160 000 元，兩路運出約值 45 000 元
棉毛製品	400 000	海關進口約值 700 000 元，出口約值 5 000 元，平漢路運進約值 83 000 元，運出約值 140 000 元
雜質疋頭	650 000	海關進口約值 900 000 元，兩路運出約值 100 000 元
其他織造品	800 000	海關進口約值 1 300 000 元

輸出

項別	值（元）	備註
棉花	79 000 000	參照海關，商品檢驗局及棉業統計會統計估計
苧蔴	5 000 000	據各方調查發表數字，每年運銷國內外計約 150 000 公担
未列名植物產品	3 000 000	海關進口約值 2 000 000 元，出口約值 6 000 000 元
生絲	900 000	省外少來貨，近來出口大減，海關出口約值 1 000 000 元
本色棉紗	6 000 000	海關進口數約值 12 000 000 元，出口約值 15 000 000 元，兩路運出約值 2 600 000 元
鐵礦砂	1 500 000	省外來貨極少
石膏	1 500 000	石膏公司與各鑛户約定年供給量 4 000 000 抬，每抬平均價 4 元，約合如此數
生漆	600 000	據海關數字參照各方調查發表之數目複估計
未列名雜貨	1 200 000	海關出口約值 1 400 000 元

續表

輸入

項別	值（元）	備註
礦物、金屬及製品	5 500 000	海關進口約值 7 500 000 元，出口約值 700 000 元，兩路運進約值 400 000 元，運出約值 600 000 元
煤	13 000 000	海關進口約值 5 000 000 元，平漢路運進約值 4 400 000 元，粵漢路運進約值 1 750 000 元
磁器、糖磁及玻璃等	200 000	海關進口約值 500 000 元，兩路運進約值 100 000 元，運出約值 350 000 元
食鹽（精鹽在內）	17 000 000	稽核所報告數減去本省膏鹽數
染色顏料	1 600 000	海關進口約值 3 500 000 元，兩路運進約值 400 000 元，運出約值 2 000 000 元
化學及產品	1 800 000	海關進口約值 2 400 000 元，兩路運出約值 300 000 元
煤油	4 200 000	海關進口約值 7 000 000 元，兩路運出約值 2 500 000 元
燭、膠、油、皂、腊等	2 000 000	海關進口約值 2 800 000 元
書籍、地圖及紙張	2 500 000	海關進口約值 3 500 000 元，兩路運進約值 1 200 000 元，運出約值 2 100 000 元
火柴	600 000	據海關及火柴統稅數估計

輸出

項別	值（元）	備註

附註：一、本表所列估計數目多根據海關中外貿易統計年刊、兩路貨運記載、委託調查及研究所得加以增減。輸出欄各項所列數值除有特別註明外大致係以備註欄所註海關及平漢、粵漢兩路出口總數減進口總數，再酌量增減由帆船、汽車、畜力及人力輸運進出省境概數之結果；輸入欄則以海關及兩路進口總數減出口總數，再酌量增減由帆船、汽車、畜力及人力輸運進出省境概數之結果。

二、備註欄所註海關進出口數值係就若干年份海關中外貿易統計年刊擇取其比較切合數字參照情形酌量增減所得之近似數，並非直接引據之數字。

三、本表輸出欄所列各項係本省出產富餘而運銷國內外之近似數，輸入欄所列各項係本省需要國內外運入消費之近似數。

四、同一項目有進口亦有出口者僅列差額於數量較多之一方，例如菸草，海關及兩路進口約值 24 780 000 元，同時出口約值 20 470 000 元，則僅於輸入欄列 4 300 000 元，以表示本省不足之數。若其進口出口彼此適可抵消者，則雙方皆不列入，例如棉布，海關進口約值 22 550 000 元，出口約值 7 600 000 元，兩路運出約值 14 980 000 元，共計 22 580 000 元，彼此大致適可互相抵消，皆不列入，表示本省適足以自給無需外貨之意，因本表之目的在以輸出輸入雙方總計對比藉知本省對外貿易係入超或出超抑或平衡。

五、本省係出產小麥之省份，每年由漢口外運之數甚夥，本表輸入欄列小麥 2 300 000 元，此數字驟然觀之，頗令人詫異，惟武漢各麵粉廠年需原料麥約 1 450 000 公担，本省各地餘剩運漢小麥僅約 1 073 000 公担，兩相對比不足之數約 377 000 公担，須取給於豫省，計約值 2 262 000 元，平漢路運進約值 4 400 000 元，其中一半由漢口海關報運出口，餘一半由武漢各麵粉廠收買變成麵粉及麩糠出口。

續表

輸　入

項別	值（元）	備註
土藥	20 000 000	
未列名雜貨	18 000 000	海關進口約值 18 300 000 元
出超	**8 700 000**	

伍、物　　價

一、概說

物價係以貨幣數量表現之商品市值，本省有系統及賡續不斷之物價紀載有三，即"漢口躉售物價""武漢零售物價"及"漢口零售物價"是也，茲分別略述如次：

甲、漢口躉售物價　民國十九年漢口商品檢驗局開始調查，分食料、衣料、燃料、金屬及建築材料暨雜項五大類，計食料類七十項，衣料類三十六項，燃料類十六項，金屬及建築材料類三十一項，雜項類十五項，共計一百六十八項。十九年四月起將內中原列含有季節性及不甚切合一般社會需要之商品酌量刪除，食料類改爲五十四項，衣料類改爲二十項，燃料類改爲十五項，金屬及建築材料類改爲十八項，雜項類改爲十一項，共計爲一百十八項。二十五年七月又重行修正，食料類刪去蕎麥一項，衣料類刪去粗斜紋布及洋羅兩項，同時增加藍陰丹士林布及駝絨兩項，雜項類增加香烟三項，此外並新添電料九項，除燃料類橋牌火柴由二十三年起無市外，共計一百二十八項。漢口商品檢驗局按月查報實業部，復由實業部用簡單幾何平均法編成指數發表。

乙、武漢零售物價　民國二十四年九月漢口商品檢驗局開始調查，分糧食、魚肉、蔬菜、調味、衣着及燃料六類，計糧食類十六項，魚肉類二十二項，蔬菜類三十六項，調味類二十一項，衣着類十五項，燃料類九項，共計一百十九項，每月十五日就漢口東、西、中三區及武昌南北兩區調查一次。漢口方面東區係指日租界及興元街一帶，西區係指磋口一帶，中區係指大智門一帶；武昌方面，漢陽門正街以南爲南區，漢陽門正街以北爲北區。

　　丙、漢口零售物價　民國二十三年十月漢口市政府開始調查，分食物、衣着、燃料及雜項四類，計食物類三十八項，衣着類十三項，燃料類六項，雜項類十九項，共計六十六項，調查地點係大智門、宗關及礄口三處。

二、漢口蔓售物價

二十五年

單位：國幣元

商品	單位	一月	二月	三月	四月	五月	六月
							食料類
上白機米	市担	11.20	11.20	12.00	12.80	12.40	12.00
中白機米	〃	10.00	10.00	10.80	11.60	11.20	10.80
下白機米	〃	8.40	8.40	9.20	10.00	9.60	9.20
糯米	〃	11.40	11.60	12.40	12.80	12.40	12.00
大麥	〃	3.00	3.50	3.70	3.90	2.80	2.50
小麥	〃	4.75	4.80	5.26	5.56	4.37	4.20
蠶豆	〃	3.10	3.40	3.50	5.40	3.20	3.28
黄豆	〃	6.37	6.22	7.27	7.83	7.32	8.00
綠豆	〃	4.50	5.00	5.60	7.40	5.80	5.60
青豆	〃	4.60	4.61	5.50	6.90	6.20	5.95
豌豆	〃	3.30	3.40	3.80	6.50	4.20	3.18
芝蔴	〃	8.80	8.80	9.40	12.50	10.60	10.00
玉蜀黍	〃	3.10	2.90	3.50	3.80	3.50	3.20
馬鈴薯	〃	5.00	4.50	4.50	4.00	4.50	4.50
紅芋	〃	5.50	5.00	4.00	4.50	5.00	5.00

七月	八月	九月	十月	十一月	十二月	單位	商品
11.60	10.80	10.40	10.80	11.20	11.60	市担	上白機米
10.40	9.60	9.20	9.60	10.00	10.40	〃	中白機米
8.80	8.00	7.60	8.00	8.40	8.80	〃	下白機米
12.00	10.80	10.40	10.80	11.00	11.40	〃	糯米
2.80	2.50	2.30	2.80	3.80	4.20	〃	大麥
3.80	4.75	5.15	5.30	5.70	6.50	〃	小麥
3.30	3.35	3.20	4.00	4.80	4.80	〃	蠶豆
8.00	6.20	5.50	6.30	6.54	6.50	〃	黃豆
5.00	4.15	4.00	5.30	6.00	6.20	〃	綠豆
5.60	5.15	5.10	6.60	6.70	6.40	〃	青豆
3.70	3.63	3.50	5.20	6.00	6.40	〃	豌豆
10.00	9.20	9.60	10.20	10.70	12.00	〃	芝蔴
3.25	3.15	2.85	3.50	3.80	4.30	〃	玉蜀黍
4.50	4.00	4.00	4.50	4.50	4.50	〃	馬鈴薯
5.00	4.50	4.50	5.00	5.00	5.00	〃	紅芋

商品	單位	一月	二月	三月	四月	五月	六月
紅緑牡丹麵粉	包	3.20	3.40	3.50	3.58	3.38	3.18
全緑牡丹麵粉	〃	3.16	3.36	3.46	3.54	3.24	3.14
全紅牡丹麵粉	〃	3.03	3.23	3.33	3.36	3.16	2.96
福星白袋麵粉	〃	2.58	2.88	2.98	3.06	2.79	2.59
豬肉	市担	18.00	18.00	18.00	18.00	20.00	24.00
牛肉	〃	14.00	12.00	14.00	15.00	14.00	15.00
羊肉	〃	24.00	24.00	24.00	24.00	26.00	28.00
雞	〃	18.00	16.00	21.00	24.00	24.00	38.00
鴨	〃	20.00	17.50	22.00	25.00	20.00	34.00
雞蛋	千個	16.00	16.00	15.00	16.00	15.00	15.00
鴨蛋	〃	20.00	18.00	18.00	18.00	16.00	15.00
白糖	市担	17.00	20.00	22.50	22.00	21.60	22.00
冰糖	〃	24.00	25.00	26.00	25.10	25.50	27.00
潮州粗砂赤糖	〃	15.00	14.00	14.00	13.00	12.80	16.00
古巴赤糖	〃	14.00	13.00	13.80	13.20	13.00	12.90
紅棗	〃	8.00	7.20	8.00	7.60	7.00	6.40
花生	市担	7.00	6.40	6.40	7.20	6.40	6.00

續表

七月	八月	九月	十月	十一月	十二月	單位	商品
3.18	3.28	3.18	3.68	3.95	4.47	包	紅綠牡丹麵粉
3.14	3.24	3.14	3.64	3.91	4.43	〃	全綠牡丹麵粉
2.91	3.01	2.96	3.46	3.74	4.26	〃	全紅牡丹麵粉
2.53	2.63	2.53	3.03	3.30	3.82	〃	福星白袋麵粉
26.00	22.00	22.00	20.00	20.00	22.00	市担	猪肉
16.00	15.00	15.00	13.00	14.00	14.00	〃	牛肉
32.00	32.00	31.00	31.00	31.00	26.00	〃	羊肉
28.00	28.00	26.00	22.00	22.00	22.00	〃	雞
25.00	25.00	23.00	24.00	24.00	21.00	〃	鴨
13.00	13.50	13.50	15.00	15.40	15.00	千個	雞蛋
15.00	15.00	15.00	18.00	18.00	17.00	〃	鴨蛋
22.00	22.00	21.40	21.60	21.80	21.80	市担	白糖
27.00	27.00	27.80	27.80	28.00	28.00	〃	冰糖
13.00	15.50	15.50	15.50	15.60	15.80	〃	潮州粗砂赤糖
15.00	16.50	16.00	17.20	18.50	18.50	〃	古巴赤糖
8.00	7.20	7.50	7.50	7.00	7.40	〃	紅棗
6.40	6.00	5.50	5.60	5.50	6.40	市担	花生

商品	單位	一月	二月	三月	四月	五月	六月
⊗香片茶	市斤	0.80	0.80	0.80	0.80	0.80	0.64
⊗紅茶	〃	0.80	0.80	0.80	0.80	0.80	0.68
淮鹽	市担	13.00	12.30	12.50	12.50	12.50	12.50
精鹽	〃	13.00	12.50	13.30	13.30	13.30	13.30
猪油	〃	18.00	18.00	18.00	18.00	20.00	24.00
蔴油	〃	22.00	20.00	22.00	24.00	23.20	23.40
菜油	〃	19.00	18.50	21.50	23.40	22.50	22.50
豆油	〃	19.00	19.00	21.50	23.50	22.60	23.00
醬油	〃	15.00	14.00	14.00	15.00	15.00	15.00
醋	〃	10.00	10.00	10.00	12.00	10.00	10.00
挂麵	〃	8.00	9.00	9.00	9.60	8.00	8.00
燒酒	〃	20.00	20.00	20.00	24.00	24.00	24.00
紹興酒	〃	24.00	24.00	24.00	25.00	28.00	28.00
榨菜	〃	15.00	16.00	16.80	18.00	18.00	15.20
海蜇皮	〃	22.00	22.00	24.00	24.00	24.00	22.00
廣蝦米	〃	128.00	128.00	128.00	128.00	128.00	124.00
金針	〃	20.00	22.00	24.00	24.00	24.00	23.00

⊗下等。

續表

七月	八月	九月	十月	十一月	十二月	單位	商品
0.64	0.80	0.90	0.90	0.90	0.95	市斤	⊗香片茶
0.64	0.80	0.80	0.85	0.85	0.90	"	⊗紅茶
12.50	12.50	12.50	12.50	12.70	12.77	市担	淮鹽
13.30	13.30	13.30	13.30	13.65	13.65	"	精鹽
26.00	22.00	22.00	24.00	24.00	24.00	"	豬油
21.50	17.50	17.30	18.00	20.00	21.00	"	蔴油
20.50	15.60	16.60	18.70	19.50	21.00	"	菜油
20.00	14.50	16.80	19.50	19.80	21.30	"	豆油
15.00	15.00	14.40	15.00	15.00	15.00	"	醬油
10.00	10.00	10.00	10.00	11.00	10.80	"	醋
8.00	8.00	8.00	9.00	9.00	9.60	"	挂麵
24.00	24.00	22.50	22.00	22.00	24.00	"	燒酒
28.00	28.00	28.00	28.00	28.00	28.00	"	紹興酒
15.00	15.00	14.00	14.00	14.00	15.00	"	榨菜
24.00	24.00	24.00	22.50	24.00	23.50	"	海蜇皮
128.00	128.00	124.00	125.00	125.00	128.00	"	廣蝦米
24.00	25.00	24.00	24.00	24.00	24.00	"	金針

商品	單位	一月	二月	三月	四月	五月	六月
乾笋	市担	36.00	36.00	36.00	36.00	36.00	34.00
△海參	〃	240.00	240.00	240.00	228.00	240.00	225.00
干貝	〃	150.00	148.00	148.00	148.00	150.00	148.00
金華火腿	〃	100.00	96.00	100.00	94.00	96.00	96.00

衣料類

商品	單位	一月	二月	三月	四月	五月	六月
上等棉絮	市担	54.00	52.00	56.00	56.00	54.00	54.00
次等棉絮	〃	52.00	48.00	52.00	52.00	50.00	50.00
土布	疋（38.7 市尺）	1.25	1.25	1.25	1.25	1.25	1.25
粗洋布	疋（40 碼）	9.20	9.20	9.60	9.60	9.60	9.60
細洋布	〃	9.20	9.20	9.60	9.40	9.40	9.40
藍陰丹士林	〃						
細斜紋布	疋（40）碼	8.80	8.60	8.60	7.80	7.50	7.50
粗洋標布	疋（20）碼	5.50	5.50	5.70	5.70	5.50	5.50
細洋標布	疋（40）碼	11.50	11.50	11.80	11.80	11.40	11.40
國貨駝絨	疋（36）碼						
泰西緞	疋（30）碼	26.50	26.50	27.50	27.50	27.50	27.50
粗嗶嘰	〃	8.40	8.40	8.40	8.80	8.80	8.80

△大烏參。

續表

七月	八月	九月	十月	十一月	十二月	單位	商品
32.00	32.00	30.00	32.00	34.00	36.00	市担	乾笋
240.00	246.00	240.00	240.00	240.00	245.00	〃	△海參
148.00	148.00	148.00	148.40	150.00	148.00	〃	干貝
90.00	94.00	96.00	95.00	94.00	96.00	〃	金華火腿
54.00	54.00	54.00	52.00	54.00	52.00	市担	上等棉絮
48.00	48.00	50.00	48.00	50.00	48.00	〃	次等棉絮
1.25	1.25	1.25	1.35	1.45	1.45	疋（38.7市尺）	土布
9.40	9.40	9.40	10.80	10.80	10.80	疋（40碼）	粗洋布
9.40	9.40	9.40	10.80	10.80	10.80	〃	細洋布
12.50	12.50	12.50	13.50	13.50	13.50	〃	藍陰丹士林
7.60	7.60	7.60	8.20	8.20	8.60	疋（40）碼	細斜紋布
5.50	5.50	5.50	6.00	6.00	6.00	疋（20）碼	粗洋標布
11.20	11.20	11.20	12.20	12.20	12.20	疋（40）碼	細洋標布
34.00	34.00	34.00	38.00	38.00	42.00	疋（36）碼	國貨駝絨
27.50	27.50	27.50	29.00	29.00	29.00	疋（30）碼	泰西緞
8.60	8.60	8.60	9.00	9.00	9.00	〃	粗嗶嘰

商品	單位	一月	二月	三月	四月	五月	六月
細嗶嘰	疋（30）碼	9.60	9.00	9.00	9.40	9.20	9.20
毛嗶嘰	〃	114.00	114.00	114.00	117.0	117.0	117.0
細夏布	疋（48市尺）	10.00	10.00	10.00	10.00	10.00	10.00
寬面杭緞	疋（65市尺）	74.00	74.00	74.00	74.00	74.00	74.00
窄面杭緞	〃	41.50	41.50	41.50	41.50	41.50	41.50
湖綢	疋（46市尺）	16.40	16.40	16.40	16.40	16.40	16.40
杭紡綢	疋（38市尺）	28.00	28.00	28.00	28.00	28.00	25.00
華絲葛	疋（40市尺）	14.00	14.00	14.00	14.00	14.00	14.00

燃料類

商品	單位	一月	二月	三月	四月	五月	六月
白煤	市担	1.20	1.20	1.10	1.20	1.30	1.30
焦煤	〃	1.30	1.30	1.30	1.30	1.40	1.45
煤球	〃	0.70	0.70	0.70	0.70	0.70	0.70
烟煤	公噸	12.50	13.00	13.00	13.50	13.00	12.50
松柴	市担	0.90	1.00	0.90	0.90	0.90	0.90
蘆柴	〃	0.60	0.70	0.65	0.60	0.65	0.65
板炭	〃	2.00	2.40	3.50	3.50	4.00	3.00
鷹牌煤油	箱	9.20	9.40	9.60	9.60	9.40	9.40

續 表

七月	八月	九月	十月	十一月	十二月	單位	商品
9.20	9.20	9.20	9.60	9.60	9.60	疋（30）碼	細嗶嘰
117.00	117.00	117.00	122.00	122.00	122.00	〃	毛嗶嘰
10.00	10.00	10.00	10.00	10.00	10.00	疋（48市尺）	細夏布
74.00	74.00	74.00	78.00	75.00	75.00	疋（65市尺）	寬面杭緞
41.50	41.50	41.50	43.00	41.00	41.00	〃	窄面杭緞
17.00	17.00	17.00	17.50	17.50	17.50	疋（46市尺）	湖縐
25.00	25.00	25.00	26.00	26.00	26.00	疋（38市尺）	杭紡綢
14.00	14.00	14.00	14.50	14.50	14.50	疋（40市尺）	華絲葛
1.30	1.35	1.35	1.35	1.35	1.50	市担	白煤
1.40	1.35	1.25	1.27	1.25	1.40	〃	焦煤
0.70	0.70	0.70	0.70	0.70	0.80	〃	煤球
13.20	13.60	13.50	13.00	13.00	14.50	公噸	烟煤
0.90	0.90	0.90	0.90	0.90	1.00	市担	松柴
0.60	0.65	0.60	0.60	0.50	0.70	〃	蘆柴
3.20	3.20	3.00	3.00	3.20	3.20	〃	板炭
9.55	9.45	9.45	9.45	9.45	9.55	箱	鷹牌煤油

商品	單位	一月	二月	三月	四月	五月	六月
鐵錨煤油	箱	8.70	9.20	9.30	9.30	9.40	9.40
幸福煤油	〃	8.75	9.20	9.30	9.30	9.40	9.40
橋牌火柴	大盒	無市	無市	無市	無市	無市	無市
如意牌火柴	〃	9.60	9.60	9.60	9.60	9.60	9.60
僧帽洋燭	箱	3.95	3.90	3.90	3.55	3.70	3.70
鷹牌洋燭	〃	3.70	3.70	3.70	3.25	3.25	3.25
殼牌汽油	聽	5.00	5.00	5.40	5.40	5.00	5.00

金屬及建

商品	單位	一月	二月	三月	四月	五月	六月
生鐵塊	市担	3.70	3.70	3.70	3.70	3.70	3.60
鐵釘	桶	9.50	9.50	9.50	9.50	9.50	9.00
鋼板	市担	8.80	8.80	8.80	8.80	8.80	8.80
鋼條	〃	11.80	11.80	11.80	12.00	12.00	11.50
鉛（白）塊	〃	18.50	22.00	23.50	23.50	22.50	21.50
鉛（青）條	〃	18.50	22.00	23.50	23.50	22.50	22.50
黃銅	〃	17.00	17.00	17.00	17.00	17.00	17.00
紫銅	〃	37.00	37.00	39.00	39.00	39.00	39.00
白銅	〃	80.00	80.00	80.00	80.00	80.00	82.00

七月	八月	九月	十月	十一月	十二月	單位	商品
9.45	9.45	9.45	9.45	9.45	9.55	箱	鐵錨煤油
9.45	9.45	9.45	9.45	9.45	9.55	〃	幸福煤油
無市	無市	無市	無市	無市	無市	大盒	橋牌火柴
9.60	9.60	9.60	9.60	9.60	9.60	〃	如意牌火柴
3.70	3.95	3.75	3.85	3.84	4.00	箱	僧帽洋燭
3.25	3.50	3.52	3.64	3.65	3.70	〃	鷹牌洋燭
5.40	5.50	5.40	5.50	5.50	5.50	聽	穀牌汽油

築材料類

七月	八月	九月	十月	十一月	十二月	單位	商品
3.60	3.60	3.60	3.80	4.40	4.50	市担	生鐵塊
8.50	8.30	8.30	8.30	8.50	9.50	桶	鐵釘
8.60	8.60	8.80	8.80	9.30	13.00	市担	鋼板
11.20	11.20	11.50	11.50	12.00	14.00	〃	鋼條
22.00	22.00	22.00	22.00	21.50	25.00	〃	鉛（白）塊
22.50	21.50	21.50	21.00	21.00	28.00	〃	鉛（青）條
17.00	17.00	18.00	20.00	21.00	26.00	〃	黃銅
39.00	39.00	46.00	46.00	46.50	50.00	〃	紫銅
82.00	82.00	82.00	82.00	82.00	100.00	〃	白銅

商品	單位	一月	二月	三月	四月	五月	六月
松木	根（2丈）	2.70	2.70	2.80	2.80	2.80	2.80
杉木	〃	2.70	2.70	2.80	2.80	2.80	2.80
△火磚	千塊	125.00	125.00	125.00	125.00	120.00	120.00
灰磚	萬塊	80.00	80.00	80.00	80.00	80.00	80.00
方瓦	千塊	50.00	50.00	50.00	50.00	50.00	50.00
磁磚	百塊	35.00	35.00	35.00	35.00	35.00	35.00
石灰	市担	0.66	0.66	0.66	0.66	0.66	0.66
水泥	桶（300斤）	6.80	6.80	6.80	6.80	6.80	6.60
玻璃	箱（100尺）	15.00	15.00	15.00	15.00	15.00	15.00

雜項類

商品	單位	一月	二月	三月	四月	五月	六月
牛皮	市担	38.04	38.70	41.02	39.37	41.68	43.83
粗皮紙	百刀	35.00	35.00	36.00	35.00	35.00	36.00
折表紙	〃	10.00	10.00	10.00	10.00	10.00	10.00
洋針	箱	9.00	9.00	9.20	9.40	8.50	8.00
洋靛	箱（120斤）	113.00	115.00	115.00	115.00	120.00	115.00
太平洋肥皂	箱（100塊）	5.00	5.00	5.00	5.00	5.00	5.00
純碱	包（150斤）	12.50	12.50	12.50	12.50	12.50	12.50

△英貨三號，五月起改漢協盛一號。

續表

七月	八月	九月	十月	十一月	十二月	單位	商品
2.60	2.60	2.60	2.60	2.70	2.70	根（2丈）	松木
2.60	2.60	2.60	2.60	2.70	2.70	〃	杉木
120.00	120.00	120.00	120.00	120.00	120.00	千塊	△火磚
80.00	85.00	85.00	80.00	80.00	80.00	萬塊	灰磚
50.00	50.00	50.00	50.00	50.00	50.00	千塊	方瓦
35.00	35.00	35.00	35.00	35.00	35.00	百塊	磁磚
0.66	0.66	0.70	0.70	0.70	0.75	市担	石灰
6.60	6.60	6.80	7.00	7.20	8.00	桶（300斤）	水泥
15.00	15.00	15.00	15.00	15.00	15.00	箱（100尺）	玻璃
41.68	41.35	40.52	36.88	43.83	41.76	市担	牛皮
35.00	39.00	35.00	35.00	35.00	36.00	百刀	粗皮紙
10.00	10.00	10.00	10.00	11.00	10.00	〃	折表紙
8.90	8.80	9.00	9.00	9.00	9.00	箱	洋針
114.00	110.00	112.00	115.00	115.00	116.00	箱（120斤）	洋靛
5.00	4.80	4.80	5.00	5.00	5.00	箱（100塊）	太平洋肥皂
12.50	12.50	12.50	12.50	12.00	12.00	包（150斤）	純鹼

商品	單位	一月	二月	三月	四月	五月	六月
桐油	市担	43.67	47.14	51.77	63.27	59.05	60.12
皮膠	〃	14.50	14.00	15.00	14.50	13.50	14.50
松香	〃	10.00	10.00	7.50	8.50	8.00	8.00
生漆	市斤	2.00	1.90	1.90	2.00	1.90	1.90
哈德門香煙	箱（五萬枝）						
金斧牌香煙	〃						
金鼠牌香煙	〃						

電類

商品	單位						
上海益中電磁夾	每百付						
上海益中磁葫蘆	〃						
上海百靈電木開關	每百個						
湖南寶華磁荷葉罩	〃						
亞浦耳 50 支光燈泡	〃						
亞浦耳 100 支光燈泡	〃						
A. E. G. 16 號皮綫	圈（100 碼）						
A. E. G. 18 號皮綫	〃						
西門子花綫	圈（50 碼）						

續表

七月	八月	九月	十月	十一月	十二月	單位	商品
61.94	47.97	41.35	41.35	38.87	44.66	市担	桐油
14.00	14.00	14.50	17.00	19.00	21.00	〃	皮膠
8.00	9.00	8.00	8.80	8.40	8.00	〃	松香
2.10	2.00	1.95	1.90	2.00	2.10	市斤	生漆
240.00	240.00	240.00	240.00	240.00	240.00	箱（五萬枝）	哈德門香煙
150.00	150.00	150.00	150.00	150.00	150.00	〃	金斧牌香煙
178.00	178.00	175.00	172.00	178.00	178.00	〃	金鼠牌香煙

七月	八月	九月	十月	十一月	十二月	單位	商品
0.45	0.40	0.55	0.60	0.50	0.55	每百付	上海益中電磁夾
15.00	15.00	14.00	18.00	19.00	21.00	〃	上海益中磁葫蘆
9.00	14.50	14.50	15.00	15.00	13.00	每百個	上海百靈電木開關
11.00	10.00	11.00	11.00	11.00	11.50	〃	湖南寶華磁荷葉罩
17.50	18.50	19.00	18.50	17.50	18.50	〃	亞浦耳 50 支光燈泡
62.00	68.00	69.50	69.50	74.50	70.00	〃	亞浦耳 100 支光燈泡
3.40	3.10	3.30	3.60	3.50	3.80	圈（100 碼）	A.E.G. 16 號皮綫
2.00	1.80	2.20	2.80	2.30	2.20	〃	A.E.G. 18 號皮綫
3.00	2.15	2.95	4.00	4.20	4.20	圈（50 碼）	西門子花綫

附漢口躉售物價指數

二十五年

月別	總指數	食料類	衣料類
一	93.0	90.1	90.4
二	93.4	89.6	89.4
三	96.9	95.5	91.7
四	109.0	102.5	91.0
五	96.5	95.2	90.1
六	95.9	94.9	89.5
七	96.0	93.6	88.6
八	94.7	91.1	88.6
九	94.9	89.7	88.8
十	99.4	96.2	93.7
十一	101.2	100.3	94.0
十二	105.4	104.4	94.3

燃料類	金屬及建築材料類		雜項類
	金屬及電料類	建築材料類	
87.2	108.3		96.3
90.9	110.5		96.5
92.5	112.2		96.1
91.3	112.3		99.3
93.5	111.5		96.8
91.3	110.5		9.71
92.0	104.4	108.1	101.6
93.5	103.2	108.9	99.7
91.8	111.1	109.9	98.4
92.2	118.2	109.6	98.9
91.3	117.3	110.8	101.3
97.9	129.3	113.0	102.1

三、武漢零售物價

二十五年

單位：國幣元

商品	單位*	一月	二月	三月	四月	五月	六月
							糧食類
天字號米	升	0.11元	0.12元	0.12元	0.13元	0.12元	0.12元
地字號米	"	0.11元	0.11元	0.11元	0.12元	0.12元	0.11元
元字號米	"	0.10元	0.11元	0.11元	0.12元	0.11元	0.11元
黃字號米	"	0.10元	0.10元	0.10元	0.11元	0.11元	0.11元
粗麵	斤	42枚⊙	40枚	40枚	40枚	40枚	40枚
細麵	"	46枚	44枚	52枚	60枚	44枚	45枚
麵粉	"	44枚	46枚	43枚	44枚	46枚	46枚
饅首	個	6枚	6枚	6枚	6枚	6枚	6枚
米粉	斤						
豌豆	升	25枚	26枚	30枚	33枚	26枚	26枚
黃豆	"	32枚	34枚	36枚	43枚	43枚	43枚
綠豆	"	27枚	29枚	31枚	48枚	38枚	38枚
紅豆	"	52枚	56枚	60枚	47枚	47枚	60枚
蠶豆	"	27枚	29枚	31枚	36枚	32枚	23枚

＊度量衡單位係市制。

⊙價格欄貨幣單位有列枚者，即係以當制錢二十文之銅元爲單位，銅元六百枚合國幣一元。

七月	八月	九月	十月	十一月	十二月	單位*	商品
0.11 元	0.11 元	0.10 元	0.11 元	0.11 元	0.12 元	升	天字號米
0.11 元	0.10 元	0.10 元	0.10 元	0.11 元	0.11 元	″	地字號米
0.11 元	0.10 元	0.10 元	0.10 元	0.10 元	0.11 元	″	元字號米
0.10 元	0.10 元	0.10 元	0.10 元	0.10 元	0.10 元	″	黃字號米
39 枚	36 枚	36 枚	35 枚	42 枚	46 枚	斤	粗麵
41 枚	39 枚	39 枚	39 枚	43 枚	47 枚	″	細麵
43 枚	46 枚	44 枚	45 枚	55 枚	60 枚	″	麵粉
6 枚	6 枚	6 枚	6 枚	6 枚	6 枚	個	饅首
						斤	米粉
25 枚	27 枚	27 枚	31 枚	40 枚	45 枚	升	豌豆
41 枚	37 枚	39 枚	36 枚	43 枚	45 枚	″	黃豆
37 枚	36 枚	31 枚	32 枚	45 枚	48 枚	″	綠豆
49 枚	37 枚	31 枚	32 枚	51 枚	53 枚	″	紅豆
23 枚	25 枚	25 枚	29 枚	31 枚	33 枚	″	蠶豆

商品	單位	一月	二月	三月	四月	五月	六月
白芝蔴	升	64 枚	68 枚	80 枚	93 枚	72 枚	80 枚
黑芝蔴	″	68 枚	72 枚	96 枚	119 枚	98 枚	87 枚

魚肉類

商品	單位	一月	二月	三月	四月	五月	六月
鯉魚	斤	0.06 元	0.06 元	0.06 元	0.11 元	0.10 元	0.11 元
鯽魚	″	0.08 元	0.08 元	0.08 元	0.13 元	0.12 元	0.16 元
青魚	″	0.06 元	0.06 元	0.06 元	0.13 元	0.11 元	0.13 元
桂魚	″	0.11 元	0.11 元	0.10 元	0.20 元	0.15 元	0.16 元
鯿魚	″	0.10 元	0.10 元	0.10 元	0.16 元	0.11 元	0.15 元
黃魚	″	0.24 元	0.24 元	0.24 元	0.26 元	0.22 元	0.18 元
豬肉	″	0.20 元	0.20 元	0.20 元	0.20 元	0.24 元	0.29 元
牛肉	″	0.16 元	0.16 元	0.16 元	0.16 元	0.14 元	0.14 元
羊肉	″	0.28 元	0.28 元	0.28 元	0.28 元	0.28 元	0.26 元
豬排	″	0.20 元	0.20 元	0.20 元	0.20 元	0.24 元	0.27 元
牛排	″						
毛蟹	″						
雞子	″	0.25 元	0.25 元	0.24 元	0.31 元	0.27 元	0.29 元

七月	八月	九月	十月	十一月	十二月	單位	商品
67 枚	60 枚	57 枚	60 枚	66 枚	77 枚	升	白芝蔴
73 枚	73 枚	76 枚	75 枚	66 枚	77 枚	〃	黑芝蔴

七月	八月	九月	十月	十一月	十二月	單位	商品
0.12 元	0.13 元	0.12 元	0.10 元	0.10 元	0.14 元	斤	鯉魚
0.16 元	0.29 元	0.23 元	0.15 元	0.12 元	0.16 元	〃	鯽魚
0.12 元	0.17 元	0.14 元	0.12 元	0.11 元	0.15 元	〃	青魚
0.15 元	0.39 元	0.31 元	0.16 元	0.18 元	0.20 元	〃	桂魚
0.15 元	0.20 元	0.19 元	0.10 元	0.12 元	0.17 元	〃	鯿魚
0.14 元	0.22 元	0.28 元	0.24 元	0.28 元	0.28 元	〃	黃魚
0.28 元	0.24 元	0.24 元	0.24 元	0.24 元	0.30 元	〃	豬肉
0.13 元	0.14 元	0.14 元	0.12 元	0.13 元	0.13 元	〃	牛肉
0.35 元	0.32 元	0.31 元	0.32 元	0.31 元	0.23 元	〃	羊肉
0.26 元	0.26 元	0.24 元	0.24 元	0.24 元	0.30 元	〃	豬排
						〃	牛排
		0.70 元	0.50 元	0.65 元	0.80 元	〃	毛蟹
0.27 元	0.24 元	0.26 元	0.22 元	0.22 元	0.25 元	〃	雞子

商品	單位	一月	二月	三月	四月	五月	六月
鴨子	斤	0.25 元	0.25 元	0.25 元	0.25 元	0.21 元	0.25 元
雞蛋	個	8 枚	8 枚	8 枚	10 枚	9 枚	8 枚
鴨蛋	〃	10 枚	10 枚	10 枚	12 枚	10 枚	10 枚
鹹魚	斤	0.14 元	0.14 元	0.14 元	0.13 元	0.14 元	0.14 元
蝦子	〃	0.10 元	0.08 元	0.08 元	80 枚	0.14 元	0.13 元
蝦米	兩	0.06 元	0.06 元	0.06 元	0.06 元	0.06 元	0.06 元
豬肝	斤	0.20 元	0.20 元	0.20 元	0.20 元	0.22 元	0.22 元
豬腸	付	0.22 元	0.22 元	0.24 元	0.24 元	0.22 元	0.23 元
豬蹄	斤	0.10 元	0.10 元	0.10 元	0.10 元	0.12 元	0.15 元

蔬菜類

商品	單位	一月	二月	三月	四月	五月	六月
白菜	斤	10 枚	8 枚	8 枚	14 枚	12 枚	13 枚
酸白菜	〃	12 枚	11 枚	12 枚	13 枚	14 枚	10 枚
黃芽白	〃	13 枚	12 枚	10 枚			
醃白菜	〃	14 枚	15 枚	13 枚	10 枚	12 枚	
紅蘿蔔	〃	25 枚	22 枚	19 枚	34 枚	20 枚	9 枚
青蘿蔔	〃	24 枚	20 枚	20 枚			

續表

七月	八月	九月	十月	十一月	十二月	單位	商品
0.23元	0.21元	0.22元	0.23元	0.23元	0.24元	斤	鴨子
8枚	8枚	8枚	9枚	11枚	10枚	個	雞蛋
10枚	10枚	12枚	12枚	14枚	12枚	〃	鴨蛋
0.14元	0.16元	0.16元	0.15元	0.18元	0.23元	斤	鹹魚
0.15元	0.20元	0.20元	0.16元	0.15元	0.16元	〃	蝦子
0.06元	0.06元	0.06元	0.06元	0.06元	0.07元	兩	蝦米
0.24元	0.24元	0.24元	0.24元	0.24元	0.29元	斤	豬肝
0.24元	0.24元	0.22元	0.22元	0.22元	0.25元	付	豬腸
0.18元	0.18元	0.19元	0.20元	0.20元	0.22元	斤	豬蹄

七月	八月	九月	十月	十一月	十二月	單位	商品
23枚	19枚	10枚	9枚	12枚	15枚	斤	白菜
13枚	16枚	11枚	9枚	12枚	29枚	〃	酸白菜
			25枚	21枚	25枚	〃	黃芽白
						〃	醃白菜
5枚			16枚	16枚		〃	紅蘿蔔
				20枚	25枚	〃	青蘿蔔

商品	單位	一月	二月	三月	四月	五月	六月
白蘿蔔	斤	21 枚	18 枚	20 枚	30 枚	26 枚	11 枚
腌蘿蔔	〃						
胡蘿蔔	〃	10 枚	8 枚	8 枚			
馬鈴薯	〃	38 枚	39 枚	39 枚	34 枚	36 枚	49 枚
山芋	〃	60 枚	58 枚	59 枚	62 枚		58 枚
黃豆芽	〃	16 枚	16 枚	16 枚	19 枚	16 枚	13 枚
綠豆芽	〃	18 枚	18 枚	18 枚	17 枚	18 枚	15 枚
茄子	〃						54 枚
大蒜	〃	9 枚	9 枚	8 枚	10 枚		
紅辣椒	〃	28 枚	27 枚	29 枚			
青辣椒		19 枚	17 枚	17 枚			46 枚
腌辣椒	〃	26 枚	27 枚	24 枚	28 枚	29 枚	29 枚
黃花	〃	0.20 元	0.20 元	0.20 元	0.20 元	0.20 元	0.20 元
木耳	兩	0.08 元	0.08 元	0.08 元	0.08 元	0.08 元	0.08 元
磨菇	〃	0.22 元	0.22 元	0.22 元	0.22 元	0.23 元	0.22 元
茨菇	斤						

續表

七月	八月	九月	十月	十一月	十二月	單位	商品
15 枚	46 枚	28 枚	21 枚	17 枚	21 枚	斤	白蘿蔔
						"	腌蘿蔔
			31 枚	20 枚	29 枚	"	胡蘿蔔
35 枚	25 枚	25 枚	31 枚	31 枚	35 枚	"	馬鈴薯
50 枚	66 枚	67 枚	66 枚	96 枚	72 枚	"	山芋
16 枚	17 枚	15 枚	15 枚	14 枚	14 枚	"	黃豆芽
19 枚	19 枚	17 枚	12 枚	15 枚	16 枚	"	綠豆芽
9 枚	4 枚					"	茄子
			26 枚	32 枚	41 枚	"	大蒜
	14 枚	21 枚	21 枚	25 枚	39 枚	"	紅辣椒
11 枚	5 枚	10 枚	11 枚	20 枚	23 枚	"	青辣椒
26 枚	21 枚	23 枚	24 枚	25 枚	29 枚	"	腌辣椒
0.20 元	0.20 元	0.19 元	0.18 元	0.18 元	0.18 元	"	黃花
0.07 元	0.08 元	0.08 元	0.08 元	0.08 元	0.08 元	兩	木耳
0.21 元	0.21 元	0.22 元	0.23 元	0.22 元	0.22 元	"	磨菇
						斤	茨菇

商品	單位	一月	二月	三月	四月	五月	六月
大藕	斤	17 枚	14 枚	13 枚	13 枚	17 枚	13 枚
小藕	〃	14 枚	14 枚	12 枚	12 枚	15 枚	12 枚
本葱	〃	16 枚	16 枚	12 枚	20 枚	14 枚	24 枚
洋葱	〃	31 枚	29 枚	40 枚	45 枚	49 枚	22 枚
榨菜	兩	4 枚	5 枚	5 枚	4 枚	4 枚	5 枚
豆腐	方	4 枚	4 枚	4 枚	4 枚	4 枚	4 枚
豆腐干	塊	6 枚	6 枚	6 枚	6 枚	6 枚	6 枚
百頁	斤	25 枚	25 枚	24 枚	25 枚	23 枚	23 枚
麵筋	〃	78 枚	78 枚	79 枚	79 枚	79 枚	78 枚
豆絲	〃	44 枚	43 枚	40 枚	47 枚	45 枚	45 枚
水粉	〃	28 枚	28 枚	28 枚	31 枚	29 枚	29 枚
海帶	兩	4 枚	4 枚	4 枚	4 枚	4 枚	4 枚
玉蘭片	斤	0.76 元	0.74 元	0.80 元	0.85 元	0.81 元	0.78 元
豆渣	塊	2 枚	2 枚	2 枚	2 枚	2 枚	2 枚

調味類

商品	單位	一月	二月	三月	四月	五月	六月
菜油	兩	7 枚	7 枚	7 枚	8 枚	9 枚	8 枚

七月	八月	九月	十月	十一月	十二月	單位	商品
31 枚	18 枚	15 枚	14 枚	14 枚	19 枚	斤	大藕
25 枚	15 枚	13 枚	11 枚	11 枚	19 枚	〃	小藕
15 枚	16 枚	17 枚	25 枚	29 枚	38 枚	〃	本蔥
25 枚	27 枚	29 枚	96 枚	96 枚	104 枚	〃	洋蔥
5 枚	5 枚	5 枚	5 枚	5 枚	6 枚	兩	榨菜
4 枚	4 枚	4 枚	4 枚	4 枚	4 枚	方	豆腐
6 枚	6 枚	6 枚	6 枚	6 枚	6 枚	塊	豆腐干
21 枚	19 枚	18 枚	19 枚	18 枚	20 枚	〃	百頁
79 枚	79 枚	78 枚	79 枚	78 枚	80 枚	〃	麵筋
41 枚	39 枚	37 枚	32 枚	32 枚	35 枚	〃	豆絲
27 枚	25 枚	25 枚	25 枚	25 枚	27 枚	〃	水粉
4 枚	4 枚	4 枚	4 枚	4 枚	4 枚	兩	海帶
0.74 元	0.71 元	0.70 元	0.68 元	0.66 元	0.64 元	斤	玉蘭片
2 枚	2 枚	2 枚	2 枚	2 枚	2 枚	塊	豆渣
8 枚	8 枚	7 枚	7 枚	7 枚	8 枚	兩	菜油

商品	單位	一月	二月	三月	四月	五月	六月
豆油	兩	7 枚	7 枚	7 枚	8 枚	8 枚	8 枚
豬油	〃	12 枚	12 枚	12 枚	10 枚	12 枚	14 枚
蔴油	〃	8 枚	8 枚	8 枚	9 枚	9 枚	9 枚
醬油	〃	4 枚	4 枚	4 枚	4 枚	4 枚	4 枚
料酒	〃	4 枚	4 枚	4 枚	4 枚	4 枚	4 枚
塊鹽	〃	6 枚	6 枚	6 枚	5 枚	6 枚	6 枚
精鹽	〃	6 枚	6 枚	6 枚	6 枚	6 枚	6 枚
豆瓣醬	〃	4 枚	4 枚	4 枚	4 枚	3 枚	4 枚
辣椒醬	〃	4 枚	4 枚	4 枚	3 枚	3 枚	4 枚
胡椒末	〃	22 枚	22 枚	22 枚	23 枚	23 枚	23 枚
味精	瓶	0.10 元	0.10 元	0.10 元	0.10 元	0.10 元	0.10 元
花椒	兩	0.03 元	0.03 元	0.03 元	0.03 元	0.03 元	0.03 元
團粉	塊						
芥末	兩	0.07 元	0.07 元	0.08 元	0.08 元	0.07 元	0.08 元
芝蔴醬	〃	8 枚	10 枚	10 枚	10 枚	9 枚	9 枚
白醋	〃	3 枚	3 枚	3 枚	4 枚	4 枚	4 枚

續表

七月	八月	九月	十月	十一月	十二月	單位	商品
8 枚	7 枚	7 枚	7 枚	7 枚	8 枚	兩	豆油
14 枚	12 枚	16 枚	12 枚	12 枚	14 枚	〃	豬油
9 枚	9 枚	8 枚	8 枚	8 枚	8 枚	〃	蘇油
4 枚	4 枚	4 枚	4 枚	4 枚	4 枚	〃	醬油
4 枚	4 枚	4 枚	4 枚	4 枚	4 枚	〃	料酒
6 枚	6 枚	6 枚	6 枚	55 枚	55 枚	〃	塊鹽
6 枚	6 枚	6 枚	6 枚	55 枚	55 枚	〃	精鹽
5 枚	5 枚	5 枚	5 枚	5 枚	64 枚	〃	豆瓣醬
4 枚	4 枚	4 枚	4 枚	4 枚	6 枚	〃	辣椒醬
23 枚	25 枚	25 枚	25 枚	25 枚	25 枚	〃	胡椒末
0.10 元	0.10 元	0.10 元	0.10 元	0.10 元	0.10 元	瓶	味精
0.03 元	0.03 元	0.03 元	0.03 元	0.03 元	0.03 元	兩	花椒
						塊	團粉
0.08 元	0.08 元	0.07 元	0.08 元	0.08 元	0.07 元	兩	芥末
8 枚	9 枚	9 枚	9 枚	9 枚	12 枚	〃	芝蔴醬
4 枚	4 枚	4 枚	4 枚	4 枚	4 枚	〃	白醋

商品	單位	一月	二月	三月	四月	五月	六月
滴醋	兩	4 枚	4 枚	4 枚	5 枚	5 枚	6 枚
白糖	"	8 枚	8 枚	8 枚	8 枚	8 枚	8 枚
紅糖	"	5 枚	5 枚	5 枚	5 枚	6 枚	6 枚
茴香	"	16 枚	16 枚	16 枚	19 枚	16 枚	15 枚

衣着類

棉花	斤	0.52 元	0.52 元	0.54 元	0.56 元	0.56 元	0.56 元
陰丹士林布	尺	0.12 元	0.12 元	0.12 元	0.12 元	0.12 元	0.12 元
愛國藍布	"	0.10 元	0.10 元	0.10 元	0.10 元	0.10 元	0.10 元
白綫布	"	0.08 元	0.08 元	0.08 元	0.08 元	0.08 元	0.09 元
藍綫布	"	0.01 元	0.10 元	0.10 元	0.10 元	0.10 元	0.11 元
藍竹布	"	0.12 元	0.12 元	0.12 元	0.14 元	0.13 元	0.11 元
白竹布	"	0.10 元	0.10 元	0.10 元	0.10 元	0.10 元	0.10 元
中山呢	"	0.14 元	0.14 元	0.14 元	0.14 元	0.14 元	0.14 元
白色官布	"	0.08 元	0.08 元	0.08 元	0.08 元	0.08 元	0.08 元
青色官布	"	0.10 元	0.10 元	0.10 元	0.10 元	0.10 元	0.10 元
粗綫襪	雙	0.13 元	0.13 元	0.13 元	0.12 元	0.12 元	0.13 元

七月	八月	九月	十月	十一月	十二月	單位	商品
5 枚	6 枚	6 枚	6 枚	6 枚	6 枚	兩	滴醋
8 枚	8 枚	8 枚	8 枚	8 枚	8 枚	〃	白糖
6 枚	6 枚	6 枚	6 枚	6 枚	6 枚	〃	紅糖
15 枚	13 枚	13 枚	13 枚	13 枚	12 枚	〃	茴香

七月	八月	九月	十月	十一月	十二月	單位	商品
0.56 元	0.56 元	0.56 元	0.56 元	0.56 元	0.56 元	斤	棉花
0.12 元	0.12 元	0.12 元	0.12 元	0.12 元	0.13 元	尺	陰丹士林布
0.10 元	0.10 元	0.10 元	0.10 元	0.10 元	0.11 元	〃	愛國藍布
0.08 元	0.08 元	0.08 元	0.08 元	0.08 元	0.09 元	〃	白綫布
0.11 元	0.10 元	0.11 元	0.10 元	0.10 元	0.11 元	〃	藍綫布
0.12 元	0.13 元	0.12 元	0.12 元	0.12 元	0.12 元	〃	藍竹布
0.11 元	0.11 元	0.11 元	0.11 元	0.11 元	0.12 元	〃	白竹布
0.14 元	0.13 元	0.14 元	0.14 元	0.14 元	0.15 元	〃	中山呢
0.08 元	0.08 元	0.08 元	0.08 元	0.08 元	0.09 元	〃	白色官布
0.10 元	0.10 元	0.10 元	0.10 元	0.10 元	0.11 元	〃	青色官布
0.14 元	0.13 元	0.14 元	0.14 元	0.14 元	0.15 元	雙	粗綫襪

商　品	單位	一月	二月	三月	四月	五月	六月
綫襪	雙	0.16 元	0.16 元	0.16 元	0.16 元	0.16 元	0.15 元
布鞋	〃	0.44 元	0.44 元	0.43 元	0.42 元	0.43 元	0.44 元
草鞋	〃	0.16 元	0.15 元	0.15 元	0.14 元	0.16 元	0.14 元
套鞋	〃	0.60 元	0.60 元	0.60 元	0.63 元	0.60 元	0.60 元

燃料類

商品	單位	一月	二月	三月	四月	五月	六月
炭條	斤	5 枚	5 枚	5 枚	5 枚	5 枚	5 枚
炭巴	個	5 枚	6 枚	6 枚	6 枚	6 枚	6 枚
煤球	斤	5 枚	5 枚	5 枚	6 枚	5 枚	5 枚
木柴	〃	6 枚	5 枚	5 枚	5 枚	6 枚	5 枚
洋油	兩	6 枚	6 枚	6 枚	6 枚	6 枚	6 枚
火柴	盒	6 枚	6 枚	6 枚	6 枚	6 枚	6 枚
柴草	斤						
洋臘燭	支	20 枚	20 枚	20 枚	21 枚	20 枚	20 枚
本臘燭	〃	14 枚	14 枚	14 枚	15 枚	14 枚	14 枚

七月	八月	九月	十月	十一月	十二月	單位*	商品
0.15元	0.15元	0.15元	0.16元	0.16元	0.18元	雙	綫襪
0.47元	0.44元	0.45元	0.44元	0.44元	0.49元	〃	布鞋
0.12元	0.10元	0.11元	0.10元	0.10元	0.10元	〃	草鞋
0.60元	0.60元	0.60元	0.65元	0.65元	0.65元	〃	套鞋
5枚	6枚	6枚	5枚	5枚	6枚	斤	炭條
6枚	6枚	6枚	6枚	6枚	6枚	個	炭巴
5枚	6枚	6枚	5枚	5枚	6枚	斤	煤球
6枚	6枚	5枚	5枚	5枚	5.7枚	〃	木柴
5枚	6枚	5枚	5.5枚	6枚	6枚	兩	洋油
6枚	6枚	6枚	6枚	6枚	6枚	盒	火柴
						斤	柴草
20枚	21枚	21枚	20枚	20枚	22枚	支	洋臘燭
14枚	15枚	14枚	14枚	14枚	16枚	〃	本臘燭

四、漢口零售物價

二十五年

單位：國幣元

商品	單位*	一月	二月	三月	四月	五月	六月
							食物類
白米	升	0.088	0.099	0.115	0.123	0.124	0.121
麵粉	斤	0.085	0.085	0.086	0.092	0.086	0.086
粉條	〃	0.135	0.138	0.125	0.128	0.122	0.130
蘿蔔	〃	0.018	0.017	0.024	0.029	0.034	0.021
青菜	〃	0.045	0.019	0.022	0.016	0.016	0.016
白菜	〃	0.020	0.021	0.024	0.015	0.017	0.019
芹菜	〃	0.032	0.034	0.034	0.027	0.022	0.021
荳芽	〃	0.025	0.026	0.026	0.024	0.026	0.023
菠菜	〃	0.030	0.021	0.021	0.015	0.017	0.019
韭	〃	0.030	0.048	0.062	0.046	0.022	0.024
葱	〃	0.051	0.048	0.054	0.044	0.038	0.037
黃豆	升	0.065	0.068	0.067	0.069	0.076	0.069
豆干	塊	0.007	0.007	0.007	0.007	0.007	0.008
豆腐	〃	0.010	0.009	0.010	0.010	0.010	0.010
干皮	張	0.007	0.006	0.006	0.007	0.007	0.006

* 度量衡單位係市制。

七月	八月	九月	十月	十一月	十二月	單位	商品
0.119	0.113	0.106	0.106	0.114	0.114	升	白米
0.083	0.085	0.083	0.089	0.072	0.099	斤	麵粉
0.126	0.133	0.129	0.137	0.150	0.146	〃	粉條
0.018	0.023	0.042	0.032	0.038	0.036	〃	蘿蔔
0.016	0.016	0.024	0.018	0.017	0.024	〃	青菜
0.018	0.019	0.015	0.015	0.021	0.025	〃	白菜
0.020	0.030	0.021	0.031	0.040	0.043	〃	芹菜
0.023	0.023	0.023	0.026	0.026	0.027	〃	荳芽
0.017	0.018	0.022	0.033	0.030	0.035	〃	菠菜
0.027	0.027	0.027	0.026	0.039	0.049	〃	韭
0.038	0.035	0.040	0.037	0.047	0.051	〃	葱
0.073	0.068	0.069	0.066	0.071	0.047	升	黃豆
0.007	0.008	0.008	0.008	0.008	0.008	塊	豆干
0.010	0.010	0.010	0.010	0.010	0.010	〃	豆腐
0.008	0.007	0.007	0.006	0.007	0.007	張	干皮

商品	單位	一月	二月	三月	四月	五月	六月
藕	斤	0.038	0.032	0.035	0.028	0.033	0.033
辣椒	〃	0.058	0.054	0.067	0.050	0.064	0.073
番芋	〃	0.044	0.035	0.040	0.046	0.042	0.046
豬肉	〃	0.205	0.205	0.223	0.097	0.229	0.262
牛肉	〃	0.139	0.145	0.138	0.146	0.146	0.148
鯉魚	〃	0.111	0.070	0.066	0.068	0.075	0.103
鯿魚	〃	0.109	0.070	0.067	0.047	0.699	0.106
鰱子魚	〃	0.067	0.047	0.050	0.051	0.054	0.070
蝦	〃	0.112	0.076	0.082	0.100	0.118	0.126
雞	〃	0.203	0.185	0.199	0.203	0.218	0.251
鴨	〃	0.183	0.183	0.203	0.184	0.190	0.210
雞蛋	枚	0.018	0.019	0.018	0.016	0.015	0.014
鴨蛋	〃	0.021	0.021	0.020	0.020	0.019	0.019
豬油	斤	0.260	0.238	0.238	0.256	0.265	0.290
蔴油	〃	0.189	0.194	0.195	0.221	0.219	0.214
菜油	〃	0.187	0.193	0.198	0.214	0.213	0.208
醬油	〃	0.114	0.115	0.111	0.108	0.115	0.119
辣醬	〃	0.051	0.061	0.050	0.054	0.056	0.060

七月	八月	九月	十月	十一月	十二月	單位	商品
0.638	0.034	0.030	0.029	0.033	0.035	斤	藕
0.032	0.027	0.028	0.031	0.041	0.051	〃	辣椒
0.037	0.027	0.034	0.036	0.041	0.043	〃	番芋
0.256	0.264	0.250	0.238	0.252	0.256	〃	猪肉
0.147	0.147	0.146	0.150	0.156	0.151	〃	牛肉
0.093	0.113	0.124	0.107	0.117	0.113	〃	鯉魚
0.106	0.128	0.142	0.126	0.133	0.146	〃	鯿魚
0.062	0.070	0.093	0.086	0.084	0.089	〃	鰱子魚
0.107	0.120	0.149	0.150	0.133	0.133	〃	蝦
0.216	0.232	0.230	0.239	0.225	0.235	〃	雞
0.182	0.189	0.213	0.223	0.212	0.219	〃	鴨
0.014	0.014	0.014	0.015	0.016	0.017	枚	雞蛋
0.019	0.019	0.019	0.019	0.020	0.021	〃	鴨蛋
0.291	0.269	0.274	0.276	0.283	0.209	斤	猪油
0.217	0.214	0.205	0.200	0.202	0.203	〃	蔴油
0.211	0.206	0.195	0.194	0.197	0.199	〃	菜油
0.118	0.119	0.121	0.110	0.118	0.116	〃	醬油
0.057	0.057	0.060	0.058	0.058	0.061	〃	辣醬

商品	單位	一月	二月	三月	四月	五月	六月
花生	斤	0.103	0.095	0.096	0.101	0.099	0.096
精鹽	〃	0.138	0.140	0.139	0.138	0.136	0.136
醋	〃	0.058	0.057	0.057	0.054	0.052	0.052
白糖	〃	0.199	0.200	0.201	0.200	0.202	0.199
紅糖	〃	0.142	0.142	0.139	0.131	0.134	0.134

衣着類

商品	單位	一月	二月	三月	四月	五月	六月
棉花	斤	0.509	0.496	0.580	0.497	0.509	0.510
白色官布	尺	0.085	0.076	0.074	0.075	0.075	0.077
藍色官布	〃	0.116	0.105	0.110	0.112	0.114	0.109
白竹布	〃	0.113	0.116	0.118	0.121	0.125	0.123
藍竹布	〃	0.151	0.160	0.162	0.158	0.156	0.158
白綫布	〃	0.075	0.078	0.077	0.080	0.076	0.077
藍綫布	〃	0.118	0.108	0.114	0.110	0.114	0.109
愛國藍布	〃	0.098	0.094	0.103	0.098	0.101	0.101
陰丹士林	〃	0.143	0.139	0.143	0.143	0.148	0.151
中山呢	〃	0.125	0.125	0.125	0.118	0.125	0.133
直貢呢	〃	0.114	0.117	0.117	0.119	0.116	0.123
綫襪	雙	0.126	0.134	0.138	0.134	0.133	0.141

七月	八月	九月	十月	十一月	十二月	單位	商品
0.100	0.100	0.102	0.106	0.099	0.098	斤	花生
0.133	0.134	0.134	0.036	0.138	0.139	″	精鹽
0.053	0.057	0.053	0.055	0.058	0.061	″	醋
0.198	0.198	0.198	0.198	0.199	0.196	″	白糖
0.135	0.135	0.154	0.144	0.148	0.150	″	紅糖

七月	八月	九月	十月	十一月	十二月	單位	商品
0.512	0.539	0.523	0.514	0.534	0.554	斤	棉花
0.077	0.073	0.076	0.078	0.080	0.085	尺	白色官布
0.107	0.144	0.094	0.109	0.109	0.124	″	藍色官布
0.125	0.124	0.122	0.130	0.131	0.127	″	白竹布
0.108	0.162	0.154	0.163	0.162	0.172	″	藍竹布
0.076	0.077	0.079	0.078	0.080	0.094	″	白綫布
0.108	0.117	0.116	0.119	0.121	0.133	″	藍綫布
0.100	0.096	0.099	0.100	0.109	0.113	″	愛國藍布
0.148	0.146	0.150	0.151	0.150	0.156	″	陰丹士林
0.138	0.119	0.130	0.126	0.123	0.150	″	中山呢
0.123	0.121	0.122	0.120	0.124	0.149	″	直貢呢
0.039	0.139	0.146	0.142	0.154	0.162	雙	綫襪

商品	單位	一月	二月	三月	四月	五月	六月
膠皮鞋	雙	0.868	0.862	0.870	0.873	0.849	0.850

燃料類

商品	單位	一月	二月	三月	四月	五月	六月
木柴	斤	0.009	0.010	0.009	0.009	0.009	0.010
木炭	〃	0.033	0.035	0.036	0.035	0.034	0.037
煤球	〃	0.009	0.008	0.008	0.008	0.008	0.008
煤油	〃	0.150	0.151	0.148	0.149	0.151	0.149
蠟燭	〃	0.318	0.284	0.299	0.292	0.287	0.293
火柴	匣	0.010	0.009	0.009	0.009	0.010	0.010

雜類

商品	單位	一月	二月	三月	四月	五月	六月
香煙	十枝	0.044	0.042	0.036	0.038	0.038	0.037
燒酒	斤	0.150	0.198	0.170	0.170	0.169	0.182
漢汾酒	〃	0.235	0.210	0.208	0.211	0.212	0.212
茶葉	〃	0.143	0.154	0.160	0.166	0.163	0.175
肥皂	塊	0.053	0.057	0.053	0.054	0.053	0.053
草紙	刀	0.100	0.104	0.102	0.095	0.093	0.088
自來水	擔	0.020	0.021	0.018	0.019	0.019	0.020
毛巾	條	0.134	0.124	0.137	0.137	0.134	0.154
牙粉	袋	0.020	0.120	0.020	0.020	0.020	0.020

七月	八月	九月	十月	十一月	十二月	單位	商品
0.850	0.863	0.838	0.836	0.838	0.872	雙	膠皮鞋
0.009	0.009	0.009	0.009	0.009	0.010	斤	木柴
0.036	0.934	0.034	0.033	0.038	0.039	″	木炭
0.008	0.008	0.008	0.008	0.008	0.009	″	煤球
0.151	0.146	0.148	0.153	0.155	0.152	″	煤油
0.291	0.286	0.290	0.293	0.299	0.313	″	蠟燭
0.009	0.009	0.010	0.010	0.010	0.010	匣	火柴
0.040	0.040	0.038	0.037	0.037	0.037	十枝	香煙
0.163	0.173	0.164	0.161	0.148	0.142	斤	燒酒
0.215	0.213	0.193	0.181	0.174	0.179	″	漢汾酒
0.161	0.162	0.162	0.173	0.169	0.163	″	茶葉
0.054	0.053	0.054	0.052	0.059	0.053	塊	肥皂
0.091	0.086	0.089	0.100	0.101	0.099	刀	草紙
0.020	0.020	0.018	0.018	0.020	0.018	擔	自來水
0.146	0.151	0.149	0.163	0.164	0.168	條	毛巾
0.020	0.020	0.020	0.020	0.019	0.020	袋	牙粉

陸、度　量　衡

一、概說

　　萬國公用之米突制度量衡清末傳入我國，民國初年迭經工商會議及專家與含有法律性質會議採用此制，民國三年草成法案，翌年公佈權度法，以營造庫平制爲甲制，以米突制爲乙制，是爲米突制在我國取得法律地位之先聲。民國十七年公佈中華民國權度標準方案，十八年公佈度量衡法，以米突制爲標準制，與由其導出之市用制相輔而行，蓋市用制與我國各地舊制度量相差不遠，以之直接應用較切合民間習慣故也。工商部依度量衡法命令規定民國十九年一月一日爲度量衡法施行日期，同年開始訓練檢定人材，成立全國度量衡局以負推行劃一之責，國民政府核准全國度量衡劃一程序，全國各區度衡量完成劃一之先後，依其交通及經濟發展差異程度分爲三期，本省列入第一期，應於民國二十年年終以前完成劃一，建設廳復參照本省情形以六個月爲一期，自十九年一月至二十年十二月分爲四期進行，嗣後因□匪騷擾，地方不靖，財政支絀，延至二十年五月省檢定所始告成立，並依照中央規定在武昌、漢陽等三十七縣先後成立縣檢定分所，廣濟、孝感等三十三縣則分派檢定人員酌量推行。民國二十一年奉豫鄂皖三省剿匪總司令部令以財政困難，將省檢定所撤裁，全省推行及檢定事宜由建設廳主管科兼辦，同時爲變通統籌兼顧計，將各縣已成立之檢定分所撤裁，另就當時本省行政督察區十一區各設區檢定分所主管全區檢定事宜，直接受行政督察專員公署之管轄，並受建設廳之監督指導。漢口市檢定事宜原係由省檢定所派員兼辦，該所奉令撤裁後，以漢口係商務繁盛之區，情形特異，省府飭漢口市政府設立檢定分所以專責成。二十五年四月本省行政督察區重新劃併成八區，各區檢定分所亦因之隨同裁併成八所，二十五年度各區檢定分所預算，第一區檢定分所計 5 760 元，第二區檢定分所計 5 760 元，第三區檢定分所計 5 340 元，第四區檢定分所計 4 920 元，第五區檢定分所計 4 080 元，第六區檢定分所計 4 500 元，第七區檢定分所計 4 500 元，第八區檢定分所計 3 660 元。民國廿五年九月湖北省會度量衡檢定分所在武昌成立，隸屬武昌市政處，專辦省會檢定工作，關於推行劃一事宜已具相當成效，然大凡制度之更改，並非一蹴可期，再經相當努力與時日當可完成也。本省各地度量衡舊器種類繁多，不勝枚舉，故本調查所得及各區檢定分所報告列之，以備參考。

二、各縣市折算表

縣市	類別	舊器名稱	單位	合標準制數	合市用制數
武昌	度	舊尺	尺	0.353 公尺	1.058 市尺
	量	舊升	升	0.999 公升	0.999 市升
	衡	舊秤	斤	0.579 公斤	1.158 市斤
漢陽	度	舊尺	尺	0.353 公尺	1.058 市尺
	量	舊升	升	0.999 公升	0.999 市升
	衡	舊秤	斤	0.579 公斤	1.158 市斤
嘉魚	度	舊尺	尺	0.348 公尺	1.045 市尺
	量	舊升	升	1.110 公升	1.110 市升
	衡	舊秤	斤	0.575 公斤	1.150 市斤

續表

縣市	類別	舊器名稱	單位	合標準制數	合市用制數
咸寧	度	舊尺	尺	0.350 公尺	1.050 市尺
	量	舊升	升	1.020 公升	1.020 市升
	衡	舊秤	斤	0.580 公斤	1.160 市斤
蒲圻	度	舊尺	尺	0.367 公尺	1.100 市尺
	量	舊升	升	1.100 公升	1.100 市升
	衡	舊秤	斤	0.572 公斤	1.144 市斤
崇陽	度	漢尺	尺	0.348 公尺	1.044 市尺
	量	火印升	升	0.900 公升	0.900 市升
	衡	錢秤	斤	0.569 公斤	1.138 市斤
通城	度	舊尺	尺	0.346 公尺	1.039 市尺
	量	舊升	升	0.999 公升	0.999 市升
	衡	舊秤	斤	0.610 公斤	1.220 市斤
通山	度	舊尺	尺	0.387 公尺	1.160 市尺
	量	舊升	升	1.173 公升	1.173 市升
	衡	舊秤	斤	0.630 公斤	1.260 市斤
陽新	度	舊尺	尺	0.370 公尺	1.138 市尺
	量	舊升	升	0.995 公升	0.995 市升
	衡	舊秤	斤	0.513 公斤	1.026 市斤

縣市	類別	舊器名稱	單位	合標準制數	合市用制數
大冶	度	舊尺	尺	0.354 公尺	1.061 市尺
	量	舊升	升	1.165 公升	1.165 市升
	衡	舊秤	斤	0.600 公斤	1.200 市斤
鄂城	度	舊尺	尺	0.347 公尺	1.040 市尺
	量	舊升	升	1.150 公升	1.150 市升
	衡	舊秤	斤	0.620 公斤	1.440 市斤
黃岡	度	舊尺	尺	0.348 公尺	1.045 市尺
	量	舊升	升	1.328 公升	1.328 市升
	衡	舊秤	斤	0.652 公斤	1.304 市斤
浠水	度	舊尺	尺	0.341 公尺	1.053 市尺
	量	舊升	升	1.333 公升	1.333 市升
	衡	舊秤	斤	0.581 公斤	1.161 市升
蘄春	度	舊尺	尺	0.351 公尺	1.053 市尺
	量	舊升	升	1.588 公升	1.588 市升
	衡	舊秤	斤	0.581 公斤	1.161 市斤
廣濟	度	舊尺	尺	0.355 公尺	1.064 市尺
	量	舊升	升	1.176 公升	1.176 市升
	衡	舊秤	斤	0.581 公斤	1.162 市斤

續表

縣市	類別	舊器名稱	單位	合標準制數	合市用制數
黃梅	度	舊尺	尺	0.347 公尺	1.042 市尺
	量	舊升	升	1.018 公升	1.018 市升
	衡	舊秤	斤	0.573 公斤	1.167 市斤
英山	度	舊尺	尺	0.351 公尺	1.053 市尺
	量	舊升	升	1.199 公升	1.199 市升
	衡	舊秤	斤	0.580 公斤	1.159 市斤
羅田	度	舊尺	尺	0.347 公尺	1.042 市尺
	量	舊升	升	1.268 公升	1.266 市升
	衡	舊秤	斤	0.580 公斤	1.159 市斤
麻城	度	舊尺	尺	0.348 公尺	1.044 市尺
	量	舊升	升	1.675 公升	1.675 市升
	衡	舊秤	斤	0.589 公斤	1.178 市升
黃安	度	舊尺	尺	0.348 公尺	1.044 市尺
	量	舊升	升	1.641 公升	1.641 市升
	衡	舊秤	斤	0.663 公斤	1.326 年市斤
黃陂	度	舊尺	尺	0.348 公尺	1.044 市尺
	量	舊升	升	1.484 公升	1.484 市升
	衡	舊秤	斤	0.640 公斤	1.280 市斤

續表

縣市	類別	舊器名稱	單位	合標準制數	合市用制數
禮山	度				
	量				
	衡				
孝感	度	孝尺	尺	0.352 公尺	1.055 市尺
	量	孝斗	升	1.760 公升	1.760 市升
	衡	孝秤	斤	0.925 公斤	1.850 市斤
雲夢	度	舊尺	尺	0.353 公尺	1.060 市尺
	量	舊斗	升	1.820 公升	1.820 市升
	衡	舊秤	斤	0.610 公斤	1.220 市斤
漢川	度	舊尺	尺	0.347 公尺	1.040 市尺
	量	舊升	升	1.332 公升	1.332 市升
	衡	舊秤	斤	0.610 公斤	1.220 市斤
應城	度	漢尺	尺	0.347 公尺	1.040 市尺
	〃	裁尺	〃	0.353 公尺	1.060 市尺
	量	加二五樊斗	升	1.760 公升	1.760 市升
	〃	加四一樊斗	〃	2.200 公升	2.200 市升
	衡	漕秤	斤	0.650 公斤	1.300 市斤
	〃	錢秤	〃	0.600 公斤	1.200 市斤

續表

縣市	類別	舊器名稱	單位	合標準制數	合市用制數
安陸	度	裁尺	尺	0.350 公尺	1.050 市尺
	量	府斗	升	1.748 公升	1.748 市升
	衡	漕秤	斤	0.614 公斤	1.227 市斤
應山	度	舊尺	尺	0.350 公尺	1.050 市尺
	量	舊斗	升	1.380 公升	1.380 市升
	衡	舊秤	斤	0.377 公斤	1.130 市斤
隨縣	度	舊尺	尺	0.347 公尺	1.040 市尺
	量	加二五樊斗	升	1.760 公升	1.760 市升
	衡	漕秤	斤	0.650 公斤	1.300 市斤
鍾祥	度	漢尺	尺	0.347 公尺	1.040 市尺
	量	樊斗	升	1.563 公升	1.563 市升
	衡	錢秤	斤	0.610 公斤	1.220 市斤
京山	度	舊尺	尺	0.357 公尺	1.070 市尺
	量	樊斗	升	1.400 公升	1.400 市升
	衡	漕秤	斤	0.565 公斤	1.129 市斤
天門	度	漢尺	尺	0.347 公尺	1.040 市尺
	量	樊加一斗	升	1.635 公升	1.635 市升
	衡	漕秤	斤	0.600 公斤	1.200 市斤

續表

縣市	類別	舊器名稱	單位	合標準制數	合市用制數
沔陽	度	舊尺	尺	0.352 公尺	1.055 市尺
	量	舊升	升	1.220 公升	1.220 市升
	衡	舊秤	斤	0.580 公斤	1.160 市斤
潛江	度	舊尺	尺	0.347 公尺	1.040 市尺
	量	舊升	升	1.515 公升	1.515 市升
	衡	舊秤	斤	0.569 公斤	1.138 市斤
監利	度	舊尺	尺	0.385 公尺	1.155 市尺
	量	舊升	升	1.297 公升	1.297 市升
	衡	舊秤	斤	0.576 公斤	1.151 市斤
石首	度	舊尺	尺	0.280 公尺	0.850 市尺
	量	舊升	升	1.650 公升	1.650 市升
	衡	舊秤	斤	0.610 公斤	1.220 市斤
公安	度				
	量	公安樊斗	升	1.367 公升	1.367 市升
	″	公安加二五樊斗	″	1.708 公升	1.708 市升
	″	公安加三一樊斗	″	1.778 公升	1.778 市升
	衡	公安十六兩秤	斤	0.576 公斤	1.151 市斤
	″	公安十六兩八秤	″	0.604 公斤	1.208 市斤

續表

縣市	類別	舊器名稱	單位	合標準制數	合市用制數
公安	衡	公安十九兩三秤	斤	0.690 公斤	1.380 市斤
	〃	公安廿二兩八秤	〃	0.820 公斤	1.640 市斤
	〃	公安廿四兩八秤	〃	0.891 公斤	1.782 市斤
	〃	公安廿七兩秤	〃	0.971 公斤	1.942 市斤
松滋	度	舊尺	尺	0.373 公尺	1.120 市尺
	量	舊升	升	1.428 公升	1.428 市升
	衡	舊秤	斤	0.580 公斤	1.159 市斤
枝江	度				
	量	枝江斗	升	1.902 公升	1.902 市升
	衡	沙十六兩秤	斤	0.576 公斤	1.151 市斤
	〃	枝江秤	〃	0.594 公斤	1.188 市斤
	〃	十六兩五錢子秤	〃	0.603 公斤	1.206 市斤
	〃	廿兩零八錢三秤	〃	0.720 公斤	1.519 市斤
江陵	度	廣尺	尺	0.350 公尺	1.050 市尺
	〃	廣加三一尺	〃	0.455 公尺	1.366 市尺
	〃	上海尺	〃	0.342 公尺	1.027 市尺
	量	荆州北門斗	升	1.065 公升	1.065 市升
	〃	沙河斛斗	〃	1.097 公升	1.097 市升

續表

縣市	類別	舊器名稱	單位	合標準制數	合市用制數
江陵	量	荊州草市升	升	1.118 公升	1.118 市升
	〃	沙荊觀斛斗	〃	1.155 公升	1.155 市升
	衡	荊州城秤	斤	0.567 公斤	1.133 市斤
	〃	沙市公議秤	〃	0.604 公斤	1.208 市斤
	〃	沙市十七兩秤	〃	0.612 公斤	1.223 市斤
	〃	沙市局秤	〃	0.612 公斤	1.224 市斤
	〃	沙市十八兩秤	〃	0.648 公斤	1.296 市斤
	〃	沙市十八兩五秤	〃	0.667 公斤	1.333 市斤
	〃	沙市小荒秤	〃	0.719 公斤	1.438 市斤
	〃	黃幫花秤	〃	0.739 公斤	1.477 市斤
	〃	沙市半斤秤	〃	0.863 公斤	1.726 市斤
荊門	度	舊尺	尺	0.350 公尺	1.050 市尺
	量	舊升	升	1.435 公升	1.435 市升
	衡	舊秤	斤	0.576 公斤	1.150 市斤
宜城	度	舊尺	尺	0.351 公尺	1.053 市尺
	量	舊升	升	1.475 公升	1.475 市升
	衡	舊秤	斤	0.628 公斤	1.255 市斤

續表

縣市	類別	舊器名稱	單位	合標準制數	合市用制數
棗陽	度	舊尺	尺	0.350 公尺	1.050 市尺
	量	舊升	升	1.666 公升	1.666 市升
	衡	舊秤	斤	0.610 公斤	1.220 市斤
襄陽	度	舊尺	尺	0.347 公尺	1.042 市尺
	量	舊升	升	1.500 公升	1.500 市升
	衡	舊秤	斤	0.587 公斤	1.174 市斤
光化	度	舊尺	尺	0.547 公尺	1.642 市尺
	量	舊升	升	1.141 公升	1.141 市升
	衡	舊秤	斤	0.580 公斤	1.159 市斤
穀城	度	舊尺	尺	0.347 公尺	1.042 市尺
	量	舊斗	升	1.875 公升	1.875 市升
	衡	舊秤	斤	0.587 公斤	1.174 市斤
保康	度	舊尺	尺	0.347 公尺	1.042 市尺
	量	舊斗	升	1.875 公升	1.875 市升
	衡	舊秤	斤	0.587 公斤	1.174 市斤
南漳	度	舊尺	尺	0.347 公尺	1.042 市尺
	量	舊升	升	1.155 公升	1.155 市升
	衡	舊秤	斤	0.587 公斤	1.174 市斤

續表

縣市	類別	舊器名稱	單位	合標準制數	合市用制數
遠安	度	老廣尺	尺	0.373 公尺	1.120 市尺
	量	穀升	升	1.600 公升	1.600 市升
	衡	廣石秤	斤	0.610 公斤	1.220 市升
當陽	度	廣尺	尺	0.383 公尺	1.150 市尺
	〃	大布尺	〃	0.400 公尺	1.200 市尺
	量	米升	升	1.586 公升	1.586 市升
	〃	穀升	〃	1.694 公升	1.694 市升
	衡	正漕秤	斤	0.587 公斤	1.173 市斤
	〃	香油秤	〃	0.863 公斤	1.725 市斤
	〃	棉花秤	〃	0.863 公斤	1.725 市斤
	〃	鹽秤	〃	0.588 公斤	1.176 市斤
	〃	漢秤	〃	0.576 公斤	1.152 市斤
	〃	絲秤	〃	0.733 公斤	1.466 市斤
宜都	度	廣尺	尺	0.350 公尺	1.050 市尺
	〃	大布尺	〃	0.343 公尺	1.030 市尺
	〃	裁尺	〃	0.392 公尺	1.177 市尺
	量	公議升	升	1.841 公升	1.841 市升
	〃	行升	〃	1.907 公升	1.907 市升

續表

縣市	類別	舊器名稱	單位	合標準制數	合市用制數
宜都	衡	宜秤	斤	0.560 公斤	1.119 市斤
	〃	廣秤	〃	0.588 公斤	1.175 市斤
	〃	綫秤	〃	0.630 公斤	1.259 市斤
	〃	棉花秤	〃	0.700 公斤	1.399 市斤
宜昌	度	廣尺	尺	0.350 公尺	1.050 市尺
	〃	算盤尺	〃	0.352 公尺	1.055 市尺
	〃	裁尺	〃	0.350 公尺	1.050 市尺
	〃	漢尺	〃	0.347 公尺	1.040 市尺
	〃	公議尺	〃	0.350 公尺	1.050 市尺
	〃	杭尺	〃	0.350 公尺	1.050 市尺
	〃	魯班尺	〃	0.340 公尺	1.020 市尺
	量	行升	升	1.586 公升	1.586 市升
	衡	宜秤	斤	0.560 公斤	1.119 市斤
	〃	漢秤	〃	0.570 公斤	1.140 市斤
	〃	廣五秤	〃	0.588 公斤	1.175 市斤
	〃	青油秤	〃	0.595 公斤	1.189 市斤
	〃	川廣秤	〃	0.604 公斤	1.208 市斤
	〃	酒秤	〃	0.629 公斤	1.258 市斤

續表

縣市	類別	舊器名稱	單位	合標準制數	合市用制數
宜昌	衡	廟秤	斤	0.672 公斤	1.343 市斤
	〃	小菜秤	〃	0.699 公斤	1.399 市斤
	〃	加三秤	〃	0.728 公斤	1.455 市斤
	〃	節半秤	〃	0.839 公斤	1.678 市斤
	〃	對合秤	〃	1.119 公斤	2.238 市斤
	〃	廣五三分秤	〃	0.755 公斤	1.510 市斤
	〃	沙秤	〃	0.567 公斤	1.152 市斤
	〃	庫秤	〃	0.597 公斤	1.194 市斤
	〃	漕秤	〃	0.587 公斤	1.173 市斤
興山	度	老廣尺	尺	0.373 公尺	1.120 市尺
	量	谷升	升	1.600 公升	1.600 市升
	衡	廣五秤	斤	0.610 公斤	1.220 市斤
秭歸	度	舊尺	尺	0.350 公尺	1.050 市尺
	量	舊升	升	2.300 公升	2.300 市升
	衡				
長陽	度	廣尺	尺	0.350 公尺	1.050 市尺
	〃	裁尺	〃	0.351 公尺	1.054 市尺
	〃	大布尺	〃	0.393 公尺	1.180 市尺

續表

縣市	類別	舊器名稱	單位	合標準制數	合市用制數
長陽	量	縣城用升	升	1.573 公升	1.573 市升
	〃	磨市用升	〃	1.818 公升	1.818 市升
	〃	資坵用升	〃	1.853 公升	1.853 市升
	衡	宜秤	斤	0.575 公斤	1.149 市斤
	〃	沙秤	〃	0.578 公斤	1.156 市斤
五峯	度	老廣尺	尺	0.392 公尺	1.177 市尺
	量	漁洋關升	升	1.538 公升	1.538 市升
	衡	沙秤	斤	0.572 公斤	1.143 市斤
鶴峯	度				
	量				
	衡				
來鳳	度				
	量				
	衡				
咸豐	度				
	量				
	衡				

續表

縣市	類別	舊器名稱	單位	合標準制數	合市用制數
利川	度				
	量				
	衡				
恩施	度	賣布尺	尺	0.357 公尺	1.070 市尺
	〃	裁尺	〃	0.400 公尺	1.200 市尺
	量	官升	升	1.460 公升	1.460 市升
	衡	舊秤	斤	0.584 公斤	1.168 市斤
建始	度				
	量				
	衡				
巴東	度				
	量				
	衡				
房縣	度	舊尺	尺	0.353 公尺	1.060 市尺
	量	舊升	升	2.000 公升	2.000 市升
	衡	舊秤	斤	0.575 公斤	1.150 市斤
均縣	度	舊尺	尺	0.350 公尺	1.050 市尺
	量	舊升	升	2.000 公升	2.000 市升
	衡	舊秤	斤	0.522 公斤	1.143 市斤

續表

縣市	類別	舊器名稱	單位	合標準制數	合市用制數
鄖縣	度	舊尺	尺	0.350 公尺	1.050 市尺
	量	舊升	升	2.500 公升	2.500 市升
	衡	舊秤	斤	0.572 公斤	1.143 市斤
竹山	度	舊尺	尺	0.350 公尺	1.050 市尺
	量	舊升	升	2.080 公升	2.080 市升
	衡	舊秤	斤	0.580 公斤	1.159 市斤
竹谿	度	舊尺	尺	0.351 公尺	1.052 市尺
	量	舊升	升	2.080 公升	2.080 市升
	衡	舊秤	斤	0.580 公斤	1.159 市斤
鄖西	度	舊尺	尺	0.350 公尺	1.050 市尺
	量	舊升	升	1.314 公升	2.314 市升
	衡	舊秤	斤	0.568 公斤	1.126 市斤
漢口市	度	漢尺	尺	0.347 公尺	1.042 市尺
	"	裁尺	"	0.349 公尺	1.046 市尺
	"	灘尺	"	0.344 公尺	1.031 市尺
	量	漢斗	升	0.988 公升	0.988 市升
	"	樊斗	升	1.414 公升	1.414 市升
	衡	錢秤	斤	0.580 公斤	1.159 市斤

續 表

縣 市	類 別	舊器名稱	單 位	合標準制數	合市用制數
漢口市	衡	公議秤	斤	0.547 公斤	1.093 市斤
	〃	浙寧秤	〃	0.616 公斤	1.231 市斤
	〃	漕秤	〃	0.566 公斤	1.132 市斤
	〃	四幫秤	〃	0.588 公斤	1.375 市斤
	〃	油秤	〃	0.602 公斤	1.204 市斤
	〃	庫秤	〃	0.627 公斤	1.254 市斤
	〃	廣秤	〃	0.622 公斤	1.244 市斤
	〃	建秤	〃	0.586 公斤	1.172 市斤
	〃	司馬秤	〃	0.695 公斤	1.389 市斤
	〃	節半秤	〃	0.856 公斤	1.712 市斤

附註：本表爲劃一折算單位起見，各種舊斗均以其十分之一即一升爲單位，再推算其折合數。

金　融

壹、銀　行

一、沿革

湖北之設有銀行，以外商爲最早，同治年間，麥加利及匯豐兩銀行，均設立分行於漢口，至光緒年間，德華、匯理、花旗、正金等銀行，次第設立分行於漢口。光緒二十三年，中國通商銀行設立漢口分行，爲漢口國人經營銀行之前驅，光緒末年，交通銀行、浙江興業銀行先後設立分行於漢口，同時信義銀行、信成銀行均在漢口設立分行，旋即停止營業，至是國人經營之銀行業，在漢口已有相當基礎。惟對於進出口貿易，仍不能與外國銀行競爭，對於存放及匯兌業務，不能與官錢局暨票號錢莊競爭，是爲漢口國人經營之銀行萌芽時期。

民國肇造後，漢口國人經營之銀行，日趨興盛，大清銀行改組爲中國銀行，民國二年，成立漢口分行，嗣後各銀行於漢口先後設立分行者，十有餘家。在漢口銀行業進展時期之中，有業經設立總行或分行，復因營業方針之改變，中途停止漢行營業者，有通商、農商、中孚三行（通商農商兩漢行現已復業）；或因營業失敗宣告停業者，有瀋川源、鄂州興業、華豐、工商、黃陂、中國興業等銀行，以及中美合辦之懋業銀行，中意合辦之震義銀行。至漢口外國銀行相繼設立總分行者，亦有數家，因中經歐戰之影響而停業者，有德華、道勝兩漢行（德華現已復業）。歐戰之後，國際金融發生變化，國內銀行業突飛猛進，已足與外國銀行抗衡，而票號式微，錢莊衰落，繼以官錢局停閉，漢口各銀行鈔票增加發行，營業益有進展，是爲漢口國內銀行業鼎盛時期。

民國十五年，國民政府財政部，曾設立中央銀行於漢口。十六年武漢現金集中，金融業深受創痛，秋季現金解禁，申鈔流行漢上，鄂省金融，始慶回蘇。十七年湖北省銀行成立，調劑地方金融，代理省庫。十八年中央銀行漢行開業，代理國庫。二十二年豫鄂皖贛四省農民銀行組織成立，發展農村經濟，嗣後改稱中國農民銀行。自二十年後，各銀行在漢設立總分行或辦事處及先曾停業而重新復業者，共計不下十餘家，在內地設立支行或辦事處者尤多，除廣東銀行與香港國民銀行漢口分行於二十四年九月暫行停業外（香港國民銀行已於二十五年三月復業，廣東銀行漢口分行亦於二十五年十二月復業），湖北省內各銀行業，似趨於繁盛之象。惟自民國十五年後，湖北地方，經匪蹂躪，復遭水旱之災歉，金融亦蒙甚大影響，故漢口各外國銀行業，近年日趨沉寂，錢莊業難圖恢復，國人經營各銀行於進展之中，多趨謹慎。

二、營業概況

湖北省內各銀行，大都集中於武漢，自十六年現金集中，二十年空前水災兩度事變後，各銀行對於房產抵押，多不敢爲，信用貸放，早已減少，營業範圍，無形縮小。目前主要業務，即爲一方面收受存款，其中活期短期多於長期，一方面經營有抵押之放款，期限多爲短期，放款範圍偏重商業，工廠次之，農業較少。至於抵押方面，則以貨物爲多，故一部份較有力銀行，均自設倉庫堆棧，存放貨物。此外匯兌亦爲通常業務，惟以國內爲多，自中、中、交三行規定只收手續費後，匯兌已無利可圖。國際匯兌，除中國銀行外，甚少經營。至於貼現交易，則因票據制度尚未發達，在銀行業務中，僅佔小部份而已。

營業額數較大者，以前推中央銀行、湖北省銀行及上海商業儲蓄銀行爲最，中央與省銀行，乃中央政府及省政府所設立，因國庫暨省庫出納關係，營業收益，常較他行爲優，上海銀行素爲漢市商業銀行中之巨辟，經營得法，信用堅固。此外中國、交通兩行，因有官股關係，且交通銀行握有鈔票繼續發行權，營業自屬活躍。金城、大陸、鹽業、中南四行，合設有四行儲蓄會，營業亦頗不惡。餘如中國農工、中國通商、聚興誠、四明、中國實業、浙江實業、浙江興業等銀行，營業均稱穩健。漢口商業、大孚、國貨等銀行，開設不久，咸有其相當成績。中國農民銀行以救濟農村爲主旨，農村金融之調劑，實利賴之。以上各銀行就最近半年（二十五年七月至十二月）來言之，除中、中、交等五銀行純益較優外，其他各銀行皆有少數盈餘，如中央、中國、交通、農民、省銀行均在二十萬元以上，浙江實業及國貨銀行，均在十萬元以上，大孚、浙江興業、大陸、鹽業、金城等銀行，約五萬元左右，上海、四明、通商、中國實業、漢口商業、農商、聚興誠等銀行，均在一萬元以上五萬元以下。總之，湖北各銀行營業雖屬清淡，未見極度發展，而業務平穩，風險殊少。

三、漢口市外國銀行

行名	地址	行別	國別	漢行設立年份	經理	總行所在地
東方匯理銀行	法租界河邊街	分行	法	光緒二八年	比格老堤	巴黎
花旗銀行	特三區四碼頭	〃	美	光緒二九年	陶律	纽約
麥加利銀行	特三區華昌街口	〃	英	同治三年	麥加麟	倫敦
華比銀行	特三區鄱陽街	〃	比	民國一一年	杜伯脱	布魯捨爾
義品放款銀行	法界克勒滿沙街	〃	〃	民國二年	項綏邏	〃
匯豐銀行	特三區河街	〃	英	同治一〇年	加列特	香港
漢口銀行	日租界成忠街	總行	日	民國九年	入江湊	漢口

續表

行名	地址	行別	國別	漢行設立年份	經理	總行所在地
臺灣銀行	特三區江漢路	分行	日	民國四年	熱田竹次	台北
德華銀行	特一區河街	〃	德	光緒二一年	海德	柏林
橫濱正金銀行	特三區河街	〃	日	光緒三二年	金原敏雄	橫濱

四、漢口市本國銀行

行名	行別	地址	成立		主要職員		主要營業
			年	月	職別	姓名	
大孚銀行	總行	湖北街	二三	八	經理	劉策安	旅漢贛幫及長沙方面存放款項，儲蓄，匯兌
大陸銀行	分行	法租界	一二	一	〃	談先曾	存放款項，匯兌，儲蓄，鹽、蘇、棉、典當押款
〃	支行	揚子街	二一	五	〃	胡牧	
大中銀行	分行	湖北街	二四	四	〃	洪旭初	普通業務
川康殖業銀行	〃	鄱陽街	二三	三	〃	李龍章	普通業務，辦理重慶方面款項往來
上海銀行	〃	江漢路	八	三	〃	周蒼柏	棉花、絲、蘇、典當、米麥押款，儲蓄，匯兌信託，旅行
〃	辦事處	漢正街	一三	八	主任	陳雪濤	

續表

行名	行別	地址	成立		主要職員		主要營業
			年	月	職別	姓名	
上海銀行	辦事處	漢景街	二三	五	主任	程本安	
中南銀行	分行	江漢路	一二	五	經理	錢乃嶸	食鹽及倉庫押款，存放款項，儲蓄
中國通商銀行	〃	〃	二一	一一	〃	陳國華	押匯及各項放款，儲蓄
中國農工銀行	〃	〃	二〇	四	〃	方達智	農林、墾牧、水利、礦産、工廠等放款，儲蓄
中國銀行	支行	保華街	二	一	〃	趙祖武	國內外匯兑，貨物押款，存放款項，儲蓄
中國國貨銀行	分行	〃	二三	九	〃	梁俊華	普通業務，廠商放款
中央銀行	〃	一德街	一八	四	〃	舒志觀	收解國税，調劑金融
中國寶業銀行	〃	江漢路	一一	三	〃	李得庸	普通業務，錢莊折放，儲蓄，信託
中國農民銀行	總行	湖南街	二二	四	總經理	徐繼莊	農村放款
中國農民銀行	分行	湖南街	二三	一一	經理	伊徵堯	
四川美豐銀行	〃	揚子街	二二	三	〃	顔伯華	普通業務
四明銀行	〃	江漢路	八	三	〃	陳如翔	房地産經營，儲蓄，普通業務
交通銀行	〃	湖南街	光緒三四	四	〃	浦極東	存放款項，倉庫押款，儲蓄，發展實業

續表

行名	行別	地址	成立		主要職員		主要營業
			年	月	職別	姓名	
金城銀行	分行	湖北街	七	一二	經理	王自牧	輔助國營企業，平漢路及製鹼、精鹽、麥粉、紗布等工廠放款，匯兌，儲蓄
香港國民銀行	〃	阜昌街	一二		〃	郭傑民	商業銀行業務
浙江實業銀行	〃	湖北街	一〇	一一	〃	黃徵藻	浙江省匯兌往来，存放款項，儲蓄
浙江興業銀行	〃	江漢路	光緒三四	四	〃	王文達	倉庫及其他押款，儲蓄，存放款項，匯兌
湖北省銀行	總行	〃	一七	一一	行長	南爕	商業放款，倉庫押款，匯兌，代理省金庫，儲蓄
湖南省銀行	辦事處	〃	二五		主任		收匯湖南鈔票及其他款項往来
農商銀行	分行	阜昌街	二三	八	經理	凌孟羣	倉庫押款，普通業務
漢口商業銀行	總行	〃	二三	一一	〃	周星棠	商人放款及押款，匯兌
廣東銀行	分行	揚子街	一二	五	〃	蘇仲愚	存放款項，匯兌，房地産
聚興誠銀行	〃	江漢路	四	四	〃	楊季謙	内地押款，疋頭棉紗、桐油買賣，存放款項，儲蓄
鹽業銀行	〃	湖北街	六	一〇	〃	吳鼎元	食鹽及販運商押款，存放款項，匯兌，儲蓄

五、各縣市銀行

縣市	行名	行別	地址	設立		主要職員	
				年	月	職別	姓名
武昌	大陸銀行	支行	中正路	二四	四	經理	賀良瑜
	上海銀行	〃	胡林翼路	一九	五	〃	胡慶生
	中央銀行	辦事處	中正路	二五	六	主任	朱肇祖
	中國銀行	〃	〃	二四	四	〃	楊康祖
	交通銀行	〃	〃	二三	一二	〃	陳華鈺
	金城銀行	〃	〃	一九	七	〃	蘇時昌
	湖北省銀行	支行	〃	二一	九	經理	孫端伯
	聚興誠銀行	辦事處	漢武路	二○	二	主任	張我彭
沙市	上海銀行	支行	三府街	二三	八	經理	晉汝金
	中國銀行	辦事處	中山路	三	七	主任	戴效祖
	中國農民銀行	支行	〃	二二	一一	經理	郭本昌
	交通銀行	〃	中山一路	二二	八	〃	沈青山
	湖北省銀行	〃	三府街	二一	四	〃	朱紹翼
	聚興誠銀行	辦事處	中山一路	四	四	主任	戴彥容

續表

縣市	行名	行別	地址	設立		主要職員	
				年	月	職別	姓名
宜昌	上海銀行	辦事處	二馬路	二二	二	主任	彭正松
	中國銀行	〃	〃	三	三	〃	胡振逵
	中國農民銀行	〃	〃	二二	九	〃	韓振鵠
	四川商業銀行	〃				〃	楊問莊
	交通銀行	支行	〃	三	二	〃	譚翼
	湖北省銀行	〃	通惠路	二二	七	經理	嚴際鑑
	聚興誠銀行	〃	二馬路	二二	七	〃	左彥甫
宜都	湖北省銀行	辦事處	西正街	二三	一一	主任	朱琴南
巴東	湖北省銀行	辦事處	正街	二四	九	主任	王斌
恩施	〃	〃	北正街	二四	一二	〃	高光達
黄石港	〃	〃	上正街	二四	三	〃	姜嘉恒
樊城	〃	〃	馬家巷口	二三		〃	萬文潞
武穴	中國銀行	寄莊	正街	二三	八	主管員	王基潤
	湖北省銀行	支行	後壩街	二二	四	經理	史器之
岳口	〃	〃	前北街	二三	一二	主任	梅明寬
隨縣	〃	〃	玉石街	二五	九	〃	王理原

續表

縣市	行名	行別	地址	設立		主要職員	
				年	月	職別	姓名
石灰窰	浙江興業銀行	分理處	漢冶萍廠內	二三	九	主任	王錫麟
老河口	中國農民銀行	辦事處	正興街	二四	七	〃	夏時秋
	湖北省銀行	支行	秦川道巷	二二	七	經理	劉知敏
	聚興誠銀行	辦事處	正大號七號	一四	二	主任	李麟閣
沙洋	上海銀行	〃	下河街	二三	八	〃	陳惕如
	湖北省銀行	〃	河街	二四	一二	〃	張大羣

貳、錢　　莊

一、沿革

　　湖北省錢業，肇自何時，無可稽考，明代季年即有以錢爲業者，清初即有錢店制度。咸豐後，山西商人於各大商埠設立字號，名曰票號，以辦理匯兌爲主要業務，兼營存放款項，久執武漢金融業之牛耳。光緒初年，武漢共有浙紹幫錢莊十餘家，資本充足，規模較大，此外尚有小錢鋪二十餘家，全以兌換爲主要營業。迨後武漢市面，日趨繁榮，又有江西幫錢莊七、八家設立，因而武漢金融組織，漸臻重要。

　　民國紀元後，票號逐漸衰落，錢莊繼之興起，開設日多，在民國十一年間，漢口曾一度多至一百五十餘家，武昌亦有三十餘家，營業蒸蒸日上，金融益形活躍，故自民國元年至十四年間，稱爲武漢錢莊極盛時代。

民國十五年至十六年間，鄂省被□黨騷擾，農村破產，商業不振，又受現金集中之影響，金融恐慌，達於極點，而錢業首當其衝，故武漢二鎮一百七十餘家之錢莊，竟在一、二年中，幾全倒閉，所勉強支持存在者，不過漢口四五家而已，誠從來未有之浩劫，亦武漢錢業痛史上最烈之一頁也。

在國軍二次西征，奠定武漢以後，湖北金融混亂局面，漸趨安穩，於是錢界中人，重整舊業，組織新莊，希圖恢復，不幸民國二十年慘遭水災，又致營業蕭條，相繼停業，二十三年間，漢口雖有六十餘家，但營業並無起色，二十四年上半年尚有五十七家，迨六月底，源裕莊倒閉，引起金融恐慌，益以嚴重水災，農村歉收，商場凋敝，資源枯竭，新創舊痕，互爲因果，故截至下半年止，收歇者約二分之一，迄至最近，雖略有起色，然合計僅二十餘家，均處於風雨飄搖之中，勉強支持而已。

至若各縣鎮錢莊之多寡有無，則純以地點位置及商場情形爲轉移。如沙市爲鄂西土產集散之地，每年棉花出產，約值一千餘萬元，貿易既然頻繁，金融自必暢盛，故錢莊設立，十有餘家。宜昌西通巴蜀，東通上海，地勢衝要，商業繁盛，錢莊開設，亦有六、七家。老河口爲川邊陝南豫西出口土貨集中之地，資金流通，錢莊設立亦多。餘如樊城、武穴、黃石港、應城等處，或爲輪運樞紐，或爲苧麻集散市場，或爲礦產豐富區域，均有錢莊設立。

二、營業概況

武漢錢業，十六年間，既受現金集中之打擊。二十年間，復遭空前水災之影響，益以二十四年六月武漢金融劇大變動，業務深受影響，比經同業團結維持，幸獲渡過難關，嗣後極力撐持，勉爲掙扎。自中央幣制政策變更，法幣匯兌一律定價，錢莊業務，益成蕭條，故營業範圍，大都採取緊縮，每日進出，現款爲準，放款方面，因商業頹敗，生產經濟之不振，無法使其擴張，匯兌免除匯水，更無利潤可圖。且上海錢莊，鑒於曩昔放款與漢口同業，損失太重，又值滬地銀根緊縮，再無游資放借與武漢錢莊，而四川貨物近年直運上海，勿再假道漢口轉運，以致川漢、漢滬間金融上之關係無形減少，加之銀行勃興，已爲錢莊勁敵，故鄂省錢莊營業，較之民十，相差甚遠，即以前兩年漢市各錢莊之匯兌言，在民國二十三年，全年約計六千七百八十餘萬元，二十四年則祇四千零一十四萬餘元，營業衰落，由此可見一斑。

三、漢口市錢莊

商號	地址	設立		資本（元）
		年	月	
元盛	正街粵華坊內	二一		40 000
元和新記	德仁里	一六	九	6 000
正泰	鼎安里內	一六		100 000
正裕	永昇平內	二四	二	80 000
永亨	正街有餘里	一一		40 000
存德	特三區隆茂打包公司內	一六		50 000
同豐	四官殿	一六	二	4 000
同義信記	財神廟	一六	八	4 000
安裕協記	正街金鑑里	八		60 000
均裕	前花樓	二四	四	40 000

續表

商號	地址	設立		資本（元）
		年	月	
恒泰	黃陂街	一九	三	4 000
恒祥		二四		
協成	鼎安里內	一九	三	40 000
長裕	永昇平內	一八		100 000
信豐	永康里	一八	八	40 000
衍源	鼎安里內	一七	二	200 000
晉和	永昇平內	二三	四	40 000
新安	金鑑里	二四		40 000
新德	正街壽貽里	一九	二	60 000
誠記		一七	四	10 000
惠和	永康里內	二二	二	40 000
瑞隆新記	永昇平內	一二		100 000
瑞怡		一六	八	20 000
福源	正街德興里內	二三	三	60 000
廣裕	永昇平內	二三	一一	100 000
謙通	黃陂街	二二	二	40 000

商號	地址	設立		資本 （元）
		年	月	
濟生	正街金鑑里	一七	一一	100 000
寶興生記	正街德興里	一七		60 000

四、各縣市錢莊

縣市	商號	設立年份	資本（元）
宜昌	元吉	六	2 000
〃	集成祥	一七	50 000
〃	蜀豐	二三	20 000
〃	匯豐	二一	40 000
〃	鼎昌厚	二三	10 000
〃	積裕	二二	5 000
沙市	久餘慶	一七	8 000
〃	茂盛	二二	6 000
〃	晉安	一八	40 000
〃	裕茂得	九	10 000
〃	榮泰	一六	20 000

續表

縣市	商號	設立年份	資本（元）
沙市	積祥	二四	5 000
″	戀生	二一	4 000
″	謙裕	一九	5 000
″	謙信	一四	5 000
武穴	永安	一五	32 000
″	源成	一七	40 000
黃石港	福生	二三	16 000
老河口	天昌豐	六	10 000
″	天源永	一三	5 000
″	天德合	二〇	5 000
″	立興	光緒三〇	4 000
″	世慎	一八	6 000
″	同和	光緒二〇	20 000
老河口	同義	九	10 000
″	同茂	一七	8 000
″	均吉昌	一一	10 000
″	宏盛永	一八	4 000

縣市	商號	設立年份	資本（元）
老河口	恒裕成	二〇	4 000
〃	恒升明榮記	三	10 000
〃	振義永	一八	5 000
〃	乾昌	九	10 000
〃	慎遠	一七	5 000
〃	瑞源長	一八	8 000
〃	鼎盛信	光緒二〇	40 000
〃	慶源	二〇	10 000
樊城	永孚	二三	150 000
〃	宜昌	光緒二六	4 000
〃	冠華	一九	2 000
〃	祝瑞記	七	5 000
〃	晉昇厚	二三	4 500
〃	崇豐厚	一七	4 000
〃	瑞昌森	七	12 000
〃	億中恒	二二	5 400
應城	應城銀號	二四	250 000

叁、典　　當

一、沿革

本省典當業，在前清中葉，爲富商所經營，取息三、五分，有高至七分者，期限爲十六個月。光緒年間，鄂督張文襄，以典息過重，平民不堪負擔，令各典業改限二十月，取息二分，並撥公款，常期存放各典，取息四厘，以資接濟。故光宣之間，武漢典當二十餘家，莫不資金充裕，基礎穩固，是爲全盛時期。迨辛亥革命，漢市精華，付之一炬，典當業乃被摧毀殆盡。

民國成立後二、三年始漸恢復，規定典息二分五厘，以六個月爲限。民國六、七年間，有定爲十六個月滿當者。至民十始一律改爲十二個月滿當，二分半取息，開設於租界者，利率與期限，又視此稍異。各典在歐戰時期，雖受金價暴跌損失，但歷年獲有利潤，尚能維持營業。故自民國三年至十五年間，爲湖北典當業平淡安定之時期。

民國十六年，武漢政府集中現金，紙鈔充溢，幣值暴跌，人民乃以賤價紙幣，紛向典當贖取，不旬日間，武漢典當業三百數十萬之資本，一概變爲低值紙幣，是以全體破產，盡行歇業，此武漢典當業空前未有之打擊也。

民國十六年以後，饒有資產者，無不視經營典當業爲畏途，故百萬居民之武漢，數年之久，竟無典肆之設立，貧民借貸無門，至成苦痛，乃有集合少數資本，組織代當者，其辦法係以當進之質物，轉押銀行，定期四月，取息三分，每當本一元，復扣送貨力資四分。至十九年，漢口市政府鑒及貸當取息太重，貧民不堪負擔，遂召集代當商人，勸令合租正式典當，以十四家爲限，規定月息二分，六月滿當，蠲免一切當税，劃定營業區域，並向銀行商洽，放款接濟，典業漸復舊觀。不料未逾一載，即遭水災，因而宣告停業者，竟達半數，此爲武漢典當業再受摧折時期。

民國二十一年十一月，典當規則從新修訂，改爲九個月滿當，取息二分，典當家數，無限擴充。於是組設典當者，風起雲湧，似呈欣欣向榮氣象，但以家數增多，開支加重，營業收益，反形減少。又因近年農村破產，人民購買力弱，滿當貨物，不能暢銷，加之衣式日新，衣料價跌，原當服裝，更難脫售，亦爲典當業之極大障礙。故自水災之後，武漢典當業不過勉力維持現狀而已。

二、營業概況

本省典當業，以武漢三鎮爲最多，漢口方面，特別區及內街等處共十餘家，法日租界內共六家，武昌九家，漢陽十餘家，各縣鎮典當，約十餘家。各典資本，由三、五萬元至十餘萬元不等。其營業資金之來源，除固有資本以及吸收零星存款外，多係轉向銀行錢莊押款。據調查所得，向銀錢業押款之數，約佔其營業金額百分之六十，運用存款，約佔百分之二十，自身資本之運用，約佔百分之二十。漢市各典營業金額，估計約六百萬元，武昌漢陽各典營業金額估計約一百萬元。武漢等城市典當，取息二分，鄉典則有多收五厘者，名爲利息，實爲運費。武漢典當業，在二十五年份，營業尚稱發達，故二十六年武昌方面有增設數家之訊，前途好轉，可預卜也。

三、武昌漢陽典當業

商號	地址	資本（元）	經理人姓名
協昌	武昌斗級營街	40 000	樂佩興
瑞泰	武昌中正路	30 000	吳輝堂

商號	地址	資本（元）	經理人姓名
聚成	武昌中正路	40 000	朱宅仁
公泰	武昌武勝門	30 000	程雲卿
祥和	武昌巡道嶺	30 000	王厚甫
承康	武昌保安門外十字街	30 000	程伯賢
裕民	武昌五里界	10 000	傅可文
恒新	武昌豹澥鎮	10 000	項子常
公成	武昌金口鎮	10 000	張堯雲
壽昌	漢陽南城巷	30 000	陳克明
民生	漢陽洗馬口	10 000	張麗川
和昌	漢陽高公橋	30 000	汪紹康
公濟	漢陽黃陵磯鎮	30 000	王勤齋
義泰	〃	10 000	高培
公濟和記	〃	10 000	熊旭初
信存	漢陽新溝鎮	10 000	文海珊
志成	〃	10 000	劉考臣
餘慶仁記	漢陽蔡甸鎮	10 000	黃滋清
公裕	〃	10 000	吳耀南

續表

商號	地址	資本（元）	經理人姓名
協成福	漢陽蔡甸鎮	10 000	許斯清
公益仁記	〃	10 000	楊子倫
農民貸款所	〃		

附註：農民貸款所係中國農民銀行設立，月息一分五厘。

四、漢口市典當業

商號	地址	資本（元）	經理人姓名
同裕	至公巷	30 000	杜俊卿
協大	正街公和巷	50 000	劉仲宣
惠濟	永寧巷	50 000	吳麗生
福昌	永寧巷	80 000	吳耀南
厚餘	中山路積慶里口	100 000	張韻軒
怡和	戲子街江蘇巷	40 000	程九皋
協和福	江漢路	50 000	鄒濟之
恒泰	民族路	50 000	胡絅丞
和濟	民權路	50 000	邱子誠
同德	〃	50 000	方子純

商號	地址	資本（元）	經理人姓名
怡泰	四官殿	50 000	吳舜丞
協豐	正街永昇平	50 000	鄒靜軒
協泰	民生路	50 000	鄒潤之
復成協	民生路中市	50 000	殷琢如
志成合	民生路統一街	30 000	劉靜安
吉和	特三區揚子街	50 000	謝樹滋
豫豐	特三區智民里口	50 000	陳坤山
裕泰	特三區鼎安里口	30 000	賀瑞庭
普益	"	80 000	林少雲
福生	特三區保華街	80 000	程稻蓀
鼎泰	法租界三陽里內	80 000	金尊樓
宏昌	"	60 000	汪匯川
謙益	法租界長清里口	80 000	林少雲
濟生	法租界公德里口	160 000	吳受之
協昌祥	日租界		汪壽卿
同復	"		

五、各縣鎮典當業

商號	地址	資本（元）	經理人姓名
同豐	鄂城葛店	30 000	牛耀先
怡豐	〃	30 000	熊槐公
同裕	鄂城城內	30 000	程雲卿
福和	鄂城正街	30 000	樂佩興
兩益	大冶石灰窰	30 000	林少雲
裕生	大冶黃石港	30 000	金尊樓
同濟	黃岡新洲	30 000	游福五
同福	黃岡團風	30 000	李華山
元生	〃	30 000	邱文卿
允泰	廣濟武穴	30 000	蔡宗世
普益	麻城宋埠	30 000	程業桃
永安	〃	30 000	程錦丞
裕農	江陵沙市	60 000	賀吉甫
裕豐	蘄春易家巷	30 000	賀瑞庭
恒生	孝感西河街	30 000	左阜民
農民貸款所	黃陂縣城		
農民貸款所	宜昌縣城		

附註：農民貸款所係中國農民銀行設立，月息一分五厘。

肆、貨　幣

一、種類

甲、制錢

民國初年，湖北省內制錢之流行，爲數不少。自民國六年起，迄民國十五年止，由湖北官錢局設有制錢雜銅公賣處，收購舊制錢，交由武昌造幣廠改鑄當二十銅元，每歲收買舊制錢之數甚巨，凡省內各縣繁盛市鎮，以及窮鄉僻壤，搜羅殆盡，其有偷運出境以圖私利者，一經查獲，即行充公。至民國十四年，收購之數無多，民國十五年以後，制錢絕跡於鄂境矣。

乙、銅元

民國六年以前，鄂省行使當十銅元，民十以後，一律通用當二十銅元。至宜昌沙市一帶流行之當五十及當百、當二百銅元，係由四川境內流入者，惡幣侵襲，人民苦之。近數年來，當二十銅元運往鄂西行使者，日益增多，人民稱便，劣幣已漸減少矣。鄂省流行之銅元，因湖北造幣廠鑄造之數甚多，加以外省輸入，有增無減，故銅元充斥市面，價值逐年下落。迨民國二十四年十一月，全國實行法幣之時，武漢市面物價猛漲，銅元驟然缺乏，零星貿易，時起糾紛，官商特開緊急聯席會議議決，禁止銅元流出武漢市區以外，倘有私藏多數，故意操縱者，則沒收充公，從嚴懲辦。並將銅元法價，永久規定，每國幣一元，掉換雙銅元六串文，違者以擾亂金融論罪。於是銅元困難，迎刃而解，市面物價，亦漸回落原狀矣。茲將前清光緒二十八年至最近止，漢口銅元市價列表於下，以明銅元對於銀元（或法幣）兌價之消長。

漢口銅元歷年市價

年次	六月末	十二月末	年次	六月末	十二月末
光緒二八年		80	光緒三四年		123
光緒二九年		84	宣統元年		127
光緒三〇年		90	宣統二年		131
光緒三一年		107	宣統三年		134
光緒三二年		110	民國元年	132	123
光緒三三年		116	民國二年	130	130
民國三年	135	139	民國一五年	311	345
民國四年	139	136	民國一六年	300	400
民國五年	139	138	民國一七年	403	399
民國六年	137	140	民國一八年	400	441
民國七年	142	147	民國一九年	485	525
民國八年	148	150	民國二〇年	527	549
民國九年	153	164	民國二一年	608	610
民國一〇年	160	174	民國二二年	630	612
民國一一年	185	194	民國二三年	650	640
民國一二年	200	215	民國二四年	656	600
民國一三年	223	245	民國二五年	600	600

續表

年次	六月末	十二月末	年次	六月末	十二月末
民國一四年	281	309			

附註：表列係每銀幣或法幣一元換銅元數，如民國二十五年之六〇〇，即當二十銅元三百枚。

丙、銀兩

本省於廢兩改元以前，銀兩寶錠通行境內，而漢口市場大宗交易，尤多以銀兩爲受授計價之標準。茲將廢兩改元以前，本省境內通用之寶銀名稱，列表於下。

本省各地通用寶銀名稱重量

名稱	通行區域	備註
公估二四寶銀	漢口	係一種五十兩重之大寶，如在上海每寶可申水二兩八錢者，在漢口只申水四錢，扣去二兩四錢計算，故名爲公估二四寶銀，各省大元寶來漢，均須由公估局估定，如係碎銀小錠，均須重化，方可通用
武昌關錠	武昌	係由武昌關鑄造，洋例平五兩內外
昌關子	〃	亦係由武昌關鑄造，每只重洋例平三錢五錢至一兩不等
老寶銀	襄陽	
荊沙錠	沙市	即沙平九九銀，係一種五兩重元錠，名爲九九，實際化驗，僅九六或九七成
漢潮錠	宜昌	每錠重約五兩
川錠	〃	由蜀運來，每錠重約十兩

丁、銀元

本省境內通用銀元，限於孫總理像幣、袁徐兩總統像幣及本省造幣。其他各省所鑄銀幣，以及外國銀幣，概不流通，須加貼水。民國二十三年十二月四日，漢口市銀行公會暨錢業公會，開聯席會議議決，凡合法銀幣，現在天津上海各地同等使用者，如江南省造、廣東省造、北洋造三種銀幣，自民國二十四年一月一日起，與本省造幣一律通用，不得差價貼水。迨二十四年十一月奉令實行法幣，漢口各商業銀行及湖北省銀行，均遵令將庫存現銀封存，詳數填報，全市約在二千萬元左右，中央、中國、交通三行，除門市收進外，對於各商業銀行存銀，一律以法幣兌換。

本省境內通用銀幣

名稱	鑄造時期	鑄造廠局	每元重量	銀幣成色	含純銀數量
孫總理像幣	民國二二年	中央造幣廠	26.6971公分	銀88銅12	23.493448公分
徐總統像幣	民國一〇年	天津造幣廠	庫平7錢2分	銀89銅11	庫平6錢4分08毫
袁總統像幣	民國三年	〃	〃	銀89銅11	〃
大清銀幣	宣統三年	寧鄂兩造幣廠	〃	銀9銅1	6錢4分8釐
湖北省造幣	光緒一九年	湖北銀元局	庫平0.7226兩	銀91銅9	0.653兩
江南省造幣	光緒二四年	江南銀元局	庫平0.7246兩	銀91銅9	0.6538兩
廣東省造幣	光緒一七年	廣東造幣廠	庫平0.7245兩	銀91銅9	0.654兩
北洋造幣	光緒三三年	北洋銀元局	庫平0.7396兩	銀9銅1	0.6582兩

戊、銀角

清末民初，湖北銀元局鑄發五角二角一角銀幣行使。五角銀幣，成色較高，幾悉被民間銷毀，市面流通者，盡為二角以下之銀幣。迨後廣東所鑄成色低下之銀角，流入境內，省鑄角幣，復被其驅逐。惟湖北官錢局所發行之錢票，信用卓著，流通甚暢，而銀角行使，遂漸疲滯。民國十五年間，各軍所領餉糈，多爲廣東雙毫，因鄂省不慣用銀角，已悉數由錢商收集，轉運上海銷售。迄今湖北境內，絕無銀角流通。

己、新輔幣

自財政部規定二十五年二月十日爲新輔幣發行日期後，漢口中央銀行運到第一批新輔幣二萬元，在兩日間，即已掉換罄盡，繼續由該行運來發行者，爲數日增，可見市面找零之需要甚殷。且近來流通市面之雙銅元，竟有商民收售，意圖屯積，銷毀漁利，以致現貨逃避，暗盤甚高，恒超過法定價格，故需要大量一分新輔幣運來調劑，較前愈切。

子、新輔幣重量成色

種類	每枚重量	成色	合法幣一元數
廿分銀幣	6.0公分	純鎳	5 枚
十分銀幣	4.5公分	〃	10 枚
五分銀幣	3.0公分	〃	20 枚
一分銅幣	6.5公分	銅95錫鋅5	100 枚
半分銅幣	3.5公分	〃	200 枚

丑、本省新輔幣發行數額
民國二十五年二月至十二月

種類	二月	三月	四月	五月	六月	七月	八月	九月	十月	十一月	十二月
廿分鎳幣		10 000			40 000			86 000			
十分鎳幣	8 000	16 000			20 000			140 000	100 000	60 000	

續表

種類	二月	三月	四月	五月	六月	七月	八月	九月	十月	十一月	十二月
五分鎳幣	4 000				40 000	10 000	24 000	70 000	50 000	60 000	120 000
一分銅幣	4 000	2 800			8 000			20 000	78 000	40 000	86 000
半分銅幣	4 000	1 200							2 000		4 000

附註：一、以元爲單位。

　　　　二、四月與五月未發行。

庚、紙幣

子、官票　前清光緒二十二年，湖北設有官錢局，發行銀票錢票，信用昭著，流通遐邇。辛亥革命後，陸續將銀元銀兩及制錢票收回銷燬。乃於民國四年，發行銅元票，迄十四年冬，在外流通數額，達七千萬串。因當時政府均仰官錢局爲外府，挪用局款，積累過鉅，資金呆滯，週轉不靈，信用動搖，票價慘落，以至於無市，十五年秋，官錢局遂不得不停止營業，而官票亦喪失貨幣流通之功用。茲將湖北官票發行概數列表於下。

本省官票發行概數

票別	種類	數額	調查時期
銀兩票	一兩、五兩、十兩三種	約一百萬元	宣統末年
銀元票	一元一種	約二百萬元	〃
制錢票	一串、五串、十串三種	約二千萬串	〃
銅元票	銅元百枚一種	約七千萬串	民國十四年

丑、市票　溯自民國十五年，官錢局倒閉後，官票喪失效用，各地通貨缺乏，又值軍事緊張時期，於是各縣地方法團及商店，發行市票兌

條，流通市面，以替代硬幣。其種類有制錢票（自一串文至十串文）、銅元票（自百枚至五百枚）、角票（一角二角五角）、銀元票（一元至五元）、流通券、兌換券、救濟券、兌條券等，五光十色，名目繁多。初則殷實商户，尚顧信用，繼則視爲牟利淵藪，互相濫發，既無基金準備，終至捲逃倒閉，貽害人民。迨十七年軍事粗定，財政廳遂加以取締，至二十二年，顯著成效，各縣市票，已大都禁絕。

寅、申鈔 民國十六年春，武漢現金集中，當地銀行之信用被其破壞，一時難復，市面通貨缺乏，商民交困。同年秋季，西征軍來鄂，申鈔隨之流入，武漢金融，始呈和緩之象。惟申鈔係在上海兌現，在漢口不能與現銀元平價流通，因自漢攜帶申鈔赴滬兌現需用旅費，自滬裝運銀元來漢需用運費，故申鈔在漢市價，恒較現銀元爲低。十八年夏季，申鈔免費通匯上海後，於是申鈔市價，乃隨申匯之漲落爲高下。自新幣制實行後，印有上海地名之中央、中國、交通三銀行鈔票，運來鄂省者，更形增多。

（一）本省境内申鈔流通概數

年份	每月平均估計數（元）
民國一九年	28 000 000
民國二○年	28 000 000
民國二一年	26 000 000
民國二二年	26 000 000
民國二三年	34 000 000
民國二四年	40 000 000

（二）漢口市申鈔市價漲落

年月	原因	市價
民國一六年至二三年	平常時期	每千元補水約兩三元
民國二〇年八月二四日	洪水爲災	每千元補水一三元二角五分
民國二一年二月二日	滬戰發生	每千元補水二九元六角
民國二三年一一月二六日	白銀風潮	每千元補水一七元

（三）本省通用申鈔

發行行別	類別		
中央銀行	一元	五元	十元
中國銀行	〃	〃	〃
交通銀行	〃	〃	〃
中南銀行	〃	〃	〃
中國實業銀行	〃	〃	〃
浙江興業銀行	〃	〃	〃
中國通商銀行	〃	〃	〃
四明銀行	〃	〃	〃
墾業銀行	〃	〃	〃
浙江實業銀行	〃	〃	〃
中國農工銀行	〃	〃	〃

　　卯、漢鈔　清光緒年間，中國通商、浙江興業及交通等銀行漢口分行，業已發行鈔票。而外國銀行發行鈔票者，亦有數家，但僅能流通於武漢，不能通行於內地。民國十六年春，寧漢分裂，武漢政府集中現金，於是中央、中國、交通三漢口分行之鈔票，均受其影響而停兌，信用掃地，幾成廢紙，流通功效喪失殆盡。民國二十年，農工及中國實業等銀行，均相繼發行漢鈔。二十二年，豫鄂皖贛四省農民銀行總行，發行一元鈔票，未加印地名，在漢口兌現。二十三年，交通銀行漢行，又發行漢鈔，流通市面。自民國二十三年九月起，凡發行漢鈔各銀行，於每月底，邀請會計師，舉行檢查，並公告發行總類，以及現金準備與保證準備之數，漢鈔信用，益見鞏固。迨二十四年十一月四日，實行新幣制後，各發行漢鈔銀行，截至十一月三日止，均將發出鈔票數目填報，不再增發。財政部另組發行準備管理委員會漢口分會，爲管理漢鈔發行機關，並指定中央、中國、交通三行庫房爲準備保管庫，發行漢鈔各銀行，均將現金準備六成移交保管，此後由該分會按月檢查公告，以昭大信。茲將漢口各銀行發行漢鈔流通數額，列表於下。

（一）漢口各銀行銀元兌換券發行數額

單位：元

行別	民國二三年	民國二四年	
	十二月	六月	十一月三日
總計	9 499 396	9 317 296	17 032 367
湖北省銀行	3 220 000	3 970 000	8 560 156
交通銀行	634 700	1 244 900	
中國農工銀行	1 829 400	1 303 600	3 452 050
中國通商銀行	1 300 000	380 000	444 000

續表

行別	民國二三年	民國二四年	
	十二月	六月	十一月三日
浙江興業銀行	419 000	483 000	603 565
中國實業銀行	704 169	545 669	468 169
金城中南鹽業大陸四行準備庫	1 224 127	1 177 127	3 052 127
農商銀行	168 000	213 000	452 300

（二）本省通用漢鈔

行別	類別		
湖北省銀行	一元	五元	十元
交通銀行	〃	〃	〃
中國農工銀行	〃	〃	〃
中國通商銀行	〃	〃	〃
浙江興業銀行	〃	〃	〃
中國實業銀行	〃	〃	〃
中南銀行	〃	〃	〃
農商銀行	〃	〃	〃
中國農民銀行	〃	〃	〃

附註：四省農民銀行，於二十四年四月一日，改爲中國農民銀行。

辰、輔幣券　自官票喪失效用，漢鈔中止發行後，銀元與銅元間，無他種合法輔幣爲之中介，貨幣一元以下受授，概用銅元，攜帶贅重，殊感不便。至若各縣商號，濫發市票，時常倒騙，鄉民苦之。民國十七年，湖北省銀行組設成立，應社會迫切之需要，創始發行一角二角五角輔幣券，流通遠近，咸稱便利。嗣後中國農工銀行漢行，暨豫鄂皖贛四省農民銀行，相繼發行輔幣券，而中央銀行所發不印地名之輔幣券，亦流行於湖北省境內，自新幣制施行後，發行愈多。上海中交兩銀行所發行之一角兩角輔幣券，間或發現於武漢，但爲數甚少。茲將湖北省銀行歷年發行輔幣券流通數額，列表於下。

（一）湖北省銀行發行輔幣券流通數額

年份	六月			
	共計	一角券	二角券	五角券
民國一八年	184 200	131 800	52 400	
民國一九年	493 500	321 900	171 600	
民國二〇年	1 202 000	376 800	825 200	
民國二一年	1 285 100	465 400	819 700	
民國二二年	2 324 400	599 800	1 045 000	679 600
民國二三年	3 015 980	843 980	1 197 700	974 300
民國二四年	3 829 600	945 250	1 588 800	1 295 550
民國二五年	10 369 100	1 368 100	3 837 300	5 163 700
年份	十二月			
	共計	一角券	二角券	五角券
民國一八年	363 400	262 400	101 000	

續表

年份	六月			
	共計	一角券	二角券	五角券
民國一九年	816 800	279 000	537 800	
民國二〇年	1 224 400	487 000	737 400	
民國二一年	2 900 500	747 900	1 602 100	550 500
民國二二年	4 111 430	870 280	1 949 150	1 292 000
民國二三年	6 075 050	1 033 000	2 506 050	2 536 000
民國二四年	7 847 800	1 062 200	3 304 100	3 481 500
民國二五年	11 752 000	1 435 450	3 959 850	6 356 700

（二）本省通用輔幣券

行別	類別				所印地名
湖北省銀行	一角	二角		五角	湖北
中國農工銀行	〃	〃			漢口
中國農民銀行	〃	〃		五角	未印地名
中央銀行	〃	〃	二角五分	〃	〃
中國銀行	〃	〃		〃	上海
交通銀行	〃	〃			〃

二、變動

甲、拆息

漢口拆息行情，與申匯行市，同由錢業公會每日集議，決定行市，懸牌公佈。至若拆息高低，則視市場上資金供求情形而定，在金融鬆動時期，逐日拆息，恒在三角上下（合月息九厘左右），最高時，有高至七角者，最低時，有低至數分者。雖錢業公會有最高利率不得超過七角之限制，但遇金融奇緊之時，明盤雖不超過七角，暗盤有做至八角九角者。更有以避免高利貸借之名義，代以遲期收交之申匯，而暗藏利息於匯水之中。在一年之間，拆息漲落狀況，亦可預測，大概秋冬之季，拆息高漲，春夏之交，拆息低落。蓋秋冬農產登場，需要資金者多，故拆息高漲，春夏之時資金復由鄉村流入都市，供給資金者多，故拆息低落。近年來農村破產，資金停滯，拆息高漲，幾全爲政治金融風潮所支配。承平之時，資金疲弱，拆息低微，一遇風潮發生，則金融業競相緊縮，以謀自衛，於是拆息飛漲，此則逾於商業之常軌矣。兹將最近五年漢口拆息列表於下，藉示漢口金融緩急之消息，並附民國二十四、五兩年各重要都市拆息行市表，以資比較。

子、漢口市最近五年拆息按月比較

高低	一月	二月	三月	四月	五月	六月	七月	八月	九月	十月	十一月	十二月
民國二十一年												
最高	0.45	0.45	0.40	0.40	0.28	0.30	0.32	0.23	0.35	0.26	0.40	0.40
最低	0.10	0.10	0.08	0.10	0.05	0.10	0.10	0.10	0.20	0.10	0.10	0.10
平均	0.35	0.29	0.19	0.27	0.13	0.21	0.20	0.17	0.25	0.19	0.26	0.20

續表

民國二十二年

高低	一月	二月	三月	四月	五月	六月	七月	八月	九月	十月	十一月	十二月
最高	0.38	0.24	0.35	0.20 0.30	0.25	0.28	0.26	0.25	0.36	0.32	0.32	0.38
最低	0.15	0.04	0.06	0.12 0.20	0.20	0.20	0.20	0.20	0.20	0.20	0.20	0.20
平均	0.25	0.09	0.22	0.16 0.23	0.203	0.22	0.21	0.22	0.27	0.25	0.27	0.32

民國二十三年

高低	一月	二月	三月	四月	五月	六月	七月	八月	九月	十月	十一月	十二月
最高	0.32	0.22	0.25	0.28	0.28	0.30	0.26	0.35	0.34	0.30	0.40	0.40
最低	0.20	0.20	0.20	0.20	0.20	0.20	0.20	0.23	0.22	0.20	0.20	0.20
平均	0.27	0.201	0.206	0.207	0.22	0.23	0.21	0.28	0.28	0.25	0.29	0.30

民國二十四年

高低	一月	二月	三月	四月	五月	六月	七月	八月	九月	十月	十一月	十二月
最高	0.40	0.30	0.37	0.30	0.36	0.38	0.40	0.28	0.25	0.45	0.45	0.40
最低	0.20	0.20	0.20	0.20	0.20	0.22	0.25	0.20	0.20	0.20	0.30	0.25
平均	0.25	0.25	0.25	0.26	0.28	0.31	0.30	0.23	0.23	0.29	0.36	0.34

民國二十五年

高低	一月	二月	三月	四月	五月	六月	七月	八月	九月	十月	十一月	十二月
最高	0.36	0.23	0.28	0.28	0.25	0.30	0.23	0.27	0.30	0.45	0.40	0.40
最低	0.20	0.20	0.20	0.20	0.20	0.20	0.20	0.20	0.20	0.25	0.20	0.20
平均	0.26	0.205	0.23	0.22	0.21	0.215	0.206	0.204	0.244	0.348	0.31	0.304

附註：自二一年一月起至二二年四月七日止，係按每洋例銀一千兩每日拆息若干錢分計算，四月七日以後，概依國幣千元每日拆息若千角分計算。又表列平均數係由逐日行情總和中求出者。

丑、民國廿四年及廿五年滬杭甬渝各埠日拆

高低	一月	二月	三月	四月	五月	六月	七月	八月	九月	十月	十一月	十二月
上海												
二十四年												
最高	0.55	0.11	0.10	0.20	0.20	0.22	0.20	0.20	0.16	0.17	0.20	0.13
最低	0.06	0.02	0.06	0.06	0.10	0.18	0.18	0.15	0.13	0.13	0.12	0.08
二十五年												
最高	0.09	0.08	0.10	0.09	0.10	0.09	0.09	0.09	0.10	0.09	0.09	0.09
最低	0.05	0.06	0.07	0.08	0.08	0.08	0.08	0.08	0.07	0.08	0.08	0.08
杭州												
二十四年												
最高	0.40		0.05	0.10	0.50	0.60	0.10	0.20	0.05	0.30	0.50	0.30
最低	0.20		0.05	0.05	0.05	0.05	0.05	0.05	0.05	0.05	0.05	0.05
二十五年												
最高	0.05	0.00	0.08	0.10	0.10	0.10	0.10	0.10	0.10	0.20	0.40	
最低	0.05	0.00	0.08	0.08	0.10	0.10	0.10	0.10	0.10	0.10	0.10	
寧波												
二十四年												
最高	0.00	0.00	0.10	0.20	0.10	0.15	0.15	0.15	0.15	0.10	0.15	0.10

續表

高低	一月	二月	三月	四月	五月	六月	七月	八月	九月	十月	十一月	十二月
最低	0.00	0.00	0.05	0.10	0.10	0.10	0.10	0.15	0.10	0.10	0.10	0.10

二十五年

	一月	二月	三月	四月	五月	六月	七月	八月	九月	十月	十一月	十二月
最高	0.00	0.00	0.10	0.20	0.10	0.10	0.10	0.10	0.10	0.10	0.15	0.10
最低	0.00	0.00	0.05	0.10	0.10	0.05	0.10	0.10	0.10	0.10	0.10	0.10

重慶

二十四年

	一月	二月	三月	四月	五月	六月	七月	八月	九月	十月	十一月	十二月
最高	0.40	0.31	0.27	0.27	0.40	0.48	0.45	0.40	0.37	0.40	0.37	0.80
最低	0.28	0.27	0.22	0.22	0.22	0.33	0.37	0.25	0.32	0.32	0.32	0.37

二十五年

	一月	二月	三月	四月	五月	六月	七月	八月	九月	十月	十一月	十二月
最高	0.47	0.27	0.52	0.47	0.40	0.50	0.50	0.50	0.60	0.80	0.60	
最低	0.27	0.20	0.27	0.32	0.20	0.40	0.40	0.20	0.34	0.50	0.45	

乙、匯劃

　　漢口銀行同業間，無票據交換所之組織、銀行業以及其他各業之收解，大部份均委託錢莊代辦，故錢業公會內附設匯劃處，與票據交換所性質相同，每日下午五時後舉行一次，交換餘額，由匯劃處填具劃條，交由找進錢莊向找出錢莊收進現金，限當日晚間辦理完畢。若逢比期，收解數目較鉅，當日晚間不及辦完時，得延至次日十二時以前交清。漢市商場交易貨幣之周轉，除少數金額需要現款進出外，所有大部份款項收解，均由匯劃處無形冲抵。是以知匯劃處票據交換之記錄，可作貨幣流通消長之反映，亦即貨物買賣盛衰之暗示也。茲將漢口匯劃處數年來匯劃數目列表於下。

漢口市錢業同業公會匯劃處匯劃數額

時期	全年	一月	二月	三月	四月	五月	六月	七月	八月	九月	十月	十一月	十二月
民國二十一年													
總計	32 247	2 572	1 283	2 466	2 448	2 229	2 373	2 617	2 736	2 921	3 300	3 664	3 638
月半	15 268	1 206	413	1 039	1 303	1 042	1 196	1 145	1 296	1 472	1 600	1 838	1 718
月底	16 979	1 366	870	1 427	1 145	1 187	1 177	1 472	1 440	1 449	1 700	1 826	1 920
民國二十二年													
總計	9 878 44 924	2 639	3 049	3 727	463 4 100	3 652	4 019	4 022	4 526	5 487	6 357	6 832	5 929
月半	5 243 22 062	1 573	1 406	1 801	463 2 181	1 926	2 020	1 955	2 236	2 425	2 881	3 350	3 088
月底	4 635 22 862	1 066	1 643	1 926	1 919	1 726	1 999	2 067	2 290	3 062	3 476	3 482	2 841
民國二十三年													
總計	75 600	5 511	3 256	5 733	6 334	6 487	6 037	6 120	6 697	6 662	7 071	7 846	7 846
月半	36 281	2 426	1 760	2 507	3 064	3 161	2 954	2 834	3 385	3 355	3 157	3 807	3 871
月底	39 319	3 085	1 496	3 226	3 270	3 326	3 083	3 286	3 312	3 307	3 914	4 039	3 975
民國二十四年													
總計	57 536	7 107	5 020	9 435	9 158	8 628	5 584	1 416	1 789	2 244	3 561	1 729	1 865

續表

時期	全年	一月	二月	三月	四月	五月	六月	七月	八月	九月	十月	十一月	十二月
月半	26 260	3 064	2 307	4 110	4 465	3 904	2 462	654	846	1 105	1 607	843	893
月底	31 276	4 043	2 713	5 325	4 693	4 724	3 122	762	943	1 139	1 954	886	972

附註：民國二十二年四月七日以前，均以洋例銀爲單位，四月七日廢兩改元後，均以銀元爲單位。

丙、匯兌

漢市匯兌業務，以埠際匯兌之申匯爲大宗，因國際匯兌，均以上海爲中心，於漢口無關重要。漢口經營匯兌機關，在前清時代，以山西幫所組織之票號爲主體，迨郵政發達，銀行勃興，票號乃日漸式微。現在漢口匯兌業務，可分四部述之：

子、申匯　申匯操之錢業之手，其行市由錢業公會每日集議，視市場供求之緩急，公同決定，懸牌公佈。申匯爲一總名稱，至其交易之方式，則有四種：（一）電匯（即供給兩方均需急用者以電報匯款）；（二）對交（即供給兩方訂明一定日期在申漢兩地同時交款）；（三）現交（即需要申匯者先期在漢交款購買在申遲期交款匯票）；（四）遲收（即供給申匯者售出在申先期交款之匯票在漢遲期收款）。前兩種交易，最爲普通，後兩種則匯兌而兼放款者也。在民國二十四年十一月三日以前，埠際資金調撥，猶須受現金輸送點支配，匯水或扣或補，爲數較鉅。即以十一月一日至三日漢口之申匯言，迄居扣水地位，每一千元計十三元，最低亦爲十○七角五。自新幣制實施後，匯率已由中、中、交三行規定，僅取手續費，計外省每千元一元，本省每千元五角，各商業銀行，亦均照辦。錢業公會自十一月十六日起，對申電匯，亦轉穩定，於平匯之外，每千元手續費，隨供求爲轉移，求多則加收，但未超過七角五，供多則扣取，亦僅二角五，申匯對期，每千元手續費，復由供求轉變，最高加收一元五角，最低扣二角五，絕無匯水之可言矣。茲將漢口最近四年來申匯行市列表於下，並附民國二十四年份各重要都市申匯行市表，以便比較。

(一)漢口市申匯對支行市

高低	一月	二月	三月	四月	五月	六月	七月	八月	九月	十月	十一月	十二月	高低
民國二十二年													
最高					1 042.50	1 037.50	1 020.00	999.50	999.00	999.00	999.75	1 000.75	最高
最低				1 030.00	1 035.00	1 012.50	1 005.00	998.00	997.50	997.75	998.50	998.25	最低
平均				1 038.25	1 039.30	1 025.40	1 013.50	998.83	998.20	998.77	999.14	999.47	平均
民國二十三年													
最高	1 001.25	1 001.50	1 003.50	1 003.25	1 001.50	1 001.00	999.50	998.50	997.75	996.75	995.75	997.50	最高
最低	999.50	999.50	1 000.25	1 000.25	1 000.25	998.75	998.25	995.75	995.75	995.25	985.00	989.50	最低
平均	1 000.46	1 000.40	1 002.22	1 002.32	1 000.74	1 000.20	998.02	997.24	997.10	996.14	993.80	994.12	平均
民國二十四年													
最高	1 000.75	1 002.50	1 002.00	1 003.00	1 001.75	998.00	995.50	999.25	1 000.75	1 000.75	1 001.50	1 000.50	最高

續表

高低	一月	二月	三月	四月	五月	六月	七月	八月	九月	十月	十一月	十二月
最低	999.00	999.00	1 000.50	1 001.25	995.50	992.00	992.75	994.25	999.25	993.25	987.00	1 000.00
平均	1 000.68	1 000.37	1 001.37	1 001.73	998.04	995.25	994.50	997.49	999.96	997.70	999.15	1 000.25

民國二十五年

高低	一月	二月	三月	四月	五月	六月	七月	八月	九月	十月	十一月	十二月
最高	1 001.00	1 000.50	1 000.25	1 000.25	1 000.50	1 001.25	1 000.75	1 000.50	1 000.00	1 001.00	1 001.25	1 000.75
最低	1 000.00	999.25	999.00	999.50	1 000.00	999.75	1 000.00	999.50	999.50	999.75	1 000.25	999.50
平均	1 000.58	1 000.06	999.83	999.92	1 000.21	1 000.53	1 000.43	1 000.13	999.80	1 000.48	1 000.70	1 000.30

附註：申匯平衡時，常在九百九十七元至一千零零三元之間，金融緊急時期，則有升降。如表列二十三年十一月份申匯最低價格，降至九百八十五元，蓋彼時因政府限制申地現金內運，漢口方面又值棉花匯出口之際，申地貨款無法調回，遂造成空前之低價。又表列數目，係每千元申匯在漢市對期交款數額。

(二) 漢口市申匯電匯行市

民國二十二年

高低	一月	二月	三月	四月	五月	六月	七月	八月	九月	十月	十一月	十二月
最高				1 004.00	1 004.00	1 003.75	1 002.00	1 000.00	998.75	998.50	1 000.00	1 000.50
最低				1 001.00	1 003.50	1 000.75	1 000.50	997.50	997.50	997.75	998.00	997.75
平均				1 003.56	1 003.80	1 002.50	1 001.25	998.72	998.17	998.20	998.83	999.06

民國二十三年

高低	一月	二月	三月	四月	五月	六月	七月	八月	九月	十月	十一月	十二月
最高	1 001.50	1 001.00	1 003.50	1 003.25	1 001.50	1 001.00	999.75	998.25	997.50	996.50	995.75	999.50
最低	999.75	999.75	1 000.00	1 000.25	1 000.25	999.00	998.00	995.75	996.00	995.00	986.00	989.25
平均	1 000.33	1 000.45	1 002.28	1 002.36	1 000.75	1 000.30	998.70	996.87	996.85	995.72	994.10	993.90

民國二十四年

高低	一月	二月	三月	四月	五月	六月	七月	八月	九月	十月	十一月	十二月
最高	1 001.75	1 002.50	1 003.00	1 003.00	1 001.25	998.00	995.50	999.25	1 000.75	1 000.25	1 000.75	1 000.50
最低	999.00	999.50	1 000.50	1 001.25	995.50	992.00	992.75	994.25	999.50	989.25	987.00	1 000.00

續表

高低	一月	二月	三月	四月	五月	六月	七月	八月	九月	十月	十一月	十二月
平均	1 000.40	1 000.40	1 001.17	1 001.50	997.50	995.05	994.39	997.64	1 000.13	996.43	998.79	1 000.25

民國二十五年

高低	一月	二月	三月	四月	五月	六月	七月	八月	九月	十月	十一月	十二月
最高	1 000.50	1 000.75	1 000.00	1 000.25	1 000.50	1 001.00	1 000.75	1 000.25	1 000.00	1 000.75	1 001.00	1 001.75
最低	1 000.00	999.50	999.50	999.50	999.75	1000.00	1 000.25	999.50	999.50	999.75	1 000.25	999.50
平均	1 000.29	1 000.02	999.77	999.87	1 000.31	1 000.50	1 000.61	1 000.09	999.79	1 000.22	1 000.60	1 000.04

附註：上列係每千元電匯，在漢交款數額。

（三）民國二十四年份各重要都市申匯行市

九江

高低	一月	二月	三月	四月	五月	六月	七月	八月	九月	十月	十一月	十二月
最高	998.00	1 000.00	999.00	997.00	996.00	996.50	996.00	996.00	996.25	996.25	994.50	995.00
最低	996.50	998.50	997.00	995.50	992.75	994.00	994.50	995.00	995.50	994.00	988.00	993.50

續表

高低	一月	二月	三月	四月	五月	六月	七月	八月	九月	十月	十一月	十二月	高低
						重慶							
最高	1 698.00	1 405.00	1 192.00	1 122.00	1 113.00	1 154.00	1 218.00	1 222.00	1 181.00	1 170.00	1 138.00	1 058.00	最高
最低	1 380.00	1 180.00	1 058.00	1 067.00	1 064.00	1 067.00	1 144.00	1 060.00	1 043.00	1 156.00	1 050.00	991.00	最低
						鄭州							
最高	997.00	1 005.00	1 001.00	1 004.00	999.00	1 001.00	1 001.00	1 000.00	1 000.00	998.00	1 001.00	1 001.00	最高
最低	994.00	1 000.00	1 001.00	1 003.00	997.00	999.00	999.00	999.00	995.00	993.00	1 000.50	1 000.50	最低
						寧波							
最高	1 001.00	1 001.00	1 001.00	1 001.00	1 001.00	1 001.00	1 001.00	1 001.00	1 001.00	1 001.00	1 001.00	1 001.00	最高
最低	1 001.00	1 001.00	1 001.00	1 001.00	1 001.00	1 001.00	1 001.00	1 001.00	1 001.00	1 001.00	1 001.00	1 001.00	最低
						杭州							
最高	1 002.00	1 001.00	1 000.75	1 001.50	1 001.50	1 001.00	1 001.00	1 001.00	1 001.00	1 001.00	1 001.00	1 001.00	最高

續表

高低	一月	二月	三月	四月	五月	六月	七月	八月	九月	十月	十一月	十二月	高低
最低	1 001.00	1 000.00	1 000.00	1 000.50	1 000.35	1 001.00	1 001.00	1 001.00	1 000.80	1 001.00	1 001.00	1 001.00	最低

福州

高低	一月	二月	三月	四月	五月	六月	七月	八月	九月	十月	十一月	十二月	高低
最高	1 001.00	1 002.00	1 003.00	1 002.25	1 000.50	1 002.00	1 000.25	1 002.75	1 003.00	1 003.00	1 002.00	1 001.00	最高
最低	996.50	999.50	1.001.75	999.50	997.5	1.000.00	999.50	1.000.25	1.001.00	1.001.00	1.001.00	1 001.00	最低

廣州

高低	一月	二月	三月	四月	五月	六月	七月	八月	九月	十月	十一月	十二月	高低
最高	1 243.75	1 225.00	1 288.50	1 485.00	1 460.00	1 432.50	1 394.00	1 405.63	1 334.00	1 480.00	1 437.00	1 216.25	最高
最低	1 203.75	1 202.60	1 208.00	1 282.50	1 405.00	1 382.00	1 330.00	1 315.00	1 312.50	1 310.00	1 110.00	1 070.00	最低

濟南

高低	一月	二月	三月	四月	五月	六月	七月	八月	九月	十月	十一月	十二月	高低
最高	1 000.00	1 005.80	1 006.50	1 006.50	1 006.20	1 004.00	999.60	1 002.50	999.50	997.00	1 001.80	1 001.30	最高
最低	993.00	999.50	1 002.70	1 002.80	1 002.20	996.30	996.10	998.60	993.00	993.00	988.50	997.80	最低

續表

高低	一月	二月	三月	四月	五月	六月	七月	八月	九月	十月	十一月	十二月
青島												
最高	999.60	1 005.50	1 004.80	1 005.00	1 005.00	1 001.20	999.00	1 002.00	995.00	991.00	1 000.00	1 001.00
最低	993.50	995.00	1 001.00	1 002.80	1 001.00	997.00	996.20	995.50	986.00	985.50	1 001.00	1 001.00
天津												
最高	997.30	1 005.50	1 005.00	1 003.30	1 002.60	996.00	997.50	994.00	992.50	992.30	1 000.00	1 000.00
最低	990.70	995.40	1 001.30	1 000.80	994.00	991.70	992.50	990.50	991.00	989.00	988.00	1 000.00

附註：一、除九江數字為見票遲十二天行市外，其他各埠均係電匯行市。

二、重慶單位為渝洋。二十四年九月份起，川省地鈔由中央銀行按入折以申鈔逐漸收兌，故申匯行市逐步低落，至十二月遂接近平匯。

三、廣州係以港幣千元按各月元平均洋厘，折合國幣銀元。

　　丑、省外各埠匯兌　如重慶、長沙、天津等地匯兌，爲數亦不少，然均以上海爲總匯之區，間接由上海轉匯者居多，直接發生關係者，尚居少數，多由中交兩銀行經辦。

　　寅、省內各地匯兌　申匯以外，則以本省沙市、宜昌兩地之匯兌爲多，老河口、樊城次之，岳口、武穴等地又次之。沙市、宜昌兩地，因同在湖北境內，不受運規限制，加之交通便利，故匯兌價格，完全以現金輸送點爲標準，無大漲落。老河口、樊城兩地，則因交通梗阻，匯價起落極鉅，該兩地僻處鄂北，通貨缺乏，每值生意登場，以需要現款，供給匯票者居多數，故匯價常跌至九百五十元以下，近年公路發展，交通稍便，漸呈敏活之象，然常在九百七八十元上下。岳口、武穴等地匯兌情形，則與沙市、宜昌相彷彿。以上各內地匯兌，多由湖北省銀行經辦。自新幣制實行後，本省內匯，定爲每千元收手續費五角，既無匯水可言，更無兌價奇漲奇落之事發生。

民國二十四年本省各內地電匯行情

高低	一月	二月	三月	四月	五月	六月	七月	八月	九月	十月	十一月	十二月	高低
老河口													
最高	1 040.00	1 025.00	1 045.00	1 045.00	1 040.00	1 045.00	1 045.00	1 025.00	1 025.00	1 020.00			最高
最低	1 025.00	1 020.00	1 015.00	1 035.00	1 035.00	1 045.00	1 025.00	1 025.00	1 020.00	1 017.00			最低
平均	1 026.45	1 023.25	1 027.00	1 040.96	1 036.67	1 045.00	1 041.30	1 025.00	1 023.96	1 018.62			平均
樊城													
最高	1 002.00	1 020.00	1 045.00	1 040.00	1 035.00	1 035.00	1 035.00	1 025.00	1 025.00	1 020.00			最高
最低	1 002.00	1 015.00	1 010.00	1 030.00	1 031.67	1 035.00	1 025.00	1 025.00	1 020.00	1 017.00			最低
平均	1 002.00	1 018.25	1 023.00	1 035.96	1 031.67	1 035.00	1 033.15	1 025.00	1 023.96	1 018.62			平均
天門													
最高				1 004.50	1 004.50	1 004.50	1 004.50	1 004.50	1 004.50	1 004.50			最高
最低				1 002.50	1 004.50	1 004.50	1 004.50	1 004.50	1 004.50	1 004.50			最低

續表

高低	一月	二月	三月	四月	五月	六月	七月	八月	九月	十月	十一月	十二月
平均				1 003.58	1 004.50	1 004.50	1 004.50	1 004.50	1 004.50	1 004.50		
岳口												
最高	1 003.50	1 003.50	1 001.50	1 003.00	1 003.00	1 003.00	1 003.00	1 003.00	1 004.50	1 004.50		
最低	1 003.50	1 001.50	1 001.50	1 001.50	1 003.00	1 002.50	1 003.00	1 003.00	1 003.00	1 004.50		
平均	1 003.50	1 002.35	1 001.50	1 001.71	1 003.00	1 002.94	1 003.00	1 003.00	1 003.50	1 004.50		
宜昌												
最高	1 002.00	1 002.00	1 001.50	1 001.50	1 001.50	1 001.50	1 001.50	1 001.50	1 002.50	1 002.50		
最低	1 002.00	1 001.50	1 001.50	1 001.50	1 001.50	1 001.50	1 001.50	1 001.50	1 001.50	1 002.50		
平均	1 002.00	1 001.62	1 001.50	1 001.50	1 001.50	1 001.50	1 001.50	1 001.50	1 001.58	1 002.50		
宜都												
最高	1 003.00	1 003.00	1 002.50	1 002.50	1 002.50	1 002.50	1 002.50	1 002.50	1 003.50	1 003.58		

續表

高低	一月	二月	三月	四月	五月	六月	七月	八月	九月	十月	十一月	十二月
最低	1 003.00	1 002.50	1 002.50	1 002.50	1 002.50	1 002.50	1 002.50	1 002.50	1 002.50	1 003.58		
平均	1 003.00	1 002.62	1 002.50	1 002.50	1 002.50	1 002.50	1 002.50	1 002.50	1 002.58	1 003.58		

巴東

高低	一月	二月	三月	四月	五月	六月	七月	八月	九月	十月	十一月	十二月
最高									1 007.50	1 007.50		
最低									1 006.50	1 007.50		
平均									1 006.75	1 007.50		

沙市

高低	一月	二月	三月	四月	五月	六月	七月	八月	九月	十月	十一月	十二月
最高	1 002.50	1 002.00	1 001.50	1 001.50	1 001.50	1 001.50	1 001.50	1 001.50	1 002.50	1 002.50		
最低	1 002.00	1 001.50	1 001.50	1 001	1 001.50	1 001.50	1 001.50	1 001.50	1 001.50	1 002.50		
平均	1 002.37	1 001.62	1 001.50	1 001.50	1 001.50	1 001.50	1 001.50	1 001.50	1 001.58	1 002.50		

續表

武穴

高低	一月	二月	三月	四月	五月	六月	七月	八月	九月	十月	十一月	十二月	高低
最高	1 001.50	1 002.00	1 001.50	1 001.50	1 001.50	1 001.50	1 001.50	1 001.50	1 002.50	1 002.50			最高
最低	1 001.50	1 001.50	1 001.50	1 001.50	1 001.50	1 001.50	1 001.50	1 001.50	1 001.50	1 002.50			最低
平均	1 001.50	1 001.62	1 001.50	1 001.50	1 001.50	1 001.50	1 001.50	1 001.50	1 001.58	1 002.50			平均

黃石港

高低	一月	二月	三月	四月	五月	六月	七月	八月	九月	十月	十一月	十二月	高低
最高				1 001.50	1 001.50	1 001.50	1 001.50	1 001.50	1 002.50	1 001.50			最高
最低					1 001.50	1 001.50	1 001.50	1 001.50	1 001.50	1 001.50			最低
平均				1 001.50	1 001.50	1 001.50	1 001.50	1 001.50	1 001.58	1 001.50			平均

附註：上列市價為漢口匯往各地銀千元，在漢口應交銀元數。又黃石港於三月成立湖北省銀行辦事處，故四月以前無市。巴東於九月一日創設辦事處，二十一日開始通匯，故九月以前無市。

卯、郵政匯兌　湖北省郵政匯兌，雖屬零星小數，然以全年統計，爲數亦復不少，據民國二十四年度郵政儲金匯業事務年報，該年度所開發之各種匯票，均較前兩年度增加，又截至二十二年度終，代辦所匯票之發兌，完全以本區爲限，自二十三年度起，則若干郵區已互相結合爲聯區，在聯區內之郵局及代辦所，得以互相發兌代辦所匯票，其促進郵匯業務之發展，實非淺鮮。茲將湖北區及漢口儲匯局最近三年度各種匯票開發兌付數目比較表列下。

（一） 湖北郵匯國內匯票開發及兌付數目

二二年度——二四年度

區局	開發					
	民國二二年度		民國二三年度		民國二四年度	
	張數	款數（元）	張數	款數（元）	張數	款數（元）
總計	348 500	9 462 400	389 300	9 687 200	399 500	10 036 400
湖北	328 300	8 805 700	366 700	8 828 500	375 400	9 041 100
漢口儲匯局	20 200	656 700	22 600	858 700	24 100	995 300

（二） 湖北郵匯國內郵政代辦所匯票開發及兌付數目

二二年度——二四年度

區局	開發					
	民國二二年度		民國二三年度		民國二四年度	
	張數	款數（元）	張數	款數（元）	張數	款數（元）
總計	3 400	28 200	5 740	45 700	21 630	226 900
湖北	3 380	28 000	5 700	45 500	21 600	226 600
漢口儲匯局	20	200	40	200	30	300

兌付						區局
民國二二年度		民國二三年度		民國二四年度		
張數	款數（元）	張數	款數（元）	張數	款數（元）	
267 100	**8 086 500**	**313 200**	**8 138 200**	**347 300**	**8 929 800**	總計
200 500	5 331 400	239 700	5 752 900	274 900	6 592 600	湖北
66 600	2 755 100	73 500	2 385 300	72 400	2 337 200	漢口儲匯局

兌付						區局
民國二二年度		民國二三年度		民國二四年度		
張數	款數（元）	張數	款數（元）	張數	款數（元）	
3 500	**28 500**	**5 700**	**46 100**	**20 700**	**218 000**	總計
3 000	24 500	5 000	40 500	18 700	195 400	湖北
500	4 000	700	5 600	2 000	22 600	漢口儲匯局

（三） 湖北郵匯國內電報匯票爲公衆開發及兌付數目

二二年度——二四年度

區局	開發					
	民國二二年度		民國二三年度		民國二四年度	
	張數	款數（元）	張數	款數（元）	張數	款數（元）
總計	95	18 400	205	29 800	1 100	117 800
湖北	70	15 100	125	18 700	900	70 100
漢口儲匯局	25	3 300	80	11 100	200	47 700

兌付						區局
民國二二年度		民國二三年度		民國二四年度		
張數	款數（元）	張數	款數（元）	張數	款數（元）	
90	31 200	135	14 400	1 300	218 400	總計
88	30 500	125	13 800	1 200	185 100	湖北
2	700	10	600	100	33 300	漢口儲匯局

丁、現金移動

上海爲全國金融之中心，漢口各銀行總行，多設在上海，每遇銀根吃緊之時，須向上海調款接濟，故前數年漢口現金之來源，仰賴上海爲外府。而漢口各銀行管轄有鄂省内地以及湘豫各地之分支行處，在内地金融緊急之時，其管轄之行處，咸仰賴漢行輸運現金，以資接濟。如民國二十三年秋季，上海因受美國白銀政策之影響，一時有禁止現金出口之事，申匯低落，漢市金融頗感震動，當時中央、中國、交通、上海各銀行，均自上海輸運現金來漢，以平申匯，更由漢口輸運現金至湖北内地及湘豫兩省境内，以應其管轄行處之需求，内地金融之風潮，遂歸平靜。兹將江漢關數年來銀元進出口統計表列下，以明前數年漢口現金移動與需要之緩急。

江漢關數年來銀元進出口統計

單位：元

月別	進口			出口		
	民國二一年	民國二二年	民國二三年	民國二一年	民國二二年	民國二三年
總計	**7 043 000**	**5 102 986**	**20 745 300**	**26 654 000**	**2 900 000**	**5 591 000**
一	390 000	411 800	436 000	1 980 000		
二	480 000	875 000	473 000	1 735 000	1 100 000	10 000
三	850 000	527 000	530 000	6 055 000	800 000	1 800 000
四	920 000	594 186	215 000	6 495 000		
五	1 101 000	153 000	100 000	4 620 000	500 000	250 000
六		42 000	230 000		450 000	1 850 000
七	540 000	60 000	665 000	2 550 000		1 105 000

續表

月別	進口			出口		
	民國二一年	民國二二年	民國二三年	民國二一年	民國二二年	民國二三年
八	420 000	180 000	1 100 000	2 480 000		50 000
九	390 000	50 000	270 000	300 000		50 000
十	679 000	360 000	2 426 300	239 000	50 000	300 000
十一	765 000	950 000	8 100 000	200 000		
十二	508 000	900 000	6 200 000			176 000

伍、公　債

一、種類

本省或因辦理匪區及水災善後，或因整理金融，或因建築公路，或因建設市政，曾先後發行省市公債七種，茲分述於下。

甲、民國二十年湖北省善後公債

民國十九年十月，本省各屬，匪□蔓延，日甚一日，省政府爲綏靖地方起見，致力清剿工作，大軍四進，餉糈浩繁，顧以庫帑竭絀，無力支應，乃發行剿匪公債三百萬元以維軍需，指定象鼻山鐵砂收入爲基金，不敷之數，另以紗布絲蔴四局租金補足，年息八厘，分十年償清，咨准財政部改定名稱爲民國二十年湖北省善後公債，自二十年二月十五日起發行。

民國二十年湖北省善後公債本息

單位：元

時期			本息共計	應還本金	應付息金	餘存本金
年	月	日				
總計			4 470 000	3 000 000	1 470 000	
20	6	30	90 000		90 000	3 000 000
	12	31	120 000		120 000	3 000 000
21	6	30	270 000	150 000	120 000	2 850 000
	12	31	264 000	150 000	114 000	2 700 000
22	6	30	258 000	150 000	108 000	2 550 000
	12	31	252 000	150 000	102 000	2 400 000
23	6	30	246 000	150 000	96 000	2 250 000
	12	31	240 000	150 000	90 000	2 100 000
24	6	30	234 000	150 000	84 000	1 950 000
	12	31	228 000	150 000	78 000	1 800 000
25	6	30	222 000	150 000	72 000	1 650 000
	12	31	216 000	150 000	66 000	1 500 000
26	6	30	210 000	150 000	60 000	1 350 000
	12	31	204 000	150 000	54 000	1 200 000
27	6	30	198 000	150 000	48 000	1 050 000

續表

時期			本息共計	應還本金	應付息金	餘存本金
年	月	日				
	12	31	192 000	150 000	42 000	900 000
28	6	30	186 000	150 000	36 000	750 000
	12	31	180 000	150 000	30 000	600 000
29	6	30	174 000	150 000	24 000	450 000
	12	31	168 000	150 000	18 000	300 000
30	6	30	162 000	150 000	12 000	150 000
	12	31	156 000	150 000	6 000	

乙、民國二十一年湖北省善後公債

二十年間，洪水爲災，各縣悉淪澤國，遍地瘡痍，稅源枯竭，收入既窮，輸出更急，原議發行水災善後短期公債三百萬元，以資救災，指定營業稅爲基金，年息八厘，自發行日起，一年半後分六年償清，嗣因剿匪緊張，軍需迫切，撥爲綏靖善後之用，以用途變更，經財政部改名爲民國二十一年湖北省善後公債，於二十一年十月一日發行。

民國二十一年湖北省善後公債本息

單位：元

時期			本息共計	應還本金	應付息金	餘存本金
年	月	日				
總計			3 960 000	3 000 000	960 000	

續表

時期			本息共計	應還本金	應付息金	餘存本金
年	月	日				
21	12	31	60 000		60 000	3 000 000
22	6	30	120 000		120 000	3 000 000
	12	31	360 000	240 000	120 000	2 760 000
23	6	30	380 000	270 000	110 400	2 490 000
	12	31	339 600	240 000	99 600	2 250 000
24	6	30	330 000	240 000	90 000	2 010 000
	12	31	350 400	270 000	80 400	1 740 000
25	6	30	309 600	240 000	69 600	1 500 000
	12	31	300 000	240 000	60 000	1 260 000
26	6	30	320 400	270 000	50 400	990 000
	12	31	279 600	240 000	39 600	750 000
27	6	30	270 000	240 000	30 000	510 000
	12	31	290 400	270 000	20 400	240 000
28	6	30	249 600	240 000	9 600	

丙、民國二十一年湖北省續發善後公債

湖北省政府爲辦理匪區善後，續發善後公債，換回劃由省政府經管之漢口市第二期市政公債，定名爲民國二十一年湖北省續發善後公債，

總額一百五十萬元，年息八厘，以漢口市普通營業稅收入爲基金，三年以内，祇付利息，自第四年起還本，分五年償清，於民國二十一年七月一日發行。

民國二十一年湖北省續發善後公債本息

單位：元

時期			本息共計	應還本金	應付息金	餘存本金
年	月	日				
總計			2 190 000	1 500 000	690 000	
21	12	31	60 000		60 000	1 500 000
22	6	30	60 000		60 000	1 500 000
	12	31	60 000		60 000	1 500 000
23	6	30	60 000		60 000	1 500 000
	12	31	60 000		60 000	1 500 000
24	6	30	60 000		60 000	1 500 000
	12	31	210 000	150 000	60 000	1 350 000
25	6	30	204 000	150 000	54 000	1 200 000
	12	31	198 000	150 000	48 000	1 050 000
26	6	80	192 000	150 000	42 000	900 000
	12	31	186 000	150 000	36 000	750 000

續表

時期			本息共計	應還本金	應付息金	餘存本金
年	月	日				
27	6	30	180 000	150 000	30 000	600 000
	12	31	174 000	150 000	24 000	450 000
28	6	30	168 000	150 000	18 000	300 000
	12	31	162 000	150 000	12 000	150 000
29	6	30	156 000	150 000	6 000	

丁、民國二十三年湖北省整理金融公債

湖北省政府於民國二十三年三月一日發行整理金融公債四百萬元，年息六厘，分十二年償清，以公産租金及省銀行股利爲基金，不敷之數，由營業稅收入撥足，特以公債七十萬元盡收官票七千萬串，公債一百八十萬元，償清舊債五百四十萬元，其餘之一百五十萬元，贖回生成里産業。

民國二十三年湖北省整理金融公債本息
單位：元

時期			本息共計	應還本金	應付息金	餘存本金
年	月	日				
總計			5 576 400	4 000 000	1 576 400	
23	6	30	200 000	120 000	80 000	3 880 000
	12	31	276 400	160 000	116 400	3 720 000

續表

時期			本息共計	應還本金	應付息金	餘存本金
年	月	日				
24	6	30	231 600	120 000	111 600	3 600 000
	12	31	268 000	160 000	108 000	3 440 000
25	6	30	225 200	120 000	105 200	3 320 000
	12	31	259 600	160 000	99 600	3 160 000
26	6	30	214 800	120 000	94 800	3 040 000
	12	31	251 200	160 000	91 200	2 880 000
27	6	30	246 400	160 000	86 400	2 720 000
	12	31	241 600	160 000	81 600	2 560 000
28	6	30	236 800	160 000	76 800	2 400 000
	12	31	232 000	160 000	72 000	2 240 000
29	6	30	227 200	160 000	67 200	2 080 000
	12	31	222 400	160 000	62 400	1 920 000
30	6	30	217 600	160 000	57 600	1 760 000
	12	31	252 800	200 000	52 800	1 560 000
31	6	30	206 800	160 000	46 800	1 400 000

續表

時 期			本息共計	應還本金	應付息金	餘存本金
年	月	日				
	12	31	242 000	200 000	42 000	1 200 000
32	6	30	236 000	200 000	36 000	1 000 000
	12	31	230 000	200 000	30 000	800 000
33	6	30	224 000	200 000	24 000	600 000
	12	31	218 000	200 000	18 000	400 000
34	6	30	212 000	200 000	12 000	200 000
	12	31	206 000	200 000	6 000	

戊、民國二十四年湖北省建設公債

民國二十三年間，贛匪西竄，湖北省政府奉令尅期完成均竹、施巴、施宜各路，以便防剿，事機迫切，需款孔殷，乃發行公債六百萬元，專充公路建設，年息六厘，分十二年償清，以營業稅收入及中央補助費爲還本付息基金，定名爲民國二十四年湖北省建設公債，於二十四年一月一日發行。

民國二十四年湖北省建設公債本息

單位：元

時 期			本息共計	應還本金	應付息金	餘存本金
年	月	日				
總計			8 469 600	6 000 000	2 469 600	

時期			本息共計	應還本金	應付息金	餘存本金
年	月	日				
24	6	30	360 000	180 000	180 000	5 820 000
	12	31	354 600	180 000	174 600	5 640 000
25	6	30	349 200	180 000	169 200	5 460 000
	12	31	343 800	180 000	163 800	5 280 000
26	6	30	338 400	180 000	158 400	5 100 000
	12	31	393 000	240 000	153 000	4 860 000
27	6	30	325 800	180 000	145 800	4 680 000
	12	31	380 400	240 000	140 400	4 440 000
28	6	30	373 200	240 000	133 200	4 200 000
	12	31	366 000	240 000	126 000	3 960 000
29	6	30	358 800	240 000	118 800	3 720 000
	12	31	351 600	240 000	111 600	3 480 000
30	6	30	344 400	240 000	104 400	3 240 000
	12	31	397 200	300 000	97 200	2 940 000
31	6	30	328 200	240 000	88 200	2 700 000

續表

時期			本息共計	應還本金	應付息金	餘存本金
年	月	日				
	12	31	381 000	300 000	81 000	2 400 000
32	6	30	372 000	300 000	72 000	2 100 000
	12	31	363 000	300 000	63 000	1 800 000
33	6	30	354 000	300 000	54 000	1 500 000
	12	31	345 000	300 000	45 000	1 200 000
34	6	30	336 000	300 000	36 000	900 000
	12	31	327 000	300 000	27 000	600 000
35	6	30	318 000	300 000	18 000	300 000
	12	31	309 000	300 000	9 000	

己、漢口特別市政府市政公債

國民革命軍奠定武漢後，以漢口爲通商巨埠，武昌爲首義之區，乃劃武漢爲特別市，設市政府，從事市政建設，十七年市府計議發行公債一百五十萬元，專充本市建築工程之用，以各種市稅收入爲付息基金，土地稅爲還本基金，年息八厘，前三年祇付利息，第四年起分五年償请，嗣因市制變更，改爲漢口特別市，于是本公債名稱，亦予以修正，於民國十八年一月一日發行。

漢口特別市政府市政公債本息

單位：元

時期			本息共計	應還本金	應付息金	餘存本金
年	月	日				
總計			2 190 000	1 500 000	690 000	
18	6	30	60 000		60 000	1 500 000
	12	31	60 000		60 000	1 500 000
19	6	30	60 000		60 000	1 500 000
	12	31	60 000		60 000	1 500 000
20	6	30	60 000		60 000	1 500 000
	12	31	60 000		60 000	1 500 000
21	6	30	210 000	150 000	60 000	1 350 000
	12	31	204 000	150 000	54 000	1 200 000
22	6	30	198 000	150 000	48 000	1 050 000
	12	31	192 000	150 000	42 000	900 000
23	6	30	186 000	150 000	36 000	750 000
	12	31	180 000	150 000	30 000	600 000
24	6	30	174 000	150 000	24 000	450 000

續表

時期			本息共計	應還本金	應付息金	餘存本金
年	月	日				
	12	31	168 000	150 000	18 000	300 000
25	6	30	162 000	150 000	12 000	150 000
	12	31	156 000	150 000	6 000	

庚、民國二十四年漢口市建設公債

漢口市政府爲建築市立校舍及辦理各項重要工程，於民國二十四年五月一日發行公債一百五十萬元，以四十萬元爲前者用途，一百一十萬元爲後者專款，定名爲民國二十四年漢口市建設公債，以市稅收入爲基金擔保，年息六厘，自發行日起兩年內祇付利息，第三年起，開始還本，五年償清。

民國二十四年漢口市建設公債本息

單位：元

時期			本息共計	應還本金	應付息金	餘存本金
年	月	日				
總計			**1 897 500**	**1 500 000**	**397 500**	
24	6	30	15 000		15 000	1 500 000
	12	31	45 000		45 000	1 500 000
25	6	30	45 000		45 000	1 500 000
	12	31	45 000		45 000	1 500 000

續表

時期			本息共計	應還本金	應付息金	餘存本金
年	月	日				
26	6	30	195 000	150 000	45 000	1 350 000
	12	31	190 500	150 000	40 500	1 200 000
27	6	30	186 000	150 000	36 000	1 050 000
	12	31	181 500	150 000	31 500	900 000
28	6	30	177 000	150 000	27 000	750 000
	12	31	172 500	150 000	22 500	600 000
29	6	30	168 000	150 000	18 000	450 000
	12	31	163 500	150 000	13 500	300 000
30	6	30	159 000	150 000	9 000	150 000
	12	31	154 500	150 000	4 500	

辛、省市各公債票類張數

票類	二十年湖北善後公債	二十一年湖北善後公債	二十年①湖北續發善後公債	二十三年湖北金融公債	二十四年湖北建設公債	漢口市②市政公債	二十四年漢口市建設公債
總計	172 400	135 400	86 200	171 000	182 000	215 050	106 100

① 原稿如此，應爲"二十一年湖北續發善後公債"。
② 原稿如此，應爲"漢口特別市市政公債"。

續表

票類	二十年湖北善後公債	二十一年湖北善後公債	二十年湖北續發善後公債	二十三年湖北金融公債	二十四年湖北建設公債	漢口市市政公債	二十四年漢口市建設公債
千元票	400	400	200	1 000	2 000	50	100
百元票	12 000	15 000	6 000	20 000	30 000	5 000	6 000
十元票	120 000	100 000	60 000	50 000	50 000	60 000	60 000
五元票	40 000	20 000	20 000	100 000	100 000	50 000	40 000
一元票						100 000	

附註：前漢口英租界工部局，曾發行有六厘及七厘債券三種，現已移歸外交部漢口第三特別區市政管理局辦理還本付息，兹未贅述。

二、變動

漢口債券市場，先由証券商人於二十二年五月間，在生成里同業公會內，附設買賣場所。除星期日及例假外，每日午後一時，集合交易一次。限定現貨，由開盤至收盤，漲跌差額，不出半元，每日成交票面，曾未超過十萬元。迨二十四年四月八日漢口証券交易所設立，範圍擴大，加營期貨，於是証券交易，全部移至該所。地方券基金充實，在過去咸按期還本付息，市價升降不大，且流通票面甚少，無論現期兩貨，均不能作大量成交。中央券則純視上海盤價爲轉移，迄未另行控制市價，而主要顧主之銀行業，尚未參加買賣，依然在滬成交。故該所開幕之始，營業尚佳，繼則日趨清淡。旋因二十四年六月下旬漢市發生金融風潮，業務逐步衰落，買賣即若斷若續，十月份竟全月無市，以致交易所大受虧折，乃於十一月三日宣告停業。此後中央暨地方債券，流通於武漢者，

缺乏市場買賣，價格漫無標準，國家商人，均有不便，遂由該業公會呈
請核准恢復以前交易市場。於民國二十五年一月三日開幕，定爲現貨買
賣，絕不經營期貨，以票面千元爲買賣單位，每日正午開盤一次，所做
交易，即於開盤後清算交割，証券暫定十一種，計河南善後、湖南公債、
四川金融、湖北建設及續發善後、一市、一善、二善、水電、平漢等，
至中央公債與其他產業証券，均從緩開拍。嗣以市場冷落，主持人相率
辭職，復於同年五月三十日成立整理委員會辦理，並將開盤時間提早，
亦無若何起色。惟近來證券市價頗爲堅俏，可知市上流行證券之信用尚
稱良好也。兹將最近兩年湖北省市公債逐月市價表列下。

民國二十四與二十五年湖北省市公債逐月市價

月份	一期善後				二期善後				續發善後				短期	
	二十四年		二十五年		二十四年		二十五年		二十四年		二十五年		二十四年	
	最高	最低	最高	最低	最高	最低	最高	最低	最高	最低	最高	最低	最高	最低
一	77.2	74.4	75.0	73.0	83.5	80.4	80.0		76.0	72.1	76.5		62.3	59.4
二	78.5	77.1	72.0	69.0	84.6	83.0	79.0	77.0	78.4	76.0	76.0	74.0	64.3	62.5
三	80.0	78.6	72.2	69.0	86.3	80.0	80.4	78.0	81.0	78.6	77.0		65.8	64.2
四	88.1	80.9	74.1	72.6	86.3	86.0			82.7	81.7	78.5		66.9	65.8
五	83.0	82.0	78.2	75.0	88.6		85.3	85.3	84.6	82.7	80.5	80.0	66.8	65.6
六	82.0		78.0		87.0				84.5				66.2	64.8
七	78.4	75.0			78.5				76.0				57.0	53.0
八			75.0		78.5		85.2				81.8	81.5	58.2	
九	73.0	72.7			78.3	77.3			78.0	76.8			56.5	55.0
十														
十一														
十二			77.0	75.0							83.1	83.0		

附註：二十四年十月至十二月均無市。

金融		湖北建設				一期市政				漢市建設				月份
二十五年		二十四年		二十五年		二十四年		二十五年		二十四年		二十五年		
最高	最低	最高	最低	最高	最低	最高	最低	最高	最低	最高	最低	最高	最低	
58.5	58.0			55.0		90.4	86.2	90.0						一
57.9	53.0			54.7	50.0	91.0	90.5	90.0	89.0			56.8	52.0	二
57.8	53.1			55.1	50.5	92.0	90.7	90.0				56.7	52.5	三
59.4	55.8			56.5	54.9							56.7		四
63.2	60.0			61.7	57.0									五
63.0	57.3			61.3	55.5									六
61.9	54.8			60.3	53.0							55.5		七
62.1	61.5			60.2	59.3							65.5		八
63.3	62.3			61.0	60.0	88.5	88.0							九
62.0	61.0			59.3	59.0			98.5				67.0		十
63.0	61.2			61.1	59.0							69.0	68.0	十一
63.2	62.5			57.2	56.0							69.0	65.0	十二

陸、儲　　蓄

一、郵政儲蓄

郵政儲金，創議於前清光緒三十四年，至民國八年，始着手開辦。民國十八年，國民政府謀改善郵政，派員赴歐美攷察各國郵政制度。根據攷察結果，遂決定郵政儲匯事務與郵政劃分辦理，以專責成。民國十九年三月，成立郵政儲金匯業總局。民國二十年，成立漢口郵政儲金匯業局，辦理漢口區儲匯事務，並管轄湖北省內各地儲金局所。茲將民國二十三年度與二十四年度湖北各地儲金局所儲蓄金額，與漢口儲金局儲蓄金額，列表於下，並附全國各區局儲金表於後。

甲、湖北郵政儲金存款提款總結

單位：元

款目	由上年移來結存	存款	派給利息	提款	結存
民國廿三年度					
總計	2 242 905.13	2 442 607.48	93 671.77	2 431 849.16	2 347 335.22
湖北	1 666 601.94	1 688 252.55	71 228.27	1 578 384.88	1 797 697.88
漢口儲匯局	576 303.19	804 354.93	22 443.50	853 464.28	549 637.34
民國廿四年度					
總計	2 347 335.22	3 057 637.73	107 156.89	2 925 838.01	2 586 291.83

續表

款目	由上年移來結存	存款	派給利息	提款	結存
湖北	1 797 697.88	2 193 783.70	79 441.20	2 211 262.52	1 859 660.26
漢口儲匯局	549 637.34	863 854.03	27 715.69	714 575.49	726 631.57

乙、湖北郵政儲金存戶數額

戶數	民國廿三年度			民國廿四年度		
	共計	湖北	漢口儲匯局	共計	湖北	漢口儲匯局
原有之數	11 302	9 752	1 550	12 193	9 531	2 662
新開之數	7 476	5 033	2 443	8 247	6 124	2 123
結終之數	6 585	5 254	1 331	8 801	5 960	2 841
現有之數	12 193	9 531	2 662	11 639	9 695	1 944

丙、湖北郵政存簿儲金按儲戶種類分類

類別		民國廿三年度			民國廿四年度		
		共計	湖北	漢口儲匯局	共計	湖北	漢口儲匯局
總計	帳數	12 193	9 531	2 662	11 639	9 695	1 944
	結存數	2 347 335	1 797 698	549 637	2 586 292	1 859 660	726 632
男	帳數	9 455	7 269	2 186	8 607	7 298	1 309
	結存數	1 419 051	1 144 099	274 952	1 519 986	1 167 102	352 884

續表

類別		民國廿三年度			民國廿四年度		
		共計	湖北	漢口儲匯局	共計	湖北	漢口儲匯局
女	帳數	1 787	1 498	289	2 004	1 567	437
	結存數	462 025	378 650	83 375	532 108	409 356	122 752
未成年者	帳數	530	428	102	631	507	124
	結存數	234 263	215 341	18 922	243 525	221 114	22 411
團體	帳數	275	218	57	253	201	52
	結存數	42 373	36 725	5 648	42 135	37 602	4 533
學校	帳數	23	23		24	24	
	結存數	4 258	4 258		4 379	4 379	
商號及公司	帳數	123	95	28	120	98	22
	結存數	185 365	18 625	166 740	244 159	20 107	224 052

丁、湖北郵政存簿儲金按儲戶職業分類

職業別		民國廿三年度			民國廿四年度		
		共計	湖北	漢口儲匯局	共計	湖北	漢口儲匯局
總計	帳數	12 193	9 531	2 662	11 639	9 695	1 944
	結存數	2 347 335	1 797 698	549 637	2 586 292	1 859 660	726 632

續表

職業別		民國廿三年度			民國廿四年度		
		共計	湖北	漢口儲匯局	共計	湖北	漢口儲匯局
政界	帳數	2 277	1 029	1 248	1 324	1 037	287
	結存數	254 159	213 825	40 334	258 012	214 908	43 104
軍界	帳數	864	693	171	846	701	145
	結存數	163 325	121 621	41 704	177 626	129 121	48 505
郵局人員	帳數	236	198	38	236	201	35
	結存數	44 841	44 033	3 808	45 601	42 107	3 494
教員	帳數	951	911	40	984	909	75
	結存數	124 541	112 922	11 619	126 493	112 108	14 385
學生	帳數	686	514	172	755	569	186
	結存數	69 391	40 912	28 479	86 804	41 717	45 087
商界	帳數	3 507	3 158	349	3 639	3 178	461
	結存數	593 624	499 813	93 811	642 861	500 702	142 159
農工	帳數	610	509	101	640	505	135
	結存數	86 852	64 974	21 878	97 118	60 319	36 799
公共團體	帳數	298	241	57	277	225	52
	結存數	46 631	40 983	5 648	46 514	41 981	4 533

續表

職業別		民國廿三年度			民國廿四年度		
		共計	湖北	漢口儲匯局	共計	湖北	漢口儲匯局
商號及公司	帳數	123	95	28	120	98	22
	結存數	185 365	18.625	166 740	244 159	20 107	224 052
未報職業者	帳數	2 641	2 183	458	2 818	2 272	546
	結存數	778 606	642 990	135 616	861 104	696 590	164 514

戊、湖北郵政存簿儲金按儲款數目分類（利息在內）

存款別		民國廿三年度			民國廿四年度		
		共計	湖北	漢口儲匯局	共計	湖北	漢口儲匯局
總計	帳數	12 193	9 531	2 662	11 639	9 695	1 944
	結存數	2 347 335	1 797 698	549 637	2 586 292	1 859 660	726 632
十元及十元以下者	帳數	5 165	3 976	1 189	4 453	3 928	525
	結存數	25 739	20 990	4 749	30 607	28 729	1 878
十一元至五十元者	帳數	1 978	1 376	602	1 866	1 475	391
	結存數	41 894	27 489	14 405	259 442	248 889	10 553
五十一元至一百元者	帳數	1 109	925	184	1 216	1 021	195
	結存數	78 784	65 121	13 663	84 670	70 702	13 968

續表

存款別		民國廿三年度			民國廿四年度		
		共計	湖北	漢口儲匯局	共計	湖北	漢口儲匯局
一百零一元至五百元者	帳數	2 890	2 401	489	2 969	2 418	551
	結存數	892 496	782 003	110 493	722 599	598 100	124 499
五百零一元至一千元者	帳數	646	543	103	697	539	158
	結存數	448 120	378 642	69 478	482 763	379 879	102 884
一千零一元至二千元者	帳數	309	250	59	334	253	81
	結存數	414 266	341 982	72 284	449 006	349 782	99 224
二千零一元至三千元者	帳數	59	39	20	62	38	24
	結存數	128 058	83 125	44 933	136 600	82 789	53 811
三千零一元以上者	帳數	37	21	16	42	23	19
	結存數	317 978	98 346	219 632	420 605	100 790	319 815

己、各省市郵政儲匯局存簿儲金數額

單位：元

區局名	儲款數額		區局名	儲款數額	
	廿三年度止	廿四年度止		廿三年度止	廿四年度止
總計	**32 582 217. 13**	**37 610 579. 38**	湖南	1 146 622. 44	1 182 072. 23
儲匯總局	545 325. 28	974 757. 29	東川	88 391. 47	164 520. 74

續表

區局名	儲款數額		區局名	儲款數額	
	廿三年度止	廿四年度止		廿三年度止	廿四年度止
南京儲匯局	498 363.52	697 186.97	西川	25 228.96	51 198.35
漢口儲匯局	549 637.34	726 631.57	山東	2 702 878.94	3 141 915.12
蘇皖	2 728 411.04	3 480 020.34	河北	888 569.75	1 041 061.59
上海	2 319 030.64	3 295 692.32	北平	3 712 212.35	4 109 479.67
浙江	888 960.39	1 268 640.78	河南	2 046 591.24	2 395 946.34
福建	2 635 553.38	3 191 658.07	山西	1 131 475.90	1 201 839.25
江西	634 844.70	704 511.26	陝西	357 729.28	609 359.72
湖北	1 797 697.88	1 859 660.26	廣東	7 884 692.63	7 514 427.51

二、儲蓄會

　　漢口專營儲蓄業務之中外儲蓄會，原有中法儲蓄會、萬國儲蓄會及金城大陸鹽業中南四行儲蓄會三家。總會均設在上海，漢口爲分會。中法儲蓄會，初爲中法商人合辦，至民國十四年，法商退股，完全由中國商人接辦，但仍沿用舊日會名。萬國儲蓄會，於民國元年，由法人創辦，與中法同爲有獎儲蓄，業務皆甚發達。迨二十四年七月，因中央取締有獎儲蓄，中法儲蓄已移交中央信託局接收（現已移歸中央儲蓄會辦理），萬圓儲蓄，亦告結束，不添新戶，惟對以前存戶，仍照原有手續進行。四行儲蓄會，係吳達銓氏於十二年聯合鹽業、金城、大陸、中南四銀行所創辦，業務極爲興盛。民國二十五年五月一日，中央儲蓄會漢口分會開幕，辦理有獎儲蓄，本年十月一日，復設支會於武昌，營業發達，有後來居上之勢。此外各大銀行特闢專部，兼營儲蓄者，亦有十餘家，業務均稱穩健。

武漢儲蓄會

狀況	鹽業 中南 金城 大陸 銀行蓄儲會	漢口中央儲蓄會	武昌中央儲蓄會
會別	分會	分會	支會
詳細地址	四民街四十五號	湖北街中一信託公司樓上	武昌路九十一號
實收資本	總計基本儲金一百萬元	總基金五百萬元	
設立年月	民國十二年六月一日	民國二十五年四月十一日	民國二十五年十月一日
重要職員	經理劉翼副經理秦鑄	經理方澤民	經理揭鏡輝

柒、信　託

民國十七年，中央信託公司由上海總公司撥款十萬元，在漢口江漢路設立分公司，經營信託、銀行、儲蓄、保險等業務，爲鄂省信託事業之嚆矢，營業頗爲發達。通易信託公司，在漢口雖有分公司之設立，但所經營者，僅保險業一部份，並無信託業務，且上海總公司於二十五年六月十六日因週轉不靈，暫行停業，而漢口分公司，亦隨之宣告清理。此外尚有通成、同濟信託公司，經營保險、保管、運輸、地產、堆棧等業務，營業尚佳。二十四年八月間中央信託局組織成立，並同時於漢口設立分局，由中央銀行漢口分行代理，所營業務，至爲廣泛，現並舉辦有軍人儲蓄與機關保險。自中央信託局成立後，中央信託公司曾奉財政部令，命其酌改名稱，以資辨別，乃於二十五年一月一日起更名爲中一信託股份有限公司，而漢口分公司亦改爲中一信託公司漢口分公司，並於本年四月間遷至特三區湖北街新建大厦之內，五月一日正式開幕。

漢口市信託公司

狀況	中一信託公司	通成公司	同濟信託公司	中央信託局
公司別	分公司	分公司	總公司	分局
地址	特三區湖北街	特三區金城里	法租界德託美領事街	一德街中央銀行內
組織性質	股份有限公司	獨資經營有限公司	股份有限公司	中央銀行附設
設立年月	民國十七年十一月	民國二十三年十一月	民國二十四年一月	民國二十四年八月
資本金額	由總公司指撥十萬元	總公司資本一百萬元	國幣四十萬元	總局資本一千萬元
營業種類	信託，銀行，儲蓄，保險	代客買賣花紗，煤焦，報關，保險，運輸，自辦貨棧，介紹押匯款項	信託，銀行，保險，地產	信託，儲蓄，購料，保險

捌、堆　棧

　　湖北一部份大銀行，多自設有倉庫堆棧，存放貨物，此外經營堆棧者，亦非少數，咸以銀行爲背景，營業尚稱發達。自民國二十年水災發生，武漢各堆棧，損失不貲，因此等堆棧，多在漢陽江邊與漢口特別區及礄口一帶，無不被水淹没，淮鹽一項損失尤巨。迨二十四年，洪水復臨，各銀行咸具以前戒心，對於抵押貨品，盡力保護，雖多數得安全遷徙，但所費已不貲矣。邇來營業，似呈向榮之象，如中國銀行在礄口購地建築大規模現代式倉庫，湖北省銀行在漢正街清遠巷新建倉庫，擴充倉庫押款，即一証也。

本省各地堆棧

縣市	名稱	地址	儲物種類
漢口	上海銀行第一倉庫	特三區華昌路	雜貨
〃	上海銀行第二倉庫	特三區洞庭街	〃
〃	上海銀行第四倉庫	遇字巷河沿	棉花
〃	上海銀行第五倉庫	大亨巷	〃
〃	上海銀行第六倉庫	小新河码頭河沿	〃
〃	上海銀行第七倉庫甲倉	〃	〃
〃	上海銀行第七倉庫乙倉	利濟巷河沿	〃
〃	上海銀行第八倉庫甲乙倉	民權路河沿	蔴

續表

縣市	名稱	地址	儲物種類
漢口	上海銀行第九倉庫	礄口國瑞庵	雜粮
〃	大陸銀行倉庫	克勒滿沙街	棉花，麵粉，五金
〃	中國銀行第二棧	礄口石膏幫	糧食
〃	中國銀行第三棧	大水巷河邊	棉花
〃	中國農民銀行堆棧	礄口	農產品
〃	中和堆棧	礄口石膏幫	糧食
〃	公益新堆棧	礄口皮紙街	油
〃	公信堆棧	礄口石膏幫	糧食
〃	日安堆棧	寶慶一街	仄紙
〃	同興堆棧	礄口石膏幫	糧食
〃	交通銀行第一倉庫	大水巷河邊	棉花
〃	兆豐堆棧	礄口石膏幫	糧食
〃	明豐堆棧	〃	〃
〃	星記新棧	大水巷河邊	棉花
〃	信德堆棧	礄口石膏幫	糧食
〃	通孚堆棧	大亨巷	棉花

續表

縣市	名稱	地址	儲物種類
漢口	通孚合記堆棧	礄口石膏幫	雜粮
〃	堃吉堆棧	寶慶一街	仄紙
〃	湖北省銀行堆棧	邱家墙	棉花
〃	聚興誠銀行第一堆棧	礄口鐵橋邊	米穀雜粮
〃	聚興誠銀行第四堆棧	河街中段	蔴
〃	聚興誠銀行第五堆棧	寶慶碼頭	紙
〃	翼興堆棧	〃	〃
〃	謙和堆棧	沈家廟河街	〃
漢陽	上海銀行第三倉庫甲乙倉	興隆街	棉花
〃	中國銀行第一堆棧	三碼頭	雜貨
〃	交通銀行倉庫	雙街	
〃	浙江興業銀行倉庫	生生林	什粮及各貨
〃	湖北省銀行倉庫	段家巷	棉，穀，米，茶，紙，藥材
〃	聚興誠銀行第二堆棧	楊家河	穀，米，什糧
〃	聚興誠銀行第三堆棧	和興街	棉花

續表

縣市	名稱	地址	儲物種類
沙市	上海銀行倉庫	中山後街	鹽
〃	上海銀行第一倉庫	洋碼頭	雜糧，雜貨
〃	通記堆棧	〃	棉花，雜粮，皮油
〃	〃	沙防營	雜粮
〃	〃	交通右路	雜糧，棉花
〃	〃	沙防營後面	〃
〃	〃	〃	〃
〃	〃	檢驗局後面	〃
〃	〃	大同四街	〃
〃	聚興誠銀行第一堆棧	川主宮後面	川桔糖，川鹽
〃	聚興誠銀行第二堆棧	大慈庵	米，粮
〃	聚興誠銀行第三堆棧	趕馬台	〃
〃	聚興誠銀行第四堆棧	禹王宮後面	〃
〃	聚興誠銀行第五堆棧	迎禧門內大街	〃
荆門	聚興誠銀行第六堆棧	北門大街	〃
宜昌	三北堆棧	大公路	凡輪船裝運出入口各種貨物

續表

縣市	名稱	地址	儲物種類
宜昌	民生堆棧	郵政局巷	凡輪船裝運出入口各種貨物
〃	正義糖棧	大公路	桔糖
〃	宜昌鹽倉	〃	鹽
〃	招商堆棧	招商局街	凡輪船裝運出入口各種貨物
〃	捷江堆棧	濱江路	〃
〃	蜀昌菸棧	環城西路	菸葉
武穴	公和昌鹽倉	河街	淮鹽
〃	恒記鹽倉	東壩	〃
〃	湖北省銀行堆棧	程祖街	苧蔴，棉花，什糧
〃	福和堆棧	河街	淮鹽

玖、小本借貸

一、概説

連年天災人禍，更受世界不景氣之影響，以致全國商場一蹶不振。漢口市政府，爲救濟本市中小商人，發展商業起見，業經成立漢口市小本借貸處，基金定爲二十萬元，由該府担任五萬元，各銀行担任十五萬元，組織理事會，掌理其事，於二十五年四月一日開幕，茲將其借貸辦法略述如後。

甲、用途　以購買貨品原料，或工作器具，推銷國貨墊款，及其他生產用途爲限。

乙、手續　凡居住本市年滿二十一歲以上，有確定住址，經營正當小本工商業，需要營運資金者，均得向借貸處申請借款。須先填具申請書及調查表，送由各該同業公會（如無同業公會者，可覓請其他同業公會代爲介紹），核明屬實，加具証明，轉送借貸處，經派員復查真確，並提經理事會通過後，通知照辦，由借款人出具借據爲憑。

丙、種類　分活期定期兩種，均得用分期攤還辦法，期限最長不得逾半年，但有特殊情形，經理事會認可者，得酌量延長。

丁、數額　每戶自三十元起，至五百元止。其有以動產或不動產作抵者，借款數額，不得逾該處估定價格十分之四。

戊、利息　不滿一百元者，月息八厘，一百元至二百元，月息九厘，超過二百元者，月息一分，定期貸款，提前歸還一部或全部者，得按日結算利息。

己、限制　絕對禁止作不正當之用途，或轉貸他人，從中漁利，否則一經察覺，得隨時追還其借款之全部，並爲明瞭借款人之營業內容起見，得隨時查閱其帳簿，借款人限借一戶，不得以一人捏造二名，或數戶，朦混多借。

庚、契約　貸款到期，借款人必須將本利全數清償，其訂明分期歸還者，如有一次愆期，即視作全部到期，立即追償其所欠全部本息。如借款人與保證人或保證商號不履行契約時，貸款處得報請市政府，逕以行政處分飭押，並須清償該處因此而損失之一切費用。

二、漢口市小本借貸處基金

機關及銀行	擔任數（元）	備註
總計	200 000	
漢口市政府	50 000	
中國銀行	14 000	
交通銀行	14 000	
湖北省銀行	14 000	
農民銀行	10 000	
金城銀行	8 000	
大陸銀行	8 000	漢口市政府擔任之五萬元，係向湖北省銀行透支，暫存該行待用，而各銀行所擔任之基金，在未放出前，則分存各銀行，仍以月息五厘記帳
鹽業銀行	8 000	
中南銀行	8 000	
浙江興業銀行	8 000	
浙江實業銀行	8 000	
國貨銀行	8 000	
上海銀行	8 000	
聚興誠銀行	8 000	
農工銀行	8 000	
中國通商銀行	6 000	
中國實業銀行	6 000	
四明銀行	6 000	

拾、銀錢公會

一、漢口銀行公會

漢口銀行公會，係於民國九年十一月組織成立，其時發起會員，僅有中國、交通、浙江興業、聚興誠、鹽業、金城、中孚、四明、上海等九銀行，而華豐銀行雖在參與之列，祇以本身註册問題，未能同時取得會員地位，但閱時未久，即與中華懋業銀行爲最先加入公會之會員。嗣後相繼入會者，有工商、浙江實業、中國實業、大陸、廣東、中南等六行，故以民國十五年而論，公會會員已達十七家之多，而未入會者，尚有香港國民、黃陂、農商、中國興業等行。迨民國十六年，政局更變，武漢蒙受現金集中之影響，兩三年中，商場變化頗鉅，金融界何能例外，故一時停辦之銀行，先後不下七八家，在公會者則有中孚、華豐、中華懋業、工商等四行，其會外銀行，僅存香港國民等一二行耳。自工商同業公會法公布後，遲至民國二十年，始由舊公會會員十三銀行聯合改設銀行同業公會新組織，於是年十二月三十一日呈報成立。二十一年以後，除廣東銀行暫行停業外，中國農工、中國通商、中國國貨、中國農民四家銀行，相繼入會，故現時同業公會會員，已增至十六銀行矣。

會員銀行

中國銀行	交通銀行	浙江興業銀行
聚興誠銀行	鹽業銀行	金城銀行
四明銀行	上海銀行	浙江實業銀行
中國實業銀行	大陸銀行	中國國貨銀行
中南銀行	中國農工銀行	中國通商銀行
中國農民銀行		

二、漢口錢業公會

民元前漢口錢業組合，本有錢幫公所、錢業公會兩處，公所爲錢業中人祀神之用，公會則爲各莊比期集合之所，由紹幫、漢幫、徽幫錢莊籌資創立，每逢比期，日間會議拆息，晚間辦理匯劃。民元後，改爲每日議市。民八公所名稱取消，公會亦改組，由會員中選舉會長主持之。民十九改稱漢口市錢業同業公會，改爲委員制，各莊經理，均爲該會會員，再推舉委員主持之。

會員錢莊

衍源銀號	正泰銀號	均裕銀號
元盛錢莊	新安錢莊	信豐錢莊
安裕協記莊	協成錢莊	長裕錢莊
瑞隆新記莊	寶興生記莊	新德錢莊
濟生錢莊	惠和錢莊	廣裕錢莊
福源錢莊	晉和錢莊	謙通錢莊
正裕錢莊	元和新記莊	誠記錢莊
恒泰錢莊	同豐錢莊	同義信記莊
瑞怡錢莊	恒祥錢莊	

附錄：民國十六年武漢現金集中經過述略

民國十六年間，政府清黨，寧漢分裂，武漢爲□黨盤據，實行現金集中政策，將國有之中央銀行及有官股之中國、交通兩銀行所存現金搜提凈盡，其他商業銀行當時亦連帶停兌。於是銀行之信用掃地，紙幣之價值暴跌，法價雖經屢定，仍無若何效果，金融紊亂，物價騰貴，最後鈔票一元，定爲值銀二角，故比時購普通緞鞋一雙，動需數十元，洵屬駭人聽聞，亦空前未有之怪現象也。且當時浙江興業及中南等銀行所發行之漢鈔，均暗行收藏，而市面流通之紙幣，爲數甚少，每感不敷應用，於是發行國庫券二百萬，先以之充作餉糈，令軍人强在市面使用，繼則公務員薪俸按成搭發，以便推行，市面紙幣流通者，除中、中、交三行之鈔票外，盡爲國庫券，市價萬分跌落，咸不樂於收受，商民交困，怨聲載道，尤以軍人强橫行使爲苦，以致商店相繼停閉，即開門貿易者，亦停止進貨，而小販買賣困難，更勿論矣。在法價未規定以前，商家損失最巨者爲典當業，蓋人民以賤價紙幣，紛向典當贖取，不旬日間，武漢典當業三百數十萬之資本，一概變爲低值紙幣，是以全體破産，盡行歇業，而錢莊因週轉不靈，亦多數倒閉。私人方面，以紙幣償還借款，而引起糾紛者，時有所聞，混亂情形，達於極點。迨西征軍来鄂，申鈔隨之入境，浙江興業及中南等銀行所發行之漢鈔，均恢復以前信用，照常兌現，武漢金融，始慶回蘇，中央、中國、交通三銀行之漢鈔及臨時發行之國庫券，則失其貨幣流通之功效矣。

合　作

壹、沿　革

一、本省合作事業緣起

湖北合作事業，在民國十五年以前，尚無所聞。當十六、十七年間，有少數熱心合作文字上之宣傳與研究，武漢市内，始有類似合作方式之商店，在鄂北襄陽縣鹿頭鎮爲防禦土匪，有類似合作方式之保安合作社之組織。迨十八年，漢口特別市政府社會局楊局長在春倡導合作，於局内設置漢口市合作事業指導委員會，成立合作人員養成所，並組織社會局職工消費合作社，由是規劃指導，得以次第進行。而武漢市内合作運動，遂極盛一時，期年之間，成立及籌備者，不下二十餘社。惟在此短期中，合作知識與信仰，並未深入市民之心，社員份子，亦多不健全，合作基礎，自欠堅實，加以市政府改組，人員更換，二十年洪水爲災，各業均遭損害，故至二十一年十月，在武漢市内，僅存八社而已。茲列表如下：

各種合作社

名稱	所在地	成立		性質	社員數	職員數	股本總數（元）	經營事業
		年	月					
漢口市既濟電廠職工消費合作社	大王廟	18	10	消費	470	13	5 000	米及日用品

續表

名稱	所在地	成立		性質	社員數	職員數	股本總數（元）	經營事業
		年	月					
漢口市既濟水廠職工消費合作社	宗關	20	4	消費	300	13	3 000	米及日用品
漢陽兵工廠職工消費合作社	漢陽	18	9	〃	5 000	12	20 000	米
漢口市信用合作社	上海銀行二樓	20	4	信用	31	12	100 000	放款
漢口市國產絲油湯粉山貨合作社	黃陂街樹德里	20	6	運銷	45	12	50 000	運銷各種土貨
漢口市染織生產合作社	貧民工廠舊址	20	3	生產	50	11	1 000	染織呢布
武昌紡織業職工消費合作社	武勝門積玉橋	21	7	消費	17 000	25	17 000	米
漢口市國貨合作社	保華街	20	4	〃	600	21	18 000	米炭及日用品
鹿頭鎮產業合作社	棗陽縣鹿頭鎮	20	3	販賣購買信用保安土地	210	7	2 000	

附註：本表依據民國廿一年十月湖北省合作事業指導委員會調查填列。

二、本省合作事業指導委員會之經過

民國二十年夏季，鄂省受空前水災，農業破產，工商凋敝，省政府撥款籌設農民貸款處，以資救濟，又經建設廳李廳長書城向省府建議設立湖北省合作事業指導委員會，以促進農民從事合作，俾便恢復農村經濟，旋經省府會議通過，依據章程，着手組織，由李廳長兼任委員長，聘任馬伯援爲副委員長，嗣因馬氏辭職，聘李中孚爲副委員長兼專任委員，於二十一年九月開始辦公，所有設計、宣傳、調查、指導、訓練諸事宜，由專任委員三人負責分擔進行。是年十月，豫鄂皖三省剿匪總司令部決定以推行農村合作，爲組織農民恢復農村經濟之方法，並制定剿匪區內農村合作社條例，頒飭遵行，同時籌設豫鄂皖贛四省農村合作指導員訓練所於武昌，以養成實地指導人材。當時鄂省合作事業指導委員會，一方面因總司令部已有實施四省合作事業之整個規劃，他方面因省庫支絀，省府奉總部令縮減開支，故該會于十月下旬，即奉令結束，爲時雖僅兩月，但訂定推行計劃及合作實施上所需之一切準備工作，亦該會努力之成績也。

三、農村金融救濟處及四省農民銀行辦理合作情形

豫鄂皖三省剿匪總司令部爲謀收復匪區善後，特制定公佈剿匪區內各省農村金融緊急救濟條例，設農村金融救濟處於漢口，於二十一年十一月成立，分發佐導員前往總部核定適用救濟條例之縣份，指導農民組織農村合作預備社，在鄂省方面最初核定之縣分，爲黃安、羅田、陽新、沔陽、潛江、監利、通山、通城、英山九縣，嗣後又漸次核增禮山、大冶、鄂城、麻城、崇陽、鶴峯、恩施等縣。迨二十三年上季，此項預備社，多已屆約定還款時期，因即按照原定步驟，指導之改組爲正式信用合作社。

豫鄂皖贛四省農民銀行，於二十二年四月在漢口成立總行後，除辦理放款存款業務外，並派有合作指導員指導農民組織合作社，在本省內

辦理區域，爲黃陂、江陵、宜昌、漢川、黃梅，以及武昌、漢陽、漢口近郊之一部分，其所組合作社之性質，多屬信用，內有極少數兼營其他業務。

四、華洋義賑會湖北分會辦理合作情形

華洋義賑會湖北分會，亦於二十二年春季成立，最初在漢陽武昌襄陽等縣指導農民組織合作社，旋復加辦天門漢口近郊，並決定擴充至蘄春、宜城、漢川、廣濟、黃梅、枝江、松滋等縣，而武昌、漢陽及漢口近郊，則與四省農民銀行商定分區指導，其所組設者，幾全爲信用合作社，每社社員人數，自十人乃至二十餘人者佔最多。

五、湖北省農村合作委員會之成立

剿匪區內各省農村合作社條例，原有設立省農村合作委員之規定，二十三年二月，南昌行營制定公佈合委會之組織規程後，隨即任命湖北財政廳長賈士毅兼任本省合委會委員長，馬伯援爲委員兼總幹事，飭即着手組設，遴委職員，於三月二十四日開始辦公，一面召集四省農村合作指導訓練所鄂籍畢業學員來會報到，聽候分派工作，一面草擬推行計劃，整理應用之各種章則書表，旋即召開委員會議，決定各項重要案件，並委派駐各縣農村合作指導員四十三人，令於五月一日出發分赴各縣，成立駐縣合作指導員辦事處，深入農村實地工作，選定黃岡、浠水、孝感、安陸、隨縣、棗陽、應城七縣爲最先舉辦之區，旋加辦咸寧、嘉魚、雲夢三縣，嗣又接辦前農村金融救濟處移交黃安等十六縣救濟工作，接辦農民銀行經辦之武昌等八縣市合作事宜，自此本省農村合作事業，多由該委員會負領導之任務矣。

貳、近　　況

一、指導機關

湖北全省合作事業指導機關有四：

甲、湖北省農村合作委員會，亦即湖北合作事業省主管官署，派遣指導員，分赴各縣指導農民組織合作社或合作預備社及合作社聯合社，計設有指導員辦事處或指導員之縣份，爲安陸、應城、孝感、黃岡、棗陽、隨縣、浠水、咸寧、嘉魚、雲夢、武昌、漢陽、黃梅、宜昌、江陵、漢川、黃陂、漢口、陽新、潛江、沔陽、鄂城、監利、恩施、麻城、鶴峯、崇陽、大冶、黃安、英山、通城、通山、禮山、羅田、蒲圻、廣濟、蘄春、鍾祥、京山等三十九縣市，該會並附設有全省合作社供運業務代辦處，專代各合作社購買貨物及銷售產品。

乙、實業部合作事業湖北省辦事處，在武昌、漢陽、襄陽、天門及漢口市（以上各縣市，係前華洋義賑會湖北分會移辦區域）指導組織合作社。

丙、湖北省棉產改進所，在襄陽、光化、穀城、宜城、天門等縣，指導組織棉花生產運銷合作社。

丁、中國農民銀行，在咸寧、來鳳、五峯等縣，指導組織合作預備社。

二、組社及貸放情形

湖北省各縣推行合作社之組織，均按照省合作委員會預定之計劃，分期進行，如其推行區域以內，合作社發展至相當程度者，即進而組織合作社聯合社，俾以雄厚之資力，經營大規模之業務。匪災區域，如羅田、英山、浠水、黃陂、麻城等縣，則分別指導組織合作預備社，於最短期間，以簡單手續，發放貸款，俾劫後災黎得所救濟。至於各縣合作社、預備社及區聯合社之借款來源，大都倚重於中國農民銀行，惟實業部合作事業駐鄂辦事處與湖北省棉業改進所之貸款來源，則各自料理，初不以農行爲限，統計全省合作貸款數目，已達二百五十萬元以上（内中還款及結欠，約各佔半數），綜之，二十五年以内，各縣合作組織工作及放款還款，均有卓越進步與良好信用矣。

三、本省各縣市正式合作社概况

截止廿五年底止

縣市	社數	社員數	社股數	股金總數（元）	已繳股金數（元）	貸款金額（元）	到期收還金額（元）
總計	2 501	128 763	144 012	326 629	177 216.70	1 732 501.31	951 213.39
武昌	439	10 628	11 147	22 066	13 149.00	286 058.97	214 269.01
漢陽	152	3 463	3 555	6 211	3 797.50	125 563.00	82 983.00
嘉魚	62	4 037	4 553	14 473	7 624.00	55 801.00	41 507.00
咸寧	135	11 356	11 438	22 876	12 647.00	104 439.00	67 770.48
崇陽	4	319	331	662	662.00	5 100.00	
通山	6	411	519	1 038	519.00		
陽新	4	167	214	428	214.00		
大冶	7	550	632	1 264	632.00	4 527.00	
鄂城	28	2 569	2 821	5 642	2 821.00	20 678.00	9 098.40
黃岡	120	12 400	14 792	31 744	17 601.00	141 295.00	32 394.05

續表

縣市	社數	社員數	社股數	股金總數（元）	已繳股金數（元）	貸款金額（元）	到期收還金額（元）
浠水	71	7 122	9 076	25 791	12 861.00	71 048.00	36 431.50
黃梅	47	1 409	1 418	5 672	4 370.00	78 483.34	35 653.06
羅田	5	154	163	326	163.00	1 758.00	
麻城	10	603	670	1 454	727.00	17 694.00	2 854.00
黃陂	110	3 023	3 175	6 460	3 593.00	65 350.00	65 300.98
禮山	11	1 094	1 094	2 188	1 094.00	10 783.00	1 510.00
孝感	124	8 026	9 540	25 215	12 936.50	73 948.50	23 320.17
雲夢	80	5 358	5 532	11 229	5 804.50	65 821.00	42 997.00
漢川	48	3 057	3 148	6 296	3 439.00	43 098.00	11 574.00
應城	123	7 917	8 945	28 944	14 306.00	79 554.00	28 957.24
安陸	117	7 863	8 194	16 546	8 503.50	86 311.00	42 333.75
隨縣	82	4 839	5 652	12 565	6 132.50	18 254.00	6 174.00
鍾祥	4	182	182	728	364.00		
京山	6	384	384	1 536	768.00		
天門	42	743	744	1 488	1 107.00	8 084.00	3 000.00
沔陽	37	1 762	1 820	2 644	1 901.00	16 289.00	3 866.00
潛江	28	2 290	4 624	9 248	5 547.00	17 540.00	440.00

續表

縣市	社數	社員數	社股數	股金總數（元）	已繳股金數（元）	貸款金額（元）	到期收還金額（元）
監利	116	7 336	7 505	15 010	7 505.00	44 913.00	38 342.75
江陵	30	1 037	1 037	2 074	1 295.00	22 538.50	22 538.50
宜城	57	2 604	2 703	5 406	2 703.00	20 363.00	12 429.00
棗陽	63	4 613	6 827	14 874	9 097.00	23 985.00	8 953.00
襄陽	184	5 243	5 270	10 298	5 221.70	59 190.00	40 078.00
光化	29	1 724	1 724	3 448	1 724.00	5 345.00	5 345.00
穀城	43	2 308	2 308	4 616	2 308.00	14 290.00	3 247.00
宜昌	39	1 034	1 060	2 471	1 782.50	36 246.00	7 013.50
漢口市	38	1 138	1 215	3 698	2 297.00	108 153.00	60 828.00

四、本省各縣合作社區聯合社概況

截至廿五年底止

縣市	社數	社員數	社股數	股金總數（元）	已繳股金數（元）	貸款金額（元）	到期收還金額（元）
總計	41	504	3 059	58 977	26 532.50	48 700.00	455.00
武昌	2	21	61	1 010	835.00	6 000.00	
嘉魚	2	21	130	2 600	896.00	2 000.00	

續表

縣市	社數	社員數	社股數	股金總數（元）	已繳股金數（元）	貸款金額（元）	到期收還金額（元）
咸寧	5	95	589	11 780	4 937.00	9 400.00	
黃岡	5	71	712	14 240	7 703.00	7 000.00	
浠水	3	31	196	3 920	1 319.00	3 000.00	
黃梅	1	18	47	1 410	1 410.00		
孝感	4	40	190	3 800	1 269.50	6 000.00	
雲夢	3	33	177	3 540	1 364.00	5 500.00	455.00
漢川	1	14	77	1 540	518.00		
應城	7	67	380	7 620	3 386.00	6 000.00	
安陸	2	23	170	917	310.00	3 800.00	
隨縣	4	49	253	5 060	1 989.00		
江陵	1	10	24	480	240.00		
棗陽	1	11	53	1 060	356.00		

五、本省各縣合作預備社概況

截至廿五年底止

縣別	社數	社員數	貸款金額（元）	到期收還金額（元）
總計	2 072	119 083	754 323.40	366 546.37

縣別	社數	社員數	貸款金額（元）	到期收還金額（元）
咸寧	35	4 423	13 296.00	13 296.00
蒲圻	32	3 202	14 785.00	10 781.10
崇陽	60	2 474	26 945.00	20 813.36
通城	34	2 636	25 065.00	2 858.80
通山	115	4 051	32 446.00	21 669.31
陽新	448	15 824	92 269.00	53 243.60
大冶	72	3 581	36 075.00	14 097.80
鄂城	49	3 690	27 053.00	18 641.70
黃岡	39	2 553	11 437.00	3 262.00
浠水	24	1 483	10 519.00	3 918.00
蘄春	11	1 052	6 000.00	
廣濟	13	708	6 000.00	
黃梅	13	715	3 496.00	
英山	144	8 454	80 369.00	24 027.46
羅田	216	18 711	90 000.00	18 669.30
麻城	71	3 852	20 196.00	17 459.00
黃安	128	11 503	50 000.00	13 786.50

縣別	社數	社員數	貸款金額（元）	到期收還金額（元）
黃陂	20	1 000	5 000.00	
禮山	83	3 968	27 280.00	4 989.50
孝感	25	1 117	5 585.00	3 200.00
沔陽	93	5 862	45 000.00	44 096.00
潛江	77	5 330	46 965.00	33 902.00
監利	147	5 343	42 744.00	42 695.10
鶴峯	59	3 344	9 643.00	939.84
恩施	64	4 207	26 155.40	200.00

財　　政

壹、概　　說

　　本省財政，在未裁釐以前，省庫收入，向以釐稅爲大宗。自二十年一月遵照中央明令裁釐以後，省庫驟失大宗收入，雖舉辦營業稅以資抵補，但開辦之初，收數甚微，較之釐金，相差甚鉅，益以同年大水爲災，民生凋敝，商業蕭條，各項稅收較前更爲短絀，而支出各項經費較大，收支不敷甚鉅，本省財政遂陷於極度艱窘之境。至二十一年十月奉令實行緊縮政策，以謀收支平衡，乃將本省各機關經費自二十一年十一月份起，一律實施裁減併，自是以後，本省財政始逐漸納於正軌，收支兩方勉相適合。惟是各項事業，正須逐漸發展，其所需經費，因而隨之膨漲，故二十一年度以後預算每年度均有增加。茲將最近三年度省地方預算以及二十四年度省縣市地方預算，暨各縣各項稅捐額徵數實徵數按縣比較，並與全省人民負擔比較，分別列表（二十四年度本省各機關實支經費因材料不全暫付闕如），並將各表編製方法略述於下。

　　一、全省財政總收支統計，除國家收支各款係就調查所得材料編列外，其餘均係根據二十四年度省縣市地方預算所列經臨費數目分別併計彙列總表。

　　二、二十四年度省地方預算原編數目，收支雙方均爲 24 553 000 元，茲將漢口市預算數 4 552 000 元，武昌市預算數 392 000 元，宜昌等七埠公安經費預算 189 000 元及屬於營業性質之款 128 000 元，一併剔出另列，故省地方預算祇列銀 19 292 000 元。

三、各市鎮收支預算表，如武昌市政處所列收入 683 000 元，有省庫補助 291 000 元在內，宜昌等七埠公安經費所列收入 250 000 元，有省庫補助 61 000 元在內，第三特別區所列收入 250 000 元，有漢口市政府補助 5 000 元在內。

四、縣地方預算表內所列另款收支一欄，如保安堤工兩項經費，因不能分縣填列，故祇列總數，其保甲經費係查檔卷數目編列。

五、本省各縣各項稅款額徵數、實徵數按縣比較表，所列各項額徵數，均根據財政廳規定數目填列，至各縣田賦實徵數，係根據各縣田賦月報表編列，契稅實徵數因月報不全，係就省庫登簿實收數編列，其營業稅、屠宰稅、牙捐稅、當稅、菸酒牌照等稅實徵數，均根據各縣呈報徵解稅捐月報表分別編列。

六、全省人民負擔比較表，內容編製情形已於該表說明欄內註明。

七、省地方預算三年度比較表之編製，係將二十三、二十四兩年度原列預算數目依照二十五年度預算新訂科目歸納編列，其中二十四年度預算包括武昌市及宜昌等七埠公安費在內，故與前表數目不同。

貳、收　　支

一、二十四年度全省總收支

單位：元

總收入

科目	共計	國家	省地方	縣市地方	百分比		
					共計	國家	省縣市
總計	**77 580 000**	**42 590 000**	**19 292 000**	**15 698 000**	**100.00**	**100.00**	**100.00**
關稅	24 500 000	24 500 000			31.58	57.53	
鹽稅	14 000 000	14 000 000			18.05	32.87	
菸酒稅	600 000	600 000			0.78	1.41	
印花稅	730 000	730 000			0.94	1.71	
鑛稅	260 000	260 000			0.34	0.61	
統稅	2 500 000	2 500 000			3.22	5.87	
田賦	7 904 000		2 050 000	5 854 000	10.19		22.60
契稅	1 522 000		770 000	752 000	1.96		4.34
營業稅	4 827 000		3 742 000	1 085 000	6.23		13.79
房捐	1 393 000			1 393 000	1.79		3.98

總支出

科目	共計	國家	省地方	縣市地方	百分比		
					共計	省	縣市
總計	77 580 000	42 590 000	18 662 000	16 328 000	100.00	100.00	100.00
黨務費	230 000		130 000	100 000	0.66	0.69	0.61
行政費	7 109 000		2 954 000	4 155 000	20.32	15.83	25.45
司法費	1 780 000		1 780 000		5.08	9.54	
公安費	8 652 000		2 689 000	5 963 000	24.73	14.41	36.52
財務費	4 440 000	3 000 000	975 000	465 000	4.12	5.22	2.85
教育文化費	4 134 000		2 260 000	1 874 000	11.82	12.11	11.48
實業費	452 000		300 000	152 000	1.29	1.61	0.94
交通費	159 000		10 000	149 000	0.46	0.05	0.92
衛生費	302 000			302 000	0.87		1.85
建設費	5 632 000		3 600 000	2 032 000	16.09	19.29	12.44

總收入

科目	共計	國家	省地方	縣市地方	百分比		
					共計	國家	省縣市
地方財産收入	1 266 000		720 000	546 000	1.63		3.64
地方事業收入	71 000		5 000	66 000	0.09		0.20
地方行政收入	712 000		660 000	52 000	0.92		2.03
地方營業純益	425 000		425 000		0.54		1.21
補助款收入	8 690 000		7 800 000	890 000	11.21		24.82
債款收入	4 000 000		3 000 000	1 000 000	5.15		11.42
其他收入	4 180 000		120 000	4 060 000	5.38		11.97

附註：一、表列國家收支各款，係就主管國稅機關送到材料，分別編列，關稅收入有堤工附加
　　　　　1 500 000 元在內，至支出方面除財務費外，尚須調查，故列入待查。

二、省縣市地方收支各款，均係根據二十四年度預算分別編列。

三、保安、保甲、堤捐等項收支，係按款目性質歸納，收入方面縣市地方收入欄內，所
　　列田賦、營業稅均有保安收入在內，其他收入有保安經費在內；支出方面，保安經
　　費列入公安費內，保甲經費列入行政費內，堤費列入建設費內。

四、特稅因有特殊情形，本表未列，其撥補地方或地方附加，均作爲中央補助款。

五、本表爲避免數目重複起見，特將省庫補助縣市之款剔出不列。

六、總支出百分比共計，係專對省縣市，國家支出不包括在內。

續表

總支出

科目	共計	國家	省地方	縣市地方	百分比		
					共計	省	縣市
協助費	251 000		54 000	197 000	0.71	0.29	1.20
撫卹費	64 000		60 000	4 000	0.18	0.33	0.02
債務費	3 506 000		3 020 000	486 000	10.01	16.18	2.98
其他支出	969 000		830 000	139 000	2.76	4.45	0.85
待查	39 900 000	39 590 000		310 000	0.89		1.89

二、二十四年度省地方收支預算

單位：元

收入		支出			
科目	預算數	科目	預算數	科目	預算數
總計	**19 292 000**	**總計**	**19 292 000**		
田賦	**2 050 000**	**黨務費**	**130 000**	義務教育	340 000
契稅	**770 000**	**行政費**	**2 954 000**	軍事教育	50 000
契稅	700 000	省政府	880 000	衛生教育	50 000
契紙費	70 000	行政督察專員	400 000	留學經費	120 000
營業稅	**3 742 000**	縣政府	1 160 000	文化事業	90 000
普通營業稅	3 000 000	土地整理與清查	320 000	補助及津貼	70 000
牙行營業稅	200 000	禁煙	160 000	其他	20 000
當業營業稅	2 000	地方政務研究會	30 000	**實業費**	**300 000**
屠宰稅營業稅	410 000	公務人員懲戒委員會	1 000	農林	80 000
菸酒牌照費	130 000	公務人員資格審查委員會	3 000	農村合作	120 000
地方財產收入	**720 000**	**司法費**	**1 780 000**	礦業	30 000
各項租金	620 000	法院	700 000	工商	70 000
銀行股息	100 000	承審員	170 000	**交通費**	**10 000**
地方事業收入	**5 000**	監所	600 000	無綫電台	10 000
書報	2 000	逾額囚糧	30 000	**建設費**	**3 600 000**
農林	3 000	司法臨時費	280 000	修築公路	3 000 000

續表

收入		支出			
科目	預算數	科目	預算數	科目	預算數
地方行政收入	**660 000**	**公安費**	**2 689 000**	其他	600 000
司法收入及司法補助	350 000	保安處指揮部及各團	900 000	**協助費**	**684 000**
各項罚金	60 000	保安經費總經理處	40 000	管理漢冶萍湖北債捐處	6 000
取締營業憑照	250 000	武漢警備旅	540 000	武昌漢陽路燈費	7 000
地方營業純益	**425 000**	省會公安局	610 000	區署及縣政補助費	275 000
補助款收入	**7 800 000**	水上公安局	826 000	武昌市政補助費	290 000
中央補助	7 200 000	鷄公山管理局	3 000	宜昌等七埠公安經費	65 000
築路補助費	600 000	服裝	250 000	國醫分館	1 000
債款收入	**3 000 000**	其他	20 000	大同日報	6 000
其他收入	**120 000**	**財務費**	**975 000**	武漢大學補助費	24 000
		行政	120 000	其他	10 000
		徵收	780 000	**撫卹費**	**60 000**
		土地陳報	75 000	**債務費**	**3 020 000**
		教育文化費	**2 260 000**	公債本息	2 130 000
		行政	20 000	借款	770 000
		中等教育	950 000	積欠經費	120 000
		初等教育	450 000	**其他支出**	**830 000**
		社會教育	100 000		

附註：一、本表根據二十四年度省地方預算，除營業部分剔出另編外，其餘均按科目分別歸納編列。

二、漢口市、武昌市、宜昌等七埠收支預算，概未列入。

三、二十四年度各縣地方歲入預算

單位：元

| 縣別 | 總計 | 地方收 | | | | | 地方收 |
		共計	田賦	契稅	營業稅	房捐	地方財產收入
總計	9 934 000	3 434 000	1 640 000	404 000	374 000	20 000	391 000
第一區	1 484 000	534 000	208 000	43 000	74 000	12 000	80 000
武昌	217 000	98 000	25 000	15 000	30 000		20 000
漢陽	173 000	79 000	20 000	6 000	10 000	6 000	35 000
嘉魚	120 000	38 000	20 000	2 000	6 000	2 000	3 000
咸寧	91 000	25 000	10 000	3 000	4 000		2 000
蒲圻	135 000	48 000	24 000	3 000	5 000		1 000
崇陽	97 000	29 000	14 000	2 000	2 000	1 000	5 000
通城	80 000	29 000	15 000	1 000	2 000	1 000	5 000
通山	50 000	19 000	5 000	1 000	2 000		1 000
陽新	129 000	49 000	38 000	2 000	3 000		1 000
大冶	208 000	81 000	14 000	2 000	5 000	2 000	2 000
鄂城	184 000	39 000	23 000	6 000	5 000		5 000
第二區	1 629 000	542 000	329 000	58 000	60 000		68 000

入			另款收入					
地方事業收入	輔助款收入	其他收入	共計	田賦		營業稅	保甲捐	縣別
				保安	堤工			
1 000	204 000	400 000	6 500 000	3 804 000	90 000	409 000	2 197 000	總計
	69 000	48 000	950 000	546 000	13 000	74 000	317 000	第一區
	8 000		119 000	50 000	2 000	10 000	57 000	武昌
		2 000	94 000	40 000	1 000	5 000	48 000	漢陽
	5 000		82 000	55 000	2 000	5 000	20 000	嘉魚
	6 000		66 000	30 000	1 000	15 000	20 000	咸寧
	15 000		87 000	44 000	2 000	11 000	30 000	蒲圻
	4 000	1 000	68 000	49 000		1 000	18 000	崇陽
	5 000		51 000	45 000			6 000	通城
	10 000		31 000	15 000	1 000	5 000	10 000	通山
	5 000		80 000	68 000		7 000	5 000	陽新
	11 000	45 000	127 000	73 000	2 000	7 000	45 000	大冶
			145 000	77 000	2 000	8 000	58 000	鄂城
	23 000	4 000	1 087 000	610 000	14 000	46 000	417 000	第二區

縣別	總計	共計	田賦	契稅	營業稅	房捐	地方收 地方財 產收入
黃岡	278 000	81 000	63 000	5 000	6 000		7 000
浠水	198 000	65 000	40 000	6 000	8 000		11 000
蘄春	192 000	51 000	30 000	8 000	4 000		8 000
廣濟	149 000	54 000	35 000	8 000	6 000		5 000
黃梅	91 000	45 000	30 000	2 000	4 000		6 000
英山	53 000	28 000	15 000	3 000	1 000		6 000
羅田	72 000	27 000	17 000	4 000	3 000		3 000
麻城	195 000	54 000	27 000	10 000	7 000		8 000
黃安	140 000	50 000	30 000	2 000	3 000		3 000
黃陂	173 000	60 000	30 000	7 000	12 000		10 000
禮山	88 000	27 000	12 000	3 000	6 000		1 000
第三區	1 944 000	600 000	320 000	78 000	88 000		38 000
孝感	191 000	53 000	30 000	4 000	15 000		2 000
雲夢	79 000	31 000	15 000	3 000	6 000		3 000
漢川	147 000	47 000	30 000	3 000	6 000		8 000
應城	223 000	100 000	20 000	5 000	8 000		2 000

入			另款收入					縣別
地方事業收入	輔助款收入	其他收入	共計	田賦		營業稅	保甲捐	
				保安	堤工			
			197 000	109 000	2 000	6 000	80 000	黄岡
			133 000	80 000	3 000		50 000	浠水
	1 000		141 000	80 000	4 000		57 000	蘄春
			95 000	53 000	2 000	12 000	28 000	廣濟
	2 000	1 000	46 000	18 000	2 000	6 000	20 000	黄梅
	3 000		25 000	10 000			15 000	英山
			45 000	25 000			20 000	羅田
		2 000	141 000	60 000		14 000	67 000	麻城
	12 000		90 000	48 000		4 000	38 000	黄安
		1 000	113.000	86 000	1 000	4 000	22 000	黄陂
	5 000		61 000	41 000			20 000	禮山
1 000	**6 000**	**69 000**	**1 344 000**	**729 000**	**21 000**	**120 000**	**474 000**	**第三區**
		2 000	138 000	83 000	3 000	7 000	45 000	孝感
	2 000	2 000	48 000	28 000	2 000	4 000	14 000	雲夢
			100 000	50 000		12 000	38 000	漢川
		65 000	123 000	43 000	3 000	42 000	35 000	應城

縣別	總計	地方收					
		共計	田賦	契稅	營業稅	房捐	地方財產收入
安陸	98 000	33 000	20 000	4 000	5 000		3 000
應山	130 000	43 000	20 000	7 000	10 000		6 000
隨縣	269 000	69 000	30 000	25 000	6 000		7 000
鍾祥	270 000	77 000	45 000	14 000	15 000		3 000
京山	191 000	56 000	45 000	4 000	5 000		2 000
天門	346 000	91 000	65 000	9 000	12 000		2 000
第四區	1 731 000	530 000	325 000	70 000	38 000		68 000
沔陽	306 000	82 000	65 000	6 000	9 000		2 000
潛江	170 000	40 000	35 000	2 000	1 000		2 000
監利	184 000	61 000	45 000	4 000	4 000		2 000
石首	119 000	46 000	25 000	5 000	4 000		12 000
公安	164 000	58 000	30 000	8 000	5 000		15 000
松滋	133 000	51 000	27 000	12 000	4 000		5 000
枝江	108 000	41 000	20 000	6 000	6 000		5 000
江陵	295 000	84 000	40 000	9 000	4 000		15 000

續表

地方事業收入	輔助款收入	其他收入	共計	田賦 保安	田賦 堤工	營業稅	保甲捐	縣別
	1 000		65 000	35 000			30 000	安陸
			87 000	45 000			42 000	應山
1 000			200 000	114 000		16 000	70 000	隨縣
			193 000	112 000	3 000	18 000	60 000	鍾祥
			135 000	84 000	5 000	6 000	40 000	京山
3 000			255 000	135 000	5 000	15 000	100 000	天門
7 000	**22 000**		**1 201 000**	**669 000**	**33 000**	**76 000**	**423 000**	**第四區**
			224 000	98 000	4 000	32 000	90 000	沔陽
			130 000	96 000	2 000	4 000	28 000	潛江
		6 000	123 000	55 000	5 000	10 000	53 000	監利
			73 000	43 000	2 000	2 000	26 000	石首
			106 000	65 000	3 000	5 000	33 000	公安
3 000			82 000	43 000	2 000	2 000	35 000	松滋
4 000			67 000	37 000	2 000	3 000	25 000	枝江
		16 000	211 000	115 000	6 000	15 000	75 000	江陵

縣別	總計	地方收					
		共計	田賦	契稅	營業稅	房捐	地方財產收入
荊門	252 000	67 000	38 000	18 000	1 000		10 000
第五區	1 082 000	354 000	164 000	58 000	51 000	8 000	42 000
宜城	116 000	34 000	14 000	8 000	5 000		2 000
棗陽	175 000	53 000	25 000	10 000	13 000		5 000
襄陽	272 000	106 000	60 000	10 000	11 000	3 000	10 000
光化	171 000	47 000	25 000	8 000	5 000	5 000	1 000
穀城	146 000	42 000	15 000	10 000	10 000		6 000
保康	54 000	22 000	10 900	2 000	3 000		2 000
南漳	148 000	50 000	15 000	10 000	4 000		16 000
第六區	917 000	459 000	48 000	41 000	23 000		58 000
遠安	50 000	26 000	7 000	2 000	2 000		10 000
當陽	159 000	49 000	18 000	8 000	8 000		10 000
宜都	105 000	38 000	10 000	9 000	4 000		10 000
宜昌	419 000	272 000	3 000	12 000	4 000		20 000
興山	37 000	17 000	1 000	3 000	2 000		1 000

續表

入			另款收入					縣別
地方事業收入	輔助款收入	其他收入	共計	田賦		營業稅	保甲捐	
				保安	堤工			
			185 000	117 000	7 000	3 000	58 000	荊門
	17 000	**14 000**	**728 000**	**442 000**	**7 000**	**33 000**	**246 000**	**第五區**
	5 000		82 000	58 000	2 000	2 000	20 000	宜城
			122 000	86 600		4 000	32 600	棗陽
		12 000	166 000	80 000	3 000	5 000	78 000	襄陽
	2 000	1 000	124 000	84 000	2 000	16 000	22 000	光化
		1 000	104 000	58 000		2 000	44 000	穀城
	5 000		32 000	25 000			7 000	保康
	5 000		98 000	51 000		4 000	43 000	南漳
	51 000	**238 000**	**458 000**	**303 000**	**2 000**	**42 000**	**111 000**	**第六區**
	5 000		24 000	20 000			4 000	遠安
	5 000		110 000	86 000		4 000	20 000	當陽
	1 000	4 000	67 000	49 000	1 000	1 000	16 000	宜都
		233 000	147 000	88 000	1 000	32 000	26 000	宜昌
	10 000		20 000	9 000		1 000	10 000	興山

縣別	總計	地方收					
		共計	田賦	契稅	營業稅	房捐	地方財產收入
秭歸	64 000	20 000	5 000	3 000	1 000		1 000
長陽	57 000	21 000	3 000	3 000			5 000
五峯	26 000	16 000	1 000	1 000	2 000		1 000
第七區	**528 000**	**199 000**	**119 000**	**19 000**	**23 000**		**17 000**
鶴峯	31 000	18 000	6 000	1 000	2 000		1 000
宣恩	48 000	21 000	15 000	2 000	2 000		1 000
來鳳	52 000	20 000	10 000	2 000	2 000		3 000
咸豐	54 000	23 000	16 000	2 000	1 000		2 000
利川	74 000	24 000	16 000	3 000	3 000		2 000
恩施	115 000	41 000	20 000	5 000	5 000		6 000
建始	73 000	26 000	18 000	1 000	6 000		1 000
巴東	81 000	26 000	18 000	3 000	2 000		1 000
第八區	**619 000**	**216 000**	**127 000**	**37 000**	**17 000**		**20 000**
房縣	121 000	31 000	21 000	6 000	3 000		1 000
均縣	116 000	46 000	25 000	6 000	3 000		5 000

續表

入			另款收入					縣別
地方事業收入	輔助款收入	其他收入	共計	田賦		營業稅	保甲捐	
				保安	堤工			
	10 000		44 000	16 000		4 000	24 000	秭歸
	10 000		36 000	30 000			6 000	長陽
	10 000	1 000	10 000	5 000			5 000	五峯
	21 000		**329 000**	**210 000**		**12 000**	**107 000**	**第七區**
	8 000		13 000	10 000			3 000	鶴峯
	1 000		27 000	16 000			11 000	宣恩
	3 000		32 000	17 000		3 000	12 000	來鳳
	2 000		31 000	20 000			11 000	咸豐
			50 000	37 000		3 000	10 000	利川
	5 000		74 000	41 000		5 000	28 000	恩施
			47 000	35 000			12 000	建始
	2 000		55 000	34 000		1 000	20 000	巴東
	10 000	**5 000**	**403 000**	**295 000**		**6 000**	**102 000**	**第八區**
			90 000	60 000			30 000	房縣
	2 000	5 000	70 000	57 000		3 000	10 000	均縣

縣別	總計	地方收					
		共計	田賦	契税	營業税	房捐	地方財產收入
鄖縣	147 000	45 000	30 000	10 000	3 000		2 000
竹山	56 000	26 000	15 000	3 000	2 000		2 000
竹谿	87 000	32 000	16 000	6 000	3 000		5 000
鄖西	92 000	36 000	20 000	6 000	3 000		5 000

附註：一、本表係根據二十四年度縣地方預算分別編列。

二、本表所列補助收入係省庫補助及中央印花税款補助。

三、另款收入田賦欄内，保安部份即田畝捐，營業税即商鋪捐。

四、各縣保甲捐大部份係按保征收，至大畈特別區保甲捐 6 000 元，已平均併入咸寧、通山、陽新、大冶等四縣。

五、保甲捐、堤捐，均係估計數目。

續表

入			另款收入					縣別
地方事業收入	輔助款收入	其他收入	共計	田賦		營業税	保甲捐	
				保安	堤工			
			102 000	69 000		1 000	32 000	鄖縣
	4 000		30 000	29 000		1 000		竹山
	2 000		55 000	34 000		1 000	20 000	竹谿
	2 000		56 000	46 000			10 000	鄖西

四、二十四年度各縣地方歲出預算

單位：元

縣別	總計	縣地方						
		共計	行政費	公安費	財務費	教育文化費	實業費	交通費
總計	9 934 000	3 434 000	1 331 000	125 000	205 000	1 270 000	100 000	129 000
第一區	863 000	546 000	208 000	24 000	36 000	193 000	17 000	14 000
武昌	155 000	98 000	35 000	1 000	5 000	44 000	2 000	3 000
漢陽	124 000	76 000	20 000	2 000	7 000	38 000	1 000	1 000
嘉魚	58 000	38 000	15 000	3 000	2 000	10 000	1 000	3 000
咸寧	48 000	28 000	10 000	1 000	3 000	10 000	1 000	1 000
蒲圻	80 000	50 000	20 000	1 000	4 000	20 000	3 000	1 000
崇陽	49 000	31 000	15 000	1 000	2 000	10 000	1 000	
通城	39 000	33 000	10 000	1 000	2 000	15 000	2 000	1 000
通山	29 000	19 000	10 000	1 000	2 000	4 000	1 000	1 000
陽新	57 090	52 000	25 000	2 000	2 000	12 000	3 000	1 000
大冶	126 000	81 000	30 000	10 000	3 000	15 000	1 000	1 000
鄂城	98 000	40 000	18 000	1 000	3 000	15 000	1 000	1 000
第二區	962 000	545 000	195 000	26 000	33 000	216 000	22 000	16 000

支出					另款支出			縣別
衛生費	建設費	協助費	債務費	其他支出	共計	保甲	其他	
8 000	19 000	172 000	6 000	69 000	6 500 000	2 152 000	4 348 000	總計
2 000		40 000		12 000	317 000	294 000	23 000	第一區
		7 000		1 000	57 000	50 000	7 000	武昌
		2 000		5 000	48 000	32 000	16 000	漢陽
		4 000			20 000	20 000		嘉魚
		1 000		1 000	20 000	20 000		咸寧
		1 000			30 000	30 000		蒲圻
		1 000		1 000	18 000	18 000		崇陽
1 000				1 000	6 000	6 000		通城
					10 000	10 000		通山
1 000		4 000		1 000	5.000	5 000		陽新
		20 000		1 000	45 000	45 000		大冶
				1 000	58 000	58 000		鄂城
		25 000		12 000	417 000	417 000		第二區

縣別	總計	縣地方						
		共計	行政費	公安費	財務費	教育文化費	實業費	交通費
黃岡	158 000	78 000	30 000	2 000	4 000	30 000	4 000	2 000
浠水	120 000	70 000	20 000	7 000	4 000	33 000	12 000	1 000
蘄春	109 000	52 000	20 000	2 000	3 000	20 000	1 000	2 000
廣濟	81 000	53 000	20 000	2 000	3 000	15 000	2 000	4 000
黃梅	66 000	46 000	15 000	2 000	3 000	20 000	1 000	1 000
英山	44 000	29 000	15 000	1 000	3 000	5 000		1 000
羅田	45 000	25 000	16 000	1 000	2 000	8 000	1 000	1 000
麻城	123 000	56 000	20 000	2 000	3 000	25 000	3 000	1 000
黃安	87 000	49 006	15 006	1 000	2 000	25 000	2 000	1 000
黃陂	83 000	61 000	20 000	5 000	3 000	25 000	4 000	1 000
禮山	46 000	26 000	10 000	1 000	2 000	10 000	2 000	1 000
第三區	**1 054 000**	**580 000**	**215 000**	**24 000**	**30 000**	**248 000**	**23 000**	**12 000**
孝感	93.000	54 000	25 000	3 000	3.000	18 000	2 000	1 000
雲夢	48 000	34 000	15 000	1 000	3 000	10 000	1 000	1 000
漢川	83 000	45 000	20 000	2.000	3 000	15 000	2 000	1 000

續表

支出					另款支出			縣別
衛生費	建設費	協助費	債務費	其他支出	共計	保甲	其他	
		5 000		1 000	80 000	80 000		黃岡
		1 000		2 000	50 000	50 000		浠水
		3 000		1 000	57 000	57 000		蘄春
		5 000		2 000	28 000	28 000		廣濟
		3 000		1 000	20 000	20 000		黃梅
		3 000		1 000	15 000	15 000		英山
		1 000		1 000	20 000	20 000		羅田
		1 000		1 000	67 000	67 000		麻城
		1 000		1 000	38 000	38 000		黃安
		2 000		1 000	22 000	22 000		黃陂
					20 000	20 000		禮山
		21 000		**7 000**	**474 000**	**474 000**		第三區
		1 000		1 000	45 000	45 000		孝感
		1 000		2 000	14 000	14 000		雲夢
		1 000		1 000	38 000	38 000		漢川

縣別	總計						縣地方	
		共計	行政費	公安費	財務費	教育文化費	實業費	交通費
應城	128 000	93 000	20 000	1 000	4 000	60 000	4 000	1 000
安陸	59 000	29 000	15 000	1 000	2 000	10 000	1 000	
應山	86 000	44 000	20 000	5 000	3 000	10 000	2 000	1 000
隨縣	137 000	67 000	25 000	2 000	3 000	30 000	3 000	2 000
鍾祥	131 000	71 000	30 000	2 000	3 000	25 000	3 000	3 000
京山	96 000	56 000	20 000	2 000	3 000	25 000	2 000	1 000
天門	187 000	87 000	25 000	5 000	3 000	45 000	3 000	1 000
第四區	943 000	520 000	131 000	17 000	28 000	215 000	13 000	12 000
沔陽	170 000	80 000	35 000	5 000	3 000	30 000	2 000	1 000
潛江	69 000	41 000	15 000	1 000	2 000	20 000	1 000	1 000
監利	199 000	56 000	15 000	2 000	3 000	22 000	2 000	4 000
石首	70 000	44 000	15 000	2 000	3 000	18 000	1 000	1 000
公安	88 000	55 000	17 000	2 000	3 000	25 000	2 000	1 000
松滋	88 000	53 000	15 000	1 000	3 000	30 000	1 000	1 000
枝江	65 000	40 000	12 000	1 000	2 000	20 000	1 000	1 000

續表

支出					另款支出			縣別
衛生費	建設費	協助費	債務費	其他支出	共計	保甲	其他	
		3 000			35 000	35 000		應城
					30 000	30 000		安陸
		2 000		1 000	42 000	42 000		應山
		2 000			70 000	70 000		隨縣
		5 000			60 000	60 000		鍾祥
		2 000		1 000	40 000	40 000		京山
		4 000		1 000	100 000	100 000		天門
	18 000	**20 000**		**16 000**	**423 000**	**407 000**	**16 000**	**第四區**
		3 000		1 000	90 000	90 000		沔陽
		1 000			28 000	28 000		潛江
	5 000	1 000		2 000	53 000	53 000		監利
		1 000		3 000	26 000	26 000		石首
		1 000		4 000	33 000	33 000		公安
		1 000		1 000	35 000	35 000		松滋
		2 000		1 000	25 000	25 000		枝江

縣別	總計	縣地方						
		共計	行政費	公安費	財務費	教育文化費	實業費	交通費
江陵	161 000	86 000	30 000	1 000	5 000	30 000	1 000	1 000
荊門	123 000	65 000	27 000	2 000	4 000	20 000	2 000	1 000
第五區	588 000	342 000	147 000	12 000	20 000	111 000	9 000	11 000
宜城	52 000	32 000	15 000	1 000	2 000	10 000	1 000	2 000
棗陽	84 000	52 000	20 000	2 000	3 000	16 000	2 000	2 000
襄陽	183 000	105 000	50 000	5 000	4 000	30 000	3 000	3 000
光化	67 000	45 000	15 000	1 000	3 000	20 000	1 000	1 000
穀城	84 000	40 000	15 000	1 000	3 000	15 000	1 000	1 000
保康	28 000	21 000	10 000	1 000	2 000	5 000		1 000
南漳	90 000	47 000	22 000	1 000	3 000	15 000	1 000	1 000
第六區	572 000	461 000	166 000	7 000	22 000	162 000	7 000	51 000
遠安	32 000	28 000	10 000	1 000	3 000	10 000	1 000	1 000
當陽	69 000	49 000	12 000	1 000	2 000	30 000	1 000	1 000
宜都	62 000	46 000	15 000	1 000	3 000	16 000	1 000	1 000
宜昌	282 000	256 000	90 000		8 000	80 000	4 000	45 000

續表

支出					另款支出			縣別
衛生費	建設費	協助費	債務費	其他支出	共計	保甲	其他	
	13 000	2 000		3 000	75 000	59 000	16 000	江陵
		8 000		1 000	58 000	58 000		荊門
		23 000	**1 000**	**8 000**	**246 000**	**243 000**	**3 000**	第五區
		1 000			20 000	17 000	3 000	宜城
		4 000		3 000	32 000	32 000		棗陽
		8 000	1 000	1 000	78 000	78 000		襄陽
		3 000		1 000	22 000	22 000		光化
		3 000		1 000	44 000	44 000		穀城
		2 000			7 000	7 000		保康
		2 000		2 000	43 000	43 000		南漳
6 000		**23 000**	**5 000**	**12 000**	**111 000**	**111 000**		第六區
		1 000		1 000	4 000	4 000		遠安
		1 000		1 000	20 000	20 000		當陽
		8 000		1 000	16 000	16 000		宜都
6 000		10 000	5 000	8 000	26 000	26 000		宜昌

縣別	總計	縣地方						
		共計	行政費	公安費	財務費	教育文化費	實業費	交通費
興山	29 000	19 000	8 000	1 000	1 000	8 000		1 000
秭歸	45 000	21 000	10 000	1 000	2 000	6 000		1 000
長陽	30 000	24 000	12 000	1 000	2 000	6 000		1 000
五峯	23 000	18 000	9 000	1 000	1 000	6 000		
第七區	326 000	210 000	107 000	9 000	18 000	67 000	2 000	7 000
鶴峯	24 000	21 000	12 000	1 000	2 000	5 000		
宣恩	31 000	20 000	10 000	1 000	2 000	6 000		1 000
來鳳	37 000	25 000	10 000	1 000	2 000	10 000		1 000
咸豐	33 000	22 000	10 000	1 000	2 000	7 000		1 000
利川	36 000	26 000	15 000	1 000	2 000	6 000		1 000
恩施	72 000	44 000	20 000	2 000	3 000	15 000	1 000	1 000
建始	42 000	30 000	15 000	1 000	3 000	8 000	1 000	1 000
巴東	51 000	31 000	15 000	1 000	2 000	10 000		1 000
第八區	323 000	221 000	112 000	6 000	18 000	58 000	7 000	6 000
房縣	69 000	39 000	20 000	1 000	3 000	10 000	1 000	1 000

續表

支出					另款支出			縣別
衛生費	建設費	協助費	債務費	其他支出	共計	保甲	其他	
					10 000	10 000		興山
		1 000			24 000	24 000		秭歸
		1 000		1 000	6 000	6 000		長陽
		1 000			5 000	5 000		五峯
1 000		**8 000**			**107 000**	**107 000**		**第七區**
		1 000			3 000	3 000		鶴峯
		1 000			11 000	11 000		宣恩
					12 000	12 000		來鳳
		1 000			11 000	11 000		咸豐
		1 000			10 000	10 000		利川
	1 000	1 000			28 000	28 000		恩施
		1 000			12 000	12 000		建始
		2 000			20 000	20 000		巴東
		12 000		**2 000**	**102 000**	**99 000**	**3 000**	**第八區**
		3 000			30 000	30 000		房縣

縣別	總計	縣地方						
		共計	行政費	公安費	財務費	教育文化費	實業費	交通費
均縣	53 000	43 000	20 000	1 000	3 000	15 000	1 000	1 000
鄖縣	78 000	46 000	25 000	1 000	4 600	10 000	2 000	1 000
竹山	28 000	28 000	15 000	1 000	3 000	5 000	1 000	1 000
竹谿	51 000	31 000	16 000	1 000	2 000	8 000	1 000	1 000
鄖西	44 000	34 000	16 000	1 000	8 000	10 000	1 000	1 000
不分縣	4 303 000							

附註：一、本表係根據二十四年度縣地方預算編列。

二、表列協助費係地方收入協助教育等款，並非省庫補助。

三、另款支出所列不分縣 4 303 000 元係保安堤工兩項經費，因不能分縣填列，故衹列總數，至武昌、漢陽、江陵、宜城、鄖縣等五縣數目，係保甲印刷等雜費。

續表

支出					另款支出			縣別
衛生費	建設費	協助費	債務費	其他支出	共計	保甲	其他	
		2 000			10 000	10 000		均縣
		2 000		1 000	32 000	29 000	3 000	鄖縣
		2 000						竹山
		1 000		1 000	20 000	20 000		竹谿
		2 000			10 000	10 000		鄖西
					4 303 000		4 303 000	不分縣

五、二十四年度各市鎮收支預算

單位：元

科目	總計	共計	漢口市政府	漢口第三特別區
收入	6 333 000	5 400 000	4 552 000	401 000
田賦	320 000	320 000	100 000	82 000
契稅	348 000	268 000	268 000	
營業稅	302 000	223 000	206 000	9 000
牙行營業稅			50 000	
當業營業稅			6 000	
屠宰業營業稅			150 000	
房捐	1 373 000	1 163 000	950 000	178 000
地方財產收入	155 000	147 000	70 000	68 000
地方事業收入	65 000	15 000	15 000	
地方行政收入	52 000	46 000	17 000	1 000
補助款收入	1 255 000	845 000	840 000	5 000
債款收入	1 000 000	1 000 000	1 000 000	
其他收入	1 463 000	1 373 000	1 086 000	58 000
支出	6 333 000	5 400 000	4 552 000	401 000

市		武昌市政處	宜昌等七埠公安局	科目
法租界	日租界			
308 000	139 000	683 000	250 000	收入
126 000	12 000			田賦
		80 000		契稅
	8 000	72 000	7 000	營業稅
		10 000		牙行營業稅
		2 000		當業營業稅
		60 000		屠宰業營業稅
35 000		120 000	90 000	房捐
9 000		8 000		地方財產收入
		50 000		地方事業收入
12 000	16 000	3 000	3 000	地方行政收入
		280 000	120 000	補助款收入
				債款收入
126 000	103 000	60 000	30 000	其他收入
308 000	139 000	683 000	250 000	支出

科目	總計	漢口		
		共計	漢口市政府	第三特別區
黨務費	**100 000**	**100 000**	**100 000**	
行政費	**627 000**	**467 000**	**350 000**	**63 000**
市政府			220 000	
市政處				
土地登記			30 000	
救濟委員會			100 000	
公安費	**1 625 000**	**1 395 000**	**1 113 000**	**107 000**
公安局			1 010 000	
教練所			53 000	
服裝			50 000	
財務費	**260 000**	**211 000**	**211 000**	
行政			210 000	
徵收			1 000	
教育文化費	**604 000**	**604 000**	**562 000**	**7 000**
中等教育			120 000	
初等教育			260 000	

續表

市		武昌 市政處	宜昌等七 埠公安局	科目
法租界	日租界			
				黨務費
30 000	24 000	160 000		**行政費**
				市政府
		75 000		市政處
				土地登記
		85 000		救濟委員會
140 000	35 000		230 000	**公安費**
			210 000	公安局
				教練所
			20 000	服裝
		29 000	20 000	**財務費**
				行政
				徵收
	35 000			**教育文化費**
				中等教育
				初等教育

科目	總計	漢口		
		共計	漢口市政府	第三特別區
社會教育			160 000	
其他			22 000	
實業費	**52 000**	**6 000**	**6 000**	
交通費	**20 000**	**20 000**	**20 000**	
衛生費	**294 000**	**236 000**	**137 000**	**28 000**
省立醫院				
食肉檢查所				
預防疾病			9 000	
市立醫院			47 000	
浮棺收葬委員會			1 000	
清潔費			80 000	
建設費	**1 923 000**	**1 543 000**	**1 412 000**	**111 000**
工程事業費				
公園			12 000	
省會各項建設費				
市政建設費			1 400 000	

續表

市		武昌市政處	宜昌等七埠公安局	科目
法租界	日租界			
				社會教育
				其他
		46 000		**實業費**
				交通費
71 000		58 000		**衛生費**
		43 000		省立醫院
		8 000		食肉檢查所
		7 000		預防疾病
				市立醫院
				浮棺收葬委員會
				清潔費
14 000	6 000	380 000		**建設費**
		82 000		工程事業費
		8 000		公園
		290 000		省會各項建設費
				市政建設費

科目	總計	漢口		
		共計	漢口市政府	第三特別區
協助費	**87 000**	**87 000**	**87 000**	
國醫分舘			1 000	
武漢日報			18 000	
武漢大學			5 000	
撥補他區車捐及市政捐			62 000	
其他			1 000	
撫卹費	**4 000**	**4 000**	**4 000**	
債務費	**534 000**	**534 000**	**480 000**	**54 000**
公債本息			390 000	
借款			90 000	
其他支出	**203 000**	**193 000**	**70 000**	**31 000**

附註：一、日法兩租界係估計數。

　　　二、補助款收入項下：漢口市政府係由特稅，第三特別區係由漢口市政府，武昌及宜昌
　　　　　等係由省庫補助。

　　　三、第三特別區及法日兩租界所列田賦係地租。

市		武昌 市政處	宜昌等七 埠公安局	科目
法租界	日租界			
				協助費
				國醫分舘
				武漢日報
				武漢大學
				撥補他區車 捐及市政捐
				其他
				撫卹費
				債務費
				公債本息
				借款
53 000	39 000	10 000		**其他支出**

六、二十四年度省地方各項稅款額徵與實收按縣比較

單位：元

縣市	共計		田賦		契稅		營業
	額徵數	實收數	額徵數	實收數	額徵數	實收數	額徵數
總計	**9 047 800**	**5 841 100**	**3 398 000**	**1 671 900**	**1 491 800**	**1 030 700**	**3 233 700**
第一區	**1 234 600**	**756 900**	**683 400**	**418 200**	**93 800**	**53 600**	**349 000**
武昌	294 600	237 400	108 700	108 600	7 600	8 800	154 000
漢陽	241 900	91 800	77 400	8 500	19 100	7 700	124 100
嘉魚	55 200	43 600	31 600	26 400	6 700	5 700	10 300
咸寧	77 600	43 800	52 200	28 900	11 100	6 000	8 600
蒲圻	91 000	50 700	69 500	39 300	7 000	900	7 600
崇陽	46 100	25 200	35 000	18 700	5 300	2 300	1 800
通城	47 500	45 700	39 300	42 200	2 900		1 600
通山	22 700	19 000	17 000	15 900	2 700	2 000	800
陽新	121 900	57 000	106 100	41 900	5 300	5 600	4 400
大冶	105 000	68 300	61 000	37 800	8 600	5 600	20 400
鄂城	131 100	74 400	85 600	50 000	17 500	9 000	15 400
第二區	**1 178 600**	**559 100**	**801 800**	**321 800**	**173 200**	**88 600**	**107 900**

税	屠宰税		牙捐税		當税		菸酒牌照税	
實收數	額徵數	實收數	額徵數	實收數	額徵數	實收數	額徵數	實收數
2 464 700	577 100	428 000	200 200	144 200	13 300	8 700	133 700	92 900
205 600	47 800	25 800	28 900	23 400	3 300	1 400	28 400	18 900
100 300	6 300	3 800	4 600	6 000	700	400	12 700	9 500
62 300	6 000	4 100	5 300	3 900	1 800	200	8 200	5 100
6 400	2 800	2 000	2 500	2 200			1 300	900
5 200	2 600	1 900	2 200	1 300			900	500
5 200	3 000	2 800	2 500	1 800			1 400	700
1 200	2 600	1 800	1 000	900			400	300
1 000	2 400	1 700	1 000	400			300	400
300	900	600	700	200			600	
2 900	4 200	5 500	1 300	900			600	200
12 200	9 600	8 400	4 000	3 400	400	200	1 000	700
8 600	7 400	3 200	3 800	2 400	400	600	1 000	600
76 600	59 000	45 800	23 400	18 900	1 700	1 000	11 600	6 400

縣市	共計		田賦		契稅		營業
	額徵數	實收數	額徵數	實收數	額徵數	實收數	額徵數
黃岡	201 900	80 400	146 200	46 400	25 300	14 500	15 700
浠水	193 300	58 000	155 300	33 600	19 900	12 800	7 200
蘄春	148 000	78 000	104 600	51 300	20 500	9 100	11 300
廣濟	169 100	110 300	84 300	49 200	24 000	12 100	43 900
黃梅	99 500	43 300	78 300	32 400	6 600	2 700	4 700
英山	27 800	20 400	22 000	14 300	3 200	3 800	1 500
羅田	56 100	21 400	38 700	9 600	11 100	6 100	1 500
麻城	101 300	57 100	58 800	31 700	28 900	13 900	8 200
黃安	39 200	10 400	29 700	7 800	5 200	400	1 700
黃陂	107 000	63 000	68 900	37 800	21 800	9 800	6 100
禮山	35 400	16 800	15 000	7 700	6 700	3 400	6 100
第三區	1 081 100	584 800	614 600	273 500	215 200	148 000	139 000
孝感	111 600	66 700	67 400	38 100	11 500	7 800	16 500
雲夢	46 900	32 700	22 000	17 900	9 400	5 000	7 400
漢川	70 600	19 400	44 300	8 900	10 500	1 700	7 700
應城	119 600	85 400	46 100	29 900	14 600	12 500	48 200

續表

税	屠宰税		牙捐税		當税		菸酒牌照税	
實收數	額徵數	實收數	額徵數	實收數	額徵數	實收數	額徵數	實收數
10 500	9 000	6 000	2 500	1 700	1 200	600	2 000	700
4 600	7 000	4 500	3 200	2 000			700	500
8 100	6 600	4 700	3 300	3 500	200	200	1 500	1 100
33 900	3 700	8 000	6 300	5 900	300	200	1 600	1 000
2 000	5 300	3 800	3 000	2 100			1 600	300
1 100	600	800	200	300			300	100
1 200	3 800	3 500	600	800			400	200
6 500	3 600	3 500	1 200	1 100			600	400
400	2 100	1 600	200	100			300	100
7 500	6 600	5 700	2 000	1 000			1 600	1 200
800	5 700	3 700	900	400			1 000	800
88 300	**80 200**	**55 100**	**19 800**	**15 600**			**11 300**	**6 300**
8 000	13 200	9 800	1 700	1 900			1 300	1 100
4 000	5 500	4 100	1 700	1 300			900	400
5 300	4 800	2 000	2 300	1 200			1 000	300
36 000	7 800	4 600	1 500	1 100			1 400	800

縣市	共計		田賦		契稅		營業
	額徵數	實收數	額徵數	實收數	額徵數	實收數	額徵數
安陸	53 400	36 000	29 100	15 600	12 000	11 700	4 400
應山	71 000	40 500	38 200	11 600	18 900	18 800	5 000
隨縣	170 800	114 900	73 000	40 900	72 500	50 700	12 600
鍾祥	160 800	82 100	103 000	47 600	34 000	21 500	5 600
京山	78 600	43 400	60 600	25 400	4 600	9 300	3 200
天門	197 800	63 700	131 900	37 600	27 200	7 000	28 400
第四區	**1 230 100**	**669 300**	**677 100**	**279 000**	**219 600**	**133 900**	**233 700**
沔陽	197 200	80 800	136 300	46 600	20 900	8 800	30 200
潛江	74 200	41 200	52 900	27 600	12 300	8 800	4 300
監利	91 900	46 700	62 500	24 900	3 600	5 900	17 200
石首	77 300	26 700	38 500	9 900	12 300	4 200	15 400
公安	93 800	60 100	45 200	28 800	25 600	20 000	9 800
松滋	90 200	60 600	30 000	14 700	39 000	26 900	13 600
枝江	56 900	50 100	27 500	17 200	11 300	18 200	9 500
江陵	344 800	187 200	171 400	38 000	33 000	15 300	116 000
荆門	203 800	115 900	112 800	71 300	61 600	25 800	17 700

續表

税	屠宰税		牙捐税		當税		菸酒牌照税	
實收數	額徵數	實收數	額徵數	實收數	額徵數	實收數	額徵數	實收數
2 600	5 600	4 600	1 100	800			1 200	700
3 900	6 900	4 800	1 200	1 100			800	300
9 600	10 800	10 700	1 000	2 000			900	1 000
4 000	12 000	6 700	5 200	1 900			1 000	400
2 200	6 400	4 200	2 800	1 900			1 000	400
12 200	7 200	3 600	1 300	2 400			1 800	900
192 900	**52 000**	**34 600**	**33 800**	**18 100**	**700**	**300**	**13 200**	**10 500**
20 100	5 500	3 500	2 500	600			1 800	1 200
2 700	1 500	1 000	2 300	400			900	700
12 700	4 500	1 700	3 200	800			900	700
8 400	4 200	1 600	6 000	2 100			900	500
4 900	6 000	3 000	5 500	2 800			1 700	600
13 700	4 400	3 300	2 000	1 100			1 200	900
8 700	5 000	4 000	1 800	1 100			1 800	800
111 100	14 400	17 700	6 500	7 100	700	300	2 800	3 700
10 600	6 500	4 800	4 000	2 100			1 200	1 300

縣市	共計		田賦		契税		營業
	額徵數	實收數	額徵數	實收數	額徵數	實收數	額徵數
第五區	**583 100**	**369 700**	**214 100**	**109 600**	**175 200**	**109 800**	**122 900**
宜城	53 800	25 700	22 900	9 100	19 900	11 400	4 200
棗陽	88 500	67 000	34 100	34 100	39 000	20 000	5 300
襄陽	164 200	75 700	86 400	26 300	33 200	16 000	22 900
光化	124 000	95 200	26 700	12 100	19 500	12 500	64 900
穀城	76 200	47 000	19 800	9 300	32 400	20 600	13 200
保康	23 900	12 300	9 700	6 800	3 600	1 700	7 000
南漳	52 500	46 800	14 500	11 900	27 600	27 700	5 400
第六區	**360 600**	**293 700**	**88 800**	**59 900**	**117 300**	**88 500**	**90 800**
遠安	19 900	15 700	7 400	5 100	6 500	5 200	1 200
當陽	69 000	43 600	28 300	18 400	22 700	13 900	7 100
宜都	54 800	63 400	15 400	11 600	19 500	36 700	10 800
宜昌	157 600	118 600	21 600	9 800	46 800	16 700	61 400
興山	10 800	8 000	2 300	1 200	5 500	3 500	1 400
秭歸	15 000	12 900	5 000	5 100	5 300	500	2 400
長陽	24 500	21 800	6 600	6 400	7 100	7 000	6 000

稅	屠宰稅		牙捐稅		當稅		菸酒牌照稅	
實收數	額徵數	實收數	額徵數	實收數	額徵數	實收數	額徵數	實收數
100 000	**46 600**	**35 400**	**17 900**	**9 600**			**6 400**	**5 200**
1 900	4 600	1 900	1 500	900			700	500
3 200	7 200	7 500	1 600	1 400			1 200	800
22 100	10 700	7 000	9 300	2 800			1 700	1 500
59 900	7 900	6 100	3 300	2 900			1 700	1 700
8 500	9 100	7 500	1 300	800			400	300
300	3 500	3 400	100	100				
4 100	3 600	2 000	800	760			600	400
92 900	**38 200**	**32 000**	**15 400**	**13 400**			**10 100**	**7 000**
900	3 000	3 300	1 400	900			400	300
4 700	7 200	5 000	2 500	900			1 200	700
8 900	4 500	3 600	2 800	1 700			2 300	900
66 900	15 000	12 600	8 000	9 500			4 800	3 100
1 300	1 400	1 600					200	400
4 600	2 000	1 800					300	800
5 000	3 500	2 500	400	200			900	700

縣市	共計		田賦		契稅		營業
	額徵數	實收數	額徵數	實收數	額徵數	實收數	額徵數
五峯	9 000	9 700	2 200	2 300	3 900	5 000	1 000
第七區	**246 300**	**171 600**	**153 900**	**97 900**	**49 500**	**39 400**	**13 500**
鶴峯	13 300	6 000	8 800	3 700	1 200	400	
宣恩	27 500	25 200	20 000	19 700	2 600	3 200	1 600
來鳳	23 600	7 400	12 800	4 700	6 900		1 800
咸豐	24 700	18 200	20 000	12 500	2 700	5 300	
利川	35 800	30 100	20 200	13 800	10 200	12 300	1 000
恩施	50 200	46 000	24 500	22 000	13 500	13 900	4 800
建始	39 000	20 500	28 400	11 700	4 700	700	1 500
巴東	32 200	18 200	19 200	9 800	7 700	3 600	2 800
第八區	**299 100**	**210 600**	**154 900**	**107 200**	**102 800**	**75 500**	**13 100**
房縣	58 500	27 200	33 300	14 300	18 400	8 700	
均縣	54 300	40 800	27 800	22 600	18 300	12 000	3 200
鄖縣	76 300	53 600	36 000	27 900	29 300	17 700	5 900
竹山	30 400	23 900	15 800	14 100	9 200	6 900	2 000
竹谿	34 200	34 100	18 000	11 900	10 800	18 100	2 000

續表

税	屠宰税		牙捐税		當税		菸酒牌照税	
實收數	額徵數	實收數	額徵數	實收數	額徵數	實收數	額徵數	實收數
600	1 600	1 600	300	200				
10 900	**23 400**	**20 300**	**3 000**	**2 300**			**3 000**	**800**
	2 800	1 400	500	500				
200	2 600	2 000	800	100			400	
800	1 900	1 800	200	100				
200	2 000	200						
500	3 000	2 700	600	800			800	
4 800	4 800	4 900	1 200	100			1 400	300
2 200	4 300	5 300	100	600				
2 200	2 000	2 000	100	100			400	500
8 400	**23 500**	**15 100**	**2 200**	**2 300**			**2 600**	**2 100**
	6 400	4 000	200	100			200	100
2 500	4 000	1 500	700	1 100			300	200
5 100	4 400	2 100	500	500			200	200
	2 500	2 300	500	300			400	300
800	2 500	2 400	100	100			800	800

縣市	共計		田賦		契稅		營業
	額徵數	實收數	額徵數	實收數	額徵數	實收數	額徵數
鄖西	45 400	31 000	24 000	16 400	16 800	11 200	
漢口營業稅局	2 210 900	1 724 800					2 163 800
漢口市政府	475 800	414 100	8 400	4 800	268 200	261 600	
武昌市政處	147 600	86 500			77 000	33 700	

附註：一、表列各項實收數，均係根據各縣呈報徵解稅捐月報表分別編列。

二、表列額徵數，係財政廳審定是年度各縣徵收稅捐額徵數目，故與預算數目不同。

續表

税	屠宰税		牙捐税		當税		菸酒牌照税	
實收數	額徵數	實收數	額徵數	實收數	額徵數	實收數	額徵數	實收數
	3 700	2 800	200	200			700	400
1 689 100							47 100	35 700
	146 400	108 900	46 800	34 600	6 000	4 200		
	60 000	45 000	9 000	6 000	1 600	1 800		

七、省地方收支預算三年比較

單位：元

科目	二十三年度	二十四年度	二十五年度
收入	15 358 303	19 953 573	19 758 613
田賦	1 525 000	2 057 800	2 279 200
契稅	842 000	842 000	801 610
契稅	792 000	772 000	731 310
契紙費	50 000	70 000	70 300
營業稅	3 579 000	3 809 000	3 785 000
普通營業稅	288 000	2 980 000	2 980 000
牙行營業稅	168 000	203 000	199 000
當業營業稅	3 000	3 325	3 325
屠宰業營業稅	480 000	494 675	474 675
菸酒牌照費	48 000	128 000	128 000
房捐	120 000	213 583	254 672
地方財產收入	954 639	982 649	959 609
各項租金	874 639	882 649	799 609
銀行股息	80 000	100 000	150 000

續表

科目	二十三年度	二十四年度	二十五年度
公物公産變價（建廳）			10 000
地方事業收入	**9 335**	**9 335**	**20 095**
書報	2 000	2 000	5 800
農林	5 895	5 895	5 895
醫務	1 440	1 440	8 400
地方行政收入	**712 383**	**664 426**	**726 208**
司法收入	306 767	350 944	436 960
各項罰金	60 756	64 482	64 248
取締營業憑照費（禁煙）	344 860	249 000	165 000
船舶登記費			60 000
地方營業純益	**233 508**	**3 000 700**	**782 092**
補助款收入	**7 200 000**	**7 854 000**	**8 596 000**
中央補助	2 400 000	2 400 000	2 400 000
印花四成補助			240 000
義務教育補助			130 000
漢口市攤解義教費			12 000

續表

科目	二十三年度	二十四年度	二十五年度
賑災築路補助費		600 000	600 000
特稅撥補	4 800 000	4 854 000	5 214 000
債款收入		**3 000 600**	**1 000 000**
其他收入	**182 438**	**220 080**	**554 127**
漢冶萍債捐	120 000	120 000	120 000
輪駁運砂			24 000
武昌等處雜項收入	62 438	100 080	410 127
支出	**15 358 303**	**19 953 573**	**19 758 613**
黨務費	**138 254**	**138 254**	**205 293**
省黨部	138 254	138 254	188 520
保安處特別黨部			7 200
武漢警備旅特別黨部			9 573
行政費	**3 191 262**	**3 385 387**	**3 645 042**
省政府	1 128 810	875 126	1 049 923
行政督察專員公署	396 000	396 000	288 000
縣政府	1 161 480	1 161 480	1 156 080

續表

科目	二十三年度	二十四年度	二十五年度
武昌市政處		76 080	76 080
縣政人員訓練所			121 960
湖北地方政務研究會	30 000	30 000	
公務人員懲戒委員會	1 200	1 200	1 200
公務人員資格審委會	2 880	2 880	2 880
縣長檢定委員會			1 374
救災準備金管理委員會			1 800
救濟院及乞丐教養所	83 040	83 040	73 040
土地整理與清查	324 000	324 000	324 000
禁煙	63 852	159 708	149 482
區署及縣政另款補助		275 873	389 273
司法費	**1 754 009**	**1 792 507**	**1 898 523**
法院	689 781	708 871	708 871
各縣司法	174 720	168 480	168 480
監獄及看守所	603 581	605 052	605 052
逾額囚糧	30 480	30 480	50 480

續表

科目	二十三年度	二十四年度	二十五年度
司法臨時費	235 447	279 624	365 640
擴充司法費	20 000		
公安費	**2 703 017**	**2 915 164**	**2 949 473**
保安處指揮部及各團	939 258	906 392	807 796
保安經費總經理處	39 996	33 636	54 720
武漢警備旅	532 754	535 586	536 554
省會公安局	598 997	613 541	638 366
水上公安局	315 230	324 522	342 335
宜昌七埠公安局		231 804	228 012
鷄公山管理局	2 883	2 883	2 890
軍警服裝費	250 000	250 000	250 000
其他	23 899	16 800	88 800
財務費	**739 505**	**1 031 578**	**1 059 893**
行政	113 076	121 416	132 931
征收	620 429	832 162	848 962
土地陳報		72 000	72 000

續表

科目	二十三年度	二十四年度	二十五年度
管理漢冶萍湖北債捐處	6 000	6 000	6 000
教育文化費	**2 170 004**	**2 246 359**	**2 513 156**
行政		17 048	18 848
高等教育（留學）	209 485	120 740	116 740
中等教育	904 251	956 939	963 409
初等教育	426 807	446 604	465 568
社會教育及文化事業	100 439	189 243	188 776
義務教育	355 774	389 273	587 261
軍事教育		44 164	46 564
衛生教育			10 512
補助費及津貼	48 848	74 048	74 048
教育文化事業預備費	120 000		14 030
其他	4 400	8 300	27 400
實業費	**222 866**	**309 959**	**536 767**
農林	84 910	84 910	258 910
農村合作	101 008	120 000	170 000

續表

科目	二十三年度	二十四年度	二十五年度
鑛業	31 939	31 939	1 579
工商	5 009	73 110	106 278
衛生費	**57 466**	**57 466**	**67 174**
醫院經費	42 912	42 912	46 512
漢陽衛生事務所			6 108
食肉檢查	7 499	7 499	7 499
夏令防疫	7 055	7 055	7 055
交通費	**146 732**	**136 220**	**342 412**
管理漢冶萍輪駁事務所	127 040	127 040	143 232
省府及各區無綫電台	19 692	9 180	9 180
電政			**190 000**
建設費	**1 060 764**	**3 979 619**	**2 615 619**
各項事業	720 000	600 000	400 000
修築公路		3 000 000	1 280 000
省會建設工程	33 033	371 888	921 888
武昌公園	7 731	7 731	7 731

續表

科目	二十三年度	二十四年度	二十五年度
其他	300 000		6 000
地方營業資本支出	**100 000**		
協助費	**44 160**	**42 600**	**216 600**
武昌漢陽路燈費		6 600	6 600
各縣市三成印花補助費			180 000
武漢大學建築補助費	24 000	24 000	24 000
其他	20 160	12 000	6 000
撫卹費	**60 000**	**60 000**	**60 000**
債務費	**2 780 000**	**3 016 600**	**2 974 400**
二十年善後公債本息	474 000	450 000	426 000
二十一年善後公債本息	669 600	550 000	500 000
二十二年善後公債本息		276 000	320 000
二十三年金融公債本息	508 000	492 200	460 000
二十四年建設公債本息		360 000	440 000
應付二期市政公債本息	120 000		
借款	768 400	768 400	768 400

續表

科目	二十三年度	二十四年度	二十五年度
積欠經費	240 000	120 000	120 000
其他支出	**190 264**	**841 860**	**674 261**
救災準備金		400 000	300 000
預備費	190 264	441 860	374 261

附註：一、本表根據各年度湖北省地方預算編列，其科目以二十五年度編定者爲標準，二十
　　　　　三、二十四兩年度均按其性質分別歸納填列。
　　　　二、二十五年度田賦有樊口湖荒賦稅 26 000 元在內。
　　　　三、二十四年度地方事業收入內原列有水廠收入 48 000 元，實業費內原列有水廠經費 47 520
　　　　　元，現均剔出，另列入省地方營業收支表電政收支科目內，故地方營業純益較原預
　　　　　算多列 480 元。
　　　　四、二十四年度衛生教育費，係由中小學三十三校減校工經費及省預備費內開支，故未列數。
　　　　五、二十四年度補助款收入所列特稅撥補欄內，有宜昌特稅 54 000 元，又二十五年同科
　　　　　目內，包括有標記費 360 000 元及宜昌特稅 54 000 元。
　　　　六、二十三年度建設費其他欄所列 300 000 元，係省府合署辦公房屋建設費，又地方營
　　　　　業資本支出 100 000 元，係豫鄂皖贛四省農民銀行基金。
　　　　七、各年度漢口市政府收支預算，本表均未列入，至武昌市及宜昌等七埠收支預算均包
　　　　　括在內。
　　　　八、此表編製，在二十五年度預算核定之後，故科目及數目之編製，與前表微有不同。

八、省地方營業收支預算三年比較

科目	收入			支出		
	二三年度	二四年度	二五年度	二三年度	二四年度	二五年度
總計	1 732 000	2 658 180	4 000 666	1 498 492	2 357 480	3 218 574

續表

科目	收入			支出		
	二三年度	二四年度	二五年度	二三年度	二四年度	二五年度
路政	1 002 000	1 773 060	1 728 000	925 000	1 662 268	1 437 600
電政	30 000	97 920	832 666	60 000	107 520	854 386
航業	460 000	480 000	480 000	345 292	347 692	360 588
農業			180 000			50 000
鑛業	240 000	180 000	474 000	167 600	120 000	234 000
工業		127 200	306 000		120 000	282 000

附註：表列地方營業純益，計二十三年度 233 508 元，二十四年度 300 700 元，二十五年度 782 092 元。

叁、負　　擔

二十四年度各縣市人民負擔比較

縣市	田賦					契稅		
	省款	縣市款	縣教育	堤捐	保安	省款	縣市款	縣教育
總計	2 050 000	1 278 000	682 000	90 000	4 213 000	770 000	631 000	122 000
第一區	460 000	129 000	79 000	13 000	620 000	63 000	111 000	13 000
武昌	72 000	15 000	10 000	2 000	60 000	5 000	91 000	5 000
漢陽	33 000	11 000	9 000	1 000	45 000	13 000	5 000	1 000
嘉魚	23 000	13 000	7 000	2 000	60 000	5 000	1 000	1 000
咸寧	38 000	3 000	7 000	1 000	45 000	7 000	2 000	1 000
蒲圻	48 000	16 000	8 000	2 000	55 000	4 000	2 000	1 000
崇陽	26 000	10 000	4 000		50 000	4 000	1 000	1 000
通城	29 000	8 000	7 000		45 000	2 000	1 000	
通山	13 000	3 000	2 000		20 000	1 000	1 000	
陽新	70 000	25 000	13 000	1 000	75 000	4 000	1 000	1 000
大冶	45 000	7 000	7 000	2 000	80 000	5 000	1 000	1 000
鄂城	63 000	18 000	5 000	2 000	85 000	13 000	5 000	1 000

營業稅			房捐（縣市）	保甲	共計	人口	每人平均負擔地方稅捐數	每人平均負擔總數
省款	縣市款	縣教育						
3 742 000	**518 000**	**158 000**	**1 393 000**	**2 197 000**	**17 844 000**	**25 510 000**	**0.70**	**1.70**
456 000	**111 000**	**35 000**	**132 000**	**317 000**	**2 539 000**	**3 560 000**	**0.71**	**1.71**
213 000	87 000	15 000	120 000	57 000	752 000	670 000	1.12	2.12
119 000	6 000	4 000	6 000	48 000	301 000	590 000	0.51	1.51
17 000	3 000	3 000	2 000	20 000	157 000	170 000	0.92	1.92
15 000	3 000	1 000		20 000	143 000	170 000	0.84	1.84
15 000	4 000	1 000		30 000	186 000	180 000	1.03	2.03
6 000	1 000	1 000	1 000	18 000	123 000	180 000	0.68	1.68
5 000	1 000	1 000	1 000	6 000	106 000	190 000	0.56	1.56
3 000	1 000	1 000		10 000	55 000	110 000	0.50	1.50
10 000	1 000	2 000		5 000	208 000	470 000	0.44	1.44
29 000	2 000	3 000	2 000	45 000	229 000	410 000	0.56	1.56
24 000	2 000	3 000		58 000	279 000	420 000	0.66	1.66

縣市	田賦					契稅		
	省款	縣市款	縣教育	堤捐	保安	省款	縣市款	縣教育
第二區	**536 000**	**207 000**	**122 000**	**14 000**	**653 000**	**114 000**	**37 000**	**21 000**
黃岡	96 000	38 000	25 000	2 000	115 000	16 000	5 000	
浠水	115 000	19 000	21 000	3 000	80 000	14 000	5 000	1 000
蘄春	71 000	21 000	9 000	4 000	80 000	14 000	5 000	3 000
廣濟	55 000	26 000	9 000	2 000	65 000	16 000	5 000	3 000
黃梅	55 000	17 000	13 000	2 000	20 000	4 000	1 000	1 000
英山	16 000	14 000	1 000		10 000	2 000	2 000	1 000
羅田	24 000	12 000	5 000		25 000	8 000	3 000	1 000
麻城	44 000	16 000	11 000		75 000	20 000	6 000	4 000
黃安	13 000	17 000	13 000		52 000	4 000	1 000	1 000
黃陂	42 000	22 000	8 000	1 000	90 000	13 000	2 000	5 000
禮山	5 000	5 000	7 000		41 000	3 000	2 000	1 000
第三區	**299 000**	**157 000**	**163 000**	**21 000**	**849 000**	**150 000**	**54 000**	**24 000**
孝感	38 000	15 000	15 000	3 000	90 000	8 000	4 000	
雲夢	13 000	9 000	9 000	2 000	32 000	8 000	2 000	1 000
漢川	15 000	3 000	27 000		62 000	7 010	3 000	

續表

營業稅			房捐（縣市）	保甲	共計	人口	每人平均負擔地方稅捐數	每人平均負擔總數
省款	縣市款	縣教育						
151 000	**30 000**	**30 000**	**7 000**	**417 000**	**2 329 000**	**4 930 000**	**0.47**	**1.47**
23 000	5 000	1 000		80 000	406 000	930 000	0.44	1.44
11 000	4 000	4 000		50 000	327 000	530 000	0.62	1.62
18 000	1 000	3 000		57 000	286 000	520 000	0.55	1.55
38 000	1 000	5 000	7 000	28 000	260 000	350 000	0.74	1.74
10 000	2 000	2 000		20 000	147 000	320 000	0.46	1.46
2 000		1 000		15 000	64 000	220 000	0.30	1.30
11 000	1 000	2 000		20 000	112 000	220 000	0.51	1.51
18 000	1 000	6 000		67 000	268 000	620 000	0.43	1.43
5 000	2 000	1 000		38 000	147 000	320 000	0.46	1.46
10 000	8 000	4 000		22 000	227 000	650 000	0.35	1.35
5 000	5 000	1 000		20 000	95 000	250 000	0.38	1.28
246 000	**58 000**	**30 000**		**474 000**	**2 525 000**	**4 840 000**	**0.52**	**1.52**
29 000	12 000	3 000		45 000	262 000	700 000	0.37	1.37
15 000	4 000	2 000		14 000	108 000	240 000	0.45	1.45
20 000	4 000	2 000		38 000	181 000	390 000	0.46	1.46

縣市	田賦					契税		
	省款	縣市款	縣教育	堤捐	保安	省款	縣市款	縣教育
應城	29 000	14 000	6 000	3 000	85 000	10 000	3 000	2 000
安陸	17 000	12 000	8 000		35 000	8 000	3 000	1 000
應山	9 000	15 000	5 000		45 000	12 000	6 000	1 000
隨縣	49 000	16 000	14 000		130 000	50 000	16 000	9 000
鍾祥	52 000	25 000	20 000	3 000	130 000	22 000	9 000	5 000
京山	31 000	24 000	21 000	5 000	90 000	4 000	2 000	2 000
天門	46 000	24 000	41 000	5 000	150 000	21 000	6 000	3 000
第四區	**359 000**	**165 000**	**160 000**	**33 000**	**745 000**	**147 000**	**54 000**	**16 000**
沔陽	71 000	35 000	30 000	4 000	130 000	15 000	5 000	1 000
潛江	26 000	18 000	17 000	2 000	100 000	3 000	1 000	1 000
監利	35 000	28 000	17 000	5 000	65 000	8 000	3 000	1 000
石首	9 000	15 000	10 000	2 000	45 000	8 000	3 000	2 000
公安	24 000	12 000	18 000	3 000	70 000	17 000	6 000	2 000
松滋	15 000	9 000	18 000	2 000	45 000	25 000	9 000	3 000
枝江	16 000	6 000	14 000	2 000	40 000	7 000	3 000	3 000

續表

營業稅			房捐 （縣市）	保甲	共計	人口	每人平 均負擔 地方稅 捐數	每人平 均負擔 總數
省款	縣市款	縣教育						
55 000	3 000	5 000		35 000	250 000	300 000	0.83	1.83
13 000	3 000	2 000		30 000	132 000	290 000	0.45	1.45
17 000	7 000	3 000		42 000	162 000	360 000	0.45	1.45
20 000	3 000	3 000		70 000	380 000	750 000	0.51	1.51
19 000	12 000	3 000		60 000	360 000	540 000	0.67	1.67
18 000	4 000	1 000		40 000	242 000	490 000	0.49	1.49
40 000	6 000	6 000		100 000	448 000	780 000	0.57	1.57
331 000	**26 000**	**14 000**	**40 000**	**423 000**	**2 513 000**	**4 100 000**	**0.62**	**1.62**
43 000	9 000	1 000	7 000	90 000	441 000	780 000	0.57	1.57
20 000	1 000			28 000	217 000	370 000	0.59	1.59
7 000	2 000	2 000		53 000	226 000	490 000	0.46	1.46
24 000	3 000	1 000		26 000	148 000	230 000	0.64	1.64
25 000	2 000	3 000		33 000	215 000	330 000	0.65	1.65
14 000	2 000	2 000		35 000	179 000	450 000	0.40	1.40
20 000	3 000	3 000		25 000	142 000	250 000	0.57	1.57

縣市	田賦					契稅		
	省款	縣市款	縣教育	堤捐	保安	省款	縣市款	縣教育
江陵	91 000	23 000	17 000	6 000	130 000	22 000	9 000	
荆門	72 000	19 000	19 000	7 000	120 000	42 000	15 000	3 000
第五區	**123 000**	**95 000**	**69 000**	**7 000**	**475 000**	**115 000**	**41 000**	**17 000**
宜城	16 000	8 000	6 000	2 000	60 000	13 000	6 000	2 000
棗陽	25 000	16 000	9 000		90 000	25 000	5 000	5 000
襄陽	37 000	36 000	24 000	3 000	85 000	23 000	8 000	2 000
光化	14 000	13 000	12 000	2 000	100 000	18 000	4 000	4 000
穀城	14 000	9 000	6 000		60 000	21 000	8 000	2 000
保康	6 000	7 000	3 000		25 000	2 000	1 000	1 000
南漳	11 000	6 000	9 000		55 000	18 000	9 000	1 000
第六區	**58 000**	**22 000**	**26 000**	**2 000**	**345 000**	**78 000**	**26 000**	**15 000**
遠安	4 000	2 000	5 000		20 000	5 000	1 000	1 000
當陽	17 000	8 000	10 000		90 000	15 000	4 000	4 000
宜都	11 000	5 000	5 000	1 000	50 000	13 000	6 000	3 000
宜昌	16 000		3 000	1 000	120 000	33 000	8 000	4 000

續表

營業稅			房捐（縣市）	保甲	共計	人口	每人平均負擔地方稅捐數	每人平均負擔總數
省款	縣市款	縣教育						
162 000	3 000	2 000	28 000	75 000	568 000	680 000	0.84	1.84
16 000	1 000		5 000	58 000	377 000	520 000	0.73	1.77
163 000	**36 000**	**18 000**	**31 000**	**246 000**	**1 436 000**	**2 370 000**	**0.60**	**1.60**
7 000	4 000	1 000		20 000	145 000	190 000	0.76	1.76
13 000	8 000	5 000		32 000	283 000	480 000	0.48	1.48
34 000	6 000	5 000	3 000	78 000	344 000	620 000	0.55	1.55
74 000	7 000	1 000	28 000	22 000	294 000	190 000	1.53	2.53
16 000	6 000	4 000		44 000	190 000	370 000	0.52	1.52
10 060	2 000	1 000		7 000	65 000	110 000	0.59	1.59
9 000	3 000	1 000		43 000	165 000	410 000	0.40	1.40
139 000	**13 000**	**12 000**	**20 000**	**111 000**	**867 000**	**1 890 000**	**0.47**	**1.47**
4 000	1 000	1 000		4 000	48 000	100 000	0.48	1.48
14 000	1 000	7 000		20 000	190 000	310 000	0.61	1.61
15 000	4 000			16 000	129 000	290 000	0.44	1.44
90 000	6 000		20 000	26 000	327 000	540 000	0.61	1.61

縣市	田賦					契税		
	省款	縣市款	縣教育	堤捐	保安	省款	縣市款	縣教育
興山	1 000		1 000		10 000	3 000	2 000	1 000
秭歸	3 000	4 000	1 000		20 000	3 000	2 000	1 000
長陽	4 000	2 000	1 000		30 000	4 000	2 000	1 000
五峯	2 000	1 000			5 000	2 000	1 000	
第七區	**106 000**	**84 000**	**35 000**		**225 000**	**33 000**	**12 000**	**7 000**
鶴峯	6 000	4 000	2 000		11 000	1 000	1 000	
宣恩	15 000	11 000	4 000		18 000	1 000	1 000	1 000
來鳳	9 000	6 000	4 000		20 000	5 000	1 000	1 000
咸豐	15 000	11 000	5 000		20 000	2 000	1 000	1 000
利川	15 000	13 000	3 000		40 000	7 000	1 000	2 000
恩施	18 000	12 000	8 000		46 000	9 000	5 000	
建始	14 000	13 000	5 000		35 000	3 000	1 000	
巴東	14 000	14 000	4 000		35 000	5 000	1 000	2 000
第八區	**109 000**	**99 000**	**28 000**		**301 000**	**70 000**	**28 000**	**9 000**
房縣	24 000	20 000	1 000		60 000	12 000	2 000	4 000

續表

營業稅			房捐（縣市）	保甲	共計	人口	每人平均負擔地方稅捐數	每人平均負擔總數
省款	縣市款	縣教育						
2 000		2 000		10 000	32 000	110 000	0.29	1.29
2 000		1 000		24 000	61 000	220 000	0.28	1.28
10 000				6 000	60 000	230 000	0.26	1.26
2 000	1 000	1 000		5 000	20 000	90 000	0.24	1.24
33 000	**16 000**	**7 000**		**107 000**	**665 000**	**1 360 000**	**0.49**	**1.49**
3 000	1 000	1 000		3 000	33 000	70 000	0.47	1.47
4 000	1 000	1 000		11 000	68 000	130 000	0.52	1.52
3 000	2 000			12 000	63 000	120 000	0.53	1.53
1 000	1 000			11 000	68 000	140 000	0.49	1.49
3 000	2 000	1 000		10 000	97 000	220 000	0.44	1.44
10 000	5 000			28 000	141 000	280 000	0.50	1.50
5 000	4 000	2 000		12 000	94 000	200 000	0.47	1.47
4 000		2 000		20 000	101 000	200 000	0.51	1.51
42 000	**5 000**	**12 000**		**102 000**	**805 000**	**1 660 000**	**0.48**	**1.48**
6 000		3 000		30 000	162 000	260 000	0.62	1.62

縣市	田賦					契稅		
	省款	縣市款	縣教育	堤捐	保安	省款	縣市款	縣教育
均縣	17 000	16 000	9 000		60 000	13 000	5 000	1 000
鄖縣	26 000	22 000	8 000		70 000	20 000	10 000	
竹山	12 000	14 000	1 000		30 000	6 000	2 000	1 000
竹谿	13 000	12 000	4 000		35 000	6 000	5 000	1 000
鄖西	17 000	15 000	5 000		46 000	13 000	4 000	2 000
漢口市		**320 000**					**268 000**	

附註：一、全省國稅收入共爲 42 590 000 元，但關稅鑛稅統稅等，非全由湖北省人民負擔，而
　　　　鹽稅中鹽本一項，亦不得謂爲財政上負擔，假定將上述各項數目除外，應列爲負擔
　　　　者，約有 26 000 000 元，以全省人口 25 500 000 人計算，每人負擔國稅約一元。

　　　　二、每人平均負擔總數，係國家地方兩項負擔合計之數。

　　　　三、田賦、契稅、營業稅，所列省欵，係根據省地方預算總數，並參照各縣各項稅收額
　　　　徵數目折算，分縣填列。

　　　　四、省縣市預算所列地方財產、事業、行政、營業純益、補助款等項，均非人民負擔，
　　　　本表概未列入。

　　　　五、武昌縣契稅、營業稅，有武昌市兩項稅款併列在內，宜昌、江陵、沔陽、光化等四
　　　　縣，有該管各埠營業稅併列在內。

　　　　六、表列房捐、堤捐、安保、保甲等項，均根據預算或就各縣呈報數目分別列入。

　　　　七、本表所列各項數字，除人口數外，概以元爲單位。

續表

營業稅			房捐（縣市）	保甲	共計	人口	每人平均負擔地方稅捐數	每人平均負擔總數
省款	縣市款	縣教育						
13 000		3 000		10 000	147 000	290 000	0.50	1.50
10 000	2 000	1 000		32 000	201 000	410 000	0.49	1.49
5 000		2 000			73 000	260 000	0.28	1.28
5 000	2 000	1 000		20 000	104 000	210 000	0.50	1.50
3 000	1 000	2 000		10 000	118 000	230 000	0.51	1.51
2 181 000	**223 000**		**1 163 000**		**4 155 000**	**800 000**	**5.19**	**6.19**

肆、田　賦

一、各縣田畝正附稅及畝捐

縣別	共計（元）	正稅（元）						附稅（元）					
		稅率等則					稅額	稅率等則					稅額
		上	中	下	下下	特下		上	中	下	下下	特下	
總計	11 642 016						4 433 856						2 253 039
第一區	1 733 615						766 396						280 523
武昌	247 513	0.14	0.12	0.10			129 847	0.04	0.03	0.03			36 146
漢陽	186 200	0.18	0.14	0.12			90 900	0.05	0.04	0.04			27 800
嘉魚	129 659	0.14	0.12	0.10	0.08		40 214	0.10	0.08	0.07	0.04		23 975
咸寧	108.096	0.16					59 639	0.03					11 182
蒲圻	155 157	0.30	0.30	0.12			69 830	0.11					26 072
崇陽	105.006	0.16					37 502	0.07					17 501
通城	119 510	田 0.16	地	地 0.08			45 016	田 0.06	地 0.03				16 881
通山	86.477	0.14					22 843	0.09					14 685

| 畝捐（元） | | | | | | 各則田畝數（畝） | | | | |
| 稅率等則 | | | | | 稅額 | 上則 | 中則 | 下則 | 下下則 | 特下則 |
上	中	下	下下	特下						
					4 955 121	**18 092 776**	**8 212 492**	**8 665 377**	**1 511 117**	**3 178 843**
					686 696	**2 934 222**	**668 819**	**803 281**	**252 140**	
0.09	0.075	0.06			81 520	441 476	320 940	295 280		
0.10					67 500	80 000	255 000	340 000		
0.15					65 470	12 568	60 980	110 780	252 140	
0.10					37 275	372 745				
0.25					59 255	224 556	5 376	7 088		
0.20					50 003	250 015				
0.20					57 613	田 274 631		地 13 434		
0.30					48 949	163 162				

縣別	共計（元）	正稅（元）						附稅（元）					
		稅率等則					稅額	稅率等則					稅額
		上	中	下	下下	特下		上	中	下	下下	特下	
陽新	233 694	0.36	0.20	0.18			106 584	0.19	0.09				54 856
大冶	161 750	0.18	0.16	0.10			68 823	0.06	0.03	0.02			22 618
鄂城	200 553	0.20	0.16	0.14			95 198	0.06	0.06				28 807
第二區	**2 251 538**						**898 690**						**500 770**
黃岡	453 482	0.24	0.12	0.05		0.03	164 411	0.18	0.02	0.01		0.01	168 244
浠水	299 283	0.28	0.12	0.08			167 592	0.07	0.02	0.01			41 667
蘄春	239 203	0.20		0.16			116 268	0.06					35 124
廣濟	215 003	0.22					92 746	0.14	0.12	0.10			50 589
黃梅	292 623	0.16	0.12	0.10	0.08		92 644	0.08	0.06	0.04	0.02		41 836
英山	57 947	0.32					22 075	0.32					22 075
羅田	91 992	0.18					43 575	0.08					19 367
麻城	173 675	0.20	0.18	0.16			65 157	0.10	0.10	0.08			33 724
黃安	121 480	0.16	0.14	0.12			35 080	0.12					32 400
黃陂	236 984	0.14	0.10	0.08			80 499	0.07	0.04	0.04			40 168
禮山	69 866	0.18	0.16	0.10	0.08		18 643	0.13	0.11	0.10	0.05		15 576

續表

畝捐（元）						各則田畝數（畝）				
稅率等則					稅額	上則	中則	下則	下下則	特下則
上	中	下	下下	特下						
0.25	0.125				72 254	283 299	11 437	12 826		
0.18					70 309	369 200	3 772	17 635		
0.15					76 548	462 570	11 314	6 238		
					852 078	**3 306 597**	**468 107**	**769 744**	**245 854**	**147 200**
0.18	0.18	0.01		0.01	120 827	642 709	16 114	76 155		147 200
0.15	0.10	0.05			90 024	591 569	2 706	20 351		
0.15					87 111	565 080		20 326		
0.17					71 668	142 810	135 953	142 811		
0.22					158 143	383 893	76 765	67 759	190 411	
0.20					13 797	68 983				
0.12					29 050	242 083				
0.20					74 794	75 770	114 554	183 645		
0.20					54 000	18 000	98 000	154 000		
0.20					116 317	563 499	8 104	9 982		
0.20					35 647	12 196	15 881	94 715	55 443	

縣別	共計（元）	正税（元）						附税（元）					
		税率等則					税額	税率等則					税額
		上	中	下	下下	特下		上	中	下	下下	特下	
第三區	**2 103 402**						**844 372**						**415 787**
孝感	184 477	0.12	0.10	0.08			81 299	0.05	0.04	0.03			33 702
雲夢	69 412	0.16	0.10	0.08			27 181	0.09	0.06	0.03			16 065
漢川	193 037	0.12	0.10	0.08			74 245	0.06					44 547
應城	125 609	0.16	0.12	0.08			55 572	0.05	0.05	0.03			22 679
安陸	95 862	0.14	0.12	0.10	0.08		36 910	0.05					19 651
應山	119 272		0.10				47 709	0.05					23 854
隨縣	276 766	0.12	0.10	0.08			121 818	0.03	0.02	0.02			33 180
鍾祥	842 369	0.14	0.10	0.08			131 181	0.07	0.06	0.04			72 707
京山	262 787	0.12	0.10	0.08			101 072	0.06					60 643
天門	433 811	0.10	0.04	0.03			167 385	0.05					88 809
第四區	**2 507 182**						**964 652**						**434 180**
沔陽	444.343	0.10	0.08	0.08		0.03	220 940	0.06	0.04	0.02		0.01	84 695
潛江	225 932	0.10	0.08	0.06			79 951	0.04					41 709
監利	230 600	0.12	0.10	0.08		0.05	78 964	0.09	0.07	0.05		0.01	53 125

續表

上	中	下	下下	特下	稅額	上則	中則	下則	下下則	特下則
					843 243	**3 336 901**	**3 073 153**	**1 870 274**	**140 616**	**11 492**
0.10					69 476	611 595	62 721	20 440		
0.10					26 166	19 285	235 283	7 094		
0.10					74 245	247 485	247 485	247 485		
0.10					47 358	1 322	439 493	21 270		11 492
0.10					39 301	1 232	18 578	232 587	140 616	
0.10					47 709		477 088			
0.10					121 818	406 061	406 061	406 061		
0.10					138 481	102 706	711 683	570 420		
0.10					101 072	336 907	336 907	336 907		
0.10					177 617	1 610 308	137 854	28 010		
					1 108 350	**4 734 876**	**2 322 107**	**3 146 424**	**95 910**	**2 443 628**
0.08	0.06	0.06		0.01	138 708	389 839	501 335	904 726		2 315 718
0.10					104 272	210 067	499 281	333 370		121 102
0.12					98 511	364 949	116 248	218 622		

縣別	共計（元）	正稅（元）						附稅（元）					
		稅率等則					稅額	稅率等則					稅額
		上	中	下	下下	特下		上	中	下	下下	特下	
石首	142 170	0.10	0.08	0.05			49 782	0.05	0.04	0.02			24 768
公安	204 217	田地 0.08	湖蕩 0.06				64 656	田地 0.05	湖蕩 0.03				39 687
松滋	200 976			0.06			63 466	0.05					52 888
枝江	118 667	0.12	0.10	0.08			44 388	0.06	0.05	0.04			22 194
江陵	569 710	0.10	0.08	0.08		0.05	220 724	0.03	0.02	0.01			60 338
荊門	370 567	0.10		0.08			141 781	0.04		0.02			54 776
第五區	**1 252 105**						**455 560**						**254 336**
宜城	118 668	0.12	0.10	0.08			38 108	0.04					15 243
棗陽	263 965	0.12	0.10	0.08			109 684	0.055					66 759
襄陽	426 300	0.14	0.12	0.10	0.08	0.06 0.04	185 011	0.10	0.08	0.06	0.04	0.02 0.01	99 583
光化	160 469	0.12	0.10	0.08			44 575	0.06					26 745
穀城	126 990	0.12	0.10	0.08			36 283	0.05					18 141
保康	40 878	0.12					11 679	0.10					9 733
南漳	114 835	0.12	0.10	0.08			30 220	0.06					18 132

畝捐（元）						各則田畝數（畝）				
稅率等則					稅額	上則	中則	下則	下下則	特下則
上	中	下	下下	特下						
0.12					67 620	271 877	267 096	24 528		
0.12					99 874	田 735 938	蕩 61 051	湖 35 292		
0.08					84 622			1 057 769		
0.16	0.12	0.08			52 085	48 707	287 391	122 556		
0.12					288 648	1 424 799	589 705	288 176		
0.12					174 010	1 288 700		161 385	95 910	6 808
					542 209	**687 142**	**1 264 094**	**1 704 082**	**772 757**	**576 523**
0.17					65 317	127 026	127 026	127 026		
0.20	0.10	0.05			87 522	16 743	450 030	783 399		
0.12	0.10	0.08	0.06	0.04 0.02	141 706	75 787	316 781	423 400	772 757	458 265 118 258
0.20					89 149	148 582	148 582	148 582		
0.20					72 566	120 943	120 943	120 943		
0.20					19 466	97 329				
0.22					66 483	100 732	100 732	100 732		

縣別	共計 （元）	正稅（元）						附稅（元）					
		稅率等則					稅額	稅率等則					稅額
		上	中	下	下下	特下		上	中	下	下下	特下	
第六區	**553 170**						**140 094**						**62 970**
遠安	39 147	0.12	0.10	0.08			9 545	0.09	0.08	0.06			7 630
當陽	155 995	0.08		0.05			39 071	0.04					21 250
宜都	91 783	0.12	0.10	0.08	0.05		25 125	0.06	0.05	0.04	0.03		12 582
宜昌	136 858	0.12	0.10	0.08			36 015	0.01					3 602
興山	20 339	0.12					4 694	0.10					3 911
秭歸	51 552	0.12					11 896	0.10					9 914
長陽	47 482	0.12	0.10	0.08			11 042	0.03					3 313
五峯	10 014		0.10				2 706	0.04					1 083
第七區	**587 080**						**184 583**						**150 603**
鶴峯	29 700	0.18					9 900	0.16					8 800
宣恩	61 000	0.22					22 000	0.19					19 000
來鳳	60 904	0.16					18 740	0.14					16 397
咸豐	64 000	0.22					22 000	0.20					20 000
利川	87 422	0.14					23 537	0.12					20 174

續表

畝捐（元）						各則田畝數（畝）				
稅率等則					稅額	上則	中則	下則	下下則	特下則
上	中	下	下下	特下						
					350 106	**738 891**	**416 212**	**371 572**	**3 840**	
0.30	0.24	0.18			22 296	12 612	29 435	63 598		
0.18					95 665	416 582		114 890		
0.21					54 076	14 584	202 855	36 226	3 840	
0.27					97 241	120 050	120 050	120 050		
0.30					11 734	39 114				
0.30					29 742	99 141				
0.30					33 127	36 808	36 808	36 808		
0.23					6 225		27 064			
					251 888	**1 071 944**				
0.20					11 000	55 000				
0.20					20 000	100 000				
0.22					25 767	117 124				
0.22					22 000	100 000				
0.26					43 711	168 120				

縣別	共計（元）	正稅（元）						附稅（元）					
		稅率等則					稅額	稅率等則					稅額
		上	中	下	下下	特下		上	中	下	下下	特下	
恩施	103 354	0.18					30 006	0.14					23 338
建始	94 300	0.16					32 800	0.10					20 500
巴東	86 400	0.16					25 600	0.14					22 400
第八區	**653 924**						**179 509**						**153 864**
房縣	141 568	0.14					38.862	0.12					33 310
均縣	118 925	0.14					32 646	0.12					27 982
鄖縣	153 000	0.14					42 000	0.12					36 000
竹山	67 304	0.14					18.476	0.12					15 836
竹谿	76 500	0.14					21 000	0.12					18 000
鄖西	96 627	0.14					26 525	0.12					22 736

附註：一、本表所列各則田畝數，係根據各縣呈報，田畝總額見下表，故不事重列。

二、各縣田畝不分等則者，本表概將稅率在一角二分以上者列入上等，在一角至一角二分者列入中等，在八分以下者列入下等。

三、本表所列附稅係縣政教育兩種，正附稅稅率係連同二分券票捐一併列入。

四、本表係就二十六年三月間所得材料分別編製。

續表

畝捐（元）							各則田畝數（畝）				
稅率等則					稅額	上則	中則	下則	下下則	特下則	
上	中	下	下下	特下							
0.30					50 010	166 700					
0.20					41 000	205 000					
0.24					38 400	160 000					
					320 551	**1 282 203**					
0.25					69 396	277 585					
0.25					58 297	233 187					
0.25					75 000	300 000					
0.25					32 992	131 968					
0.25					37 500	150 000					
0.25					47 366	189 463					

二、各縣田畝平均稅捐率

縣別	田畝總數（畝）	正附稅捐及畝捐總數（元）	每畝平均稅捐率（元）
總計	39 660 605	11 642 016	0.294
第一區	4 658 462	1 733 615	0.37
武昌	1 057 696	247 513	0.24
漢陽	675 000	186 200	0.28
嘉魚	436 468	129 659	0.29
咸寧	372 745	108 096	0.29
蒲圻	237 020	155 157	0.65
崇陽	250 015	105 006	0.24
通城	288 065	119 510	0.41
通山	163 162	86 477	0.53
陽新	307 562	233 694	0.76
大冶	390 607	161 750	0.42
鄂城	480 122	200 553	0.42
第二區	4 937 502	2 251 538	0.46
黃岡	882 268	453 482	0.51
浠水	614 626	299 283	0.49

續表

縣別	田畝總數 （畝）	正附稅捐及 畝捐總數（元）	每畝平均 稅捐率（元）
蘄春	585 406	239 203	0.41
廣濟	421 574	215 003	0.51
黃梅	718 833	292 623	0.41
英山	68 983	57 947	0.84
羅田	242 083	91 992	0.38
麻城	373 969	173 675	0.46
黃安	270 000	121 480	0.45
黃陂	581 585	236 984	0.41
禮山	178 235	69 866	0.39
第三區	**8 432 436**	**2 103 402**	**0.94**
孝感	694 256	184 477	0.27
雲夢	261 662	69 412	0.27
漢川	742 455	193 037	0.26
應城	473 577	125 609	0.27
安陸	393 013	95 862	0.24
應山	477 088	119 272	0.25
隨縣	1 218 183	276 766	0.23

續表

縣別	田畝總數 （畝）	正附稅捐及 畝捐總數（元）	每畝平均 稅捐率（元）
鍾祥	1 384 809	342 369	0.25
京山	1 010 721	262 787	0.26
天門	1 776 172	433 811	0.23
第四區	**12 742 945**	**2 507 182**	**0.20**
沔陽	4 111 618	444 343	0.11
潛江	1 042 718	225 932	0.22
監利	820 921	230 600	0.28
石首	563 501	142 170	0.25
公安	832 281	204 217	0.24
松滋	1 057 769	200 976	0.20
枝江	458 654	118 667	0.24
江陵	2 405 308	569 710	0.32
荊門	1 450 085	370 507	0.26
第五區	**5 004 598**	**1 252 105**	**0.25**
宜城	381 078	118 668	0.31
棗陽	1 250 172	263 965	0.21
襄陽	2 165 248	426 300	0.19

續表

縣別	田畝總數 （畝）	正附稅捐及 畝捐總數（元）	每畝平均 稅捐率（元）
光化	445 746	160 469	0.36
穀城	362 829	126 990	0.35
保康	97 320	40 878	0.42
南漳	302 196	114 835	0.38
第六區	**1 530 515**	**553 170**	**0.36**
遠安	105 645	39 147	0.37
當陽	531 472	155 995	0.29
宜都	257 505	91 783	0.26
宜昌	360 150	136 858	0.38
興山	39 114	20 339	0.52
秭歸	99 141	51 552	0.52
長陽	110 424	47.482	0.43
五峯	27 064	10 014	0.37
第七區	**1 071 944**	**587 080**	**0.55**
鶴峯	55 000	29 700	0.54
宣恩	100 000	61 000	0.61
來鳳	117 124	60 904	0.54

續表

縣別	田畝總數 （畝）	正附稅捐及 畝捐總數（元）	每畝平均 稅捐率（元）
咸豐	100 000	64 000	0.64
利川	168 120	87 422	0.52
恩施	166 700	103 354	0.62
建始	205 000	94 300	0.46
巴東	160 000	86 400	0.54
第八區	**1 282 203**	**653 924**	**0.51**
房縣	277 585	141 568	0.51
均縣	233.187	118.925	0.51
鄖縣	300 000	153 000	0.51
竹山	131 968	67 304	0.51
竹谿	150 000	76 500	0.51
鄖西	189 463	96 627	0.51

附註：一、本表所列田畝總數即係前表所列各則田畝數之總和，而正附稅捐及畝捐總數亦即係前表所列正稅附稅及畝捐之共計數。

二、本表所列每畝平均稅率係以正附稅捐及畝捐總數除各縣田畝總數所得之商。

教　育

壹、概　　況

一、概説

甲、高等教育　國立有武漢大學一所，私立有武昌中華大學、华中大學、文華圖書館專科學校、藝術專科學校等四所。省立教育學院係二十年八月設立，已於二十五年七月停辦。

乙、中等教育　中等教育包括普通中學、師範學校、職業學校三部。普通中學省立十七所，漢口市立男女中學各一所，縣立中學五所，私立中學除武昌二十所、漢口十五所外，各縣共有十七所。師範學校省立男女師範各一所，鄉村師範三所，區立簡易師範一所；此外省立鄖縣、恩施中學各附設簡易師範一班，私立藝術專校附設藝術師範一所；又應城縣立簡易師範科，因限於經費，附設於該縣私立西河初級中學辦理。職業學校省立四所，省立江陵中學附設職業科一所，教育學院附設初级農校一所，該校自教育學院停辦後，即移請金口農場代辦；漢口市立職業學校一所，二十五年度並將女生部劃分，另成立女子職業學校；縣立職業學校共二所，各行政督察區農林實驗學校計三所，私人創辦職業學校共八所。

丙、初等教育　省立完全小學二十二所，分設於省會及各縣，各完小並附設幼稚園、短期小學及簡易小學等。省立初小五十五所集中於省會，漢口有市立完小十一所，初小五十所。各縣初等教育，則以縣立中心小學爲主，每縣設有中心小學一所，以爲各該縣小學之輔導中心。中心小學以下，則省區、鄉、鎮、私立各級小學，總計全省有二千餘所。二十四年度本省自籌經費十餘萬元，連同中央補助之十三萬元，籌設短期義務小學，計先後成立省會、漢口市及各縣短期小學共六百餘所，補助各縣設立義務小學二百所。各縣並創立聯保小學，由聯保主任及保甲長負推行之責，經費由各縣自籌，現已陸續成立三千餘所。總計全省有各級小學及幼稚園共七千餘所。各縣比較，則以浠水較爲發達，計學校四百三十五所，學生一萬七千零九十一人。

丁、社會教育　社會教育，範圍甚廣，茲擇要言之。省立社教機關有圖書館、體育場各一所設於武昌，民衆教育館七所設於武昌、宜昌各處。漢口有市立圖書館、體育場及民衆教育館各一所，各教育館並附辦圖書、閱覽、講演、識字等事業。民衆學校除各校館附設外，並有單設武昌民衆學校十所。至各縣社會教育，計有民衆教育館八十餘所，民衆學校六百餘所。以襄陽較爲發達，有民衆學校三百零二所，學生二萬八千零九十五人。

戊、特種教育　特種教育以收復匪區民衆爲對象，其實施機關以中山民衆學校爲總樞紐，本省特種教育處曾招收中等以上學校畢業學生共百餘人，予以三個月之嚴格訓練，分發咸寧等十餘縣，設立中山民衆學校，計二十四年度成立中山民衆學校七十二所，容納學生八千四百四十三人。

己、留學教育　本省公費留學生，係考派與選補兩種並行。考派在國內舉行，選補則就已在國外留學自費生中選擇。對於自費生並有獎學金之規定。計本省現有各國公費生二十五名，自費獎學金生十五名。

二、二十四年度全省教育概況

類別	機關	教職員	學生		
			共計	男	女
總計	9 602	19 016	505 256	388 489	116 767
高等教育	6	410	1 569	1 342	227
大學校	3	314	1 384	1 205	179
學院	1	40	98	91	7
專科學校	2	56	87	46	41
中等教育	102	2 464	22 877	17 428	5 449
普通中學	76	1 774	18 543	14 247	4 296
師範學校	7	238	1 792	1 252	540
職業學校	19	452	2 542	1 929	613
初等教育	7 822	13 342	400 666	305 625	95 041
完全小學	436	4 248	94 999	66 132	28 867
初級小學	3 418	4 958	149 967	114 800	35 167
短期小學	646	660	41 894	31 344	10 550
簡易小學	124	132	4 982	4 257	725
聯保小學	3 162	3 278	106 567	87 807	18 760
幼稚園	36	66	2 257	1 285	972
社會教育	1 600	2 705	71 701	57 441	14 260
民眾教育館	91	288			

全年經費（元）					類別
共計	國庫	省款	縣市等款	私人款	
9 634 831	**1 159 918**	**2 482 333**	**3 553 292**	**2 439 288**	**總計**
1 501 110	**943 014**	**131 740**		**426 356**	**高等教育**
1 314 950	936 162	50 700		328 088	大學校
75 226		75 226			學院
110 934	6 852	5 814		98 268	專科學校
2 575 313		**1 104 339**	**202 226**	**1 268 748**	**中等教育**
1 782 435		587 236	96 183	1 099 016	普通中學
380 637		296 225	17 800	66 612	師範學校
412 241		220 878	88 243	103 120	職業學校
3 649 585	**130 000**	**722 210**	**2 086 801**	**710 574**	**初等教育**
1 885 005		474 796	944 002	466 207	完全小學
1 039 477		118 254	687 126	234 097	初級小學
214 772	130 000	82 304	1 868	600	短期小學
24 253		15 630	8 383	240	簡易小學
435 450			435 450		聯保小學
50 628		31 226	9 972	9 430	幼稚園
940 715		**123 333**	**783 772**	**33 610**	**社會教育**
146 472		58 792	86 180	1 500	民眾教育館

類別	機關	教職員	學生		
			共計	男	女
圖書館	27	52			
體育場	39	51			
民眾學校	648	817	56 379	45 223	11 156
其他	795	1 497	15 322	12 218	3 104
特種教育	**72**	**95**	**8 443**	**6 653**	**1 790**
中山民眾學校	72	95	8 443	6 653	1 790
留學經費					
教育行政					
其他					

附註：一、本表所列各數，係二十四年度下學期材料。

二、中等教育機關，係以每學校爲一計算單位，附設各科不另列一單位。其學生、教職員、經費各數，則以科別分析統計。例如應城縣原有縣立師範科一班，因受經費限制附設於該縣私立西河初級中學辦理，故在各縣市學校表内中等學校縣市區立一欄，對應城縣不另列一單位，而在學生、教職員、經費各表内，則均分別列有該師範科之學生數、教職員數及經費數是也。

三、社會教育多爲附設機關，其屬於附設者雖佔一單位，教職員及經費則不另列；其他一項包括民眾教育實驗區，民眾閱報處、講演處、問字代筆處、識字處、民眾茶園、公共娛樂場、各種訓練所及補習學校等在内。

四、全年經費國庫一項包括中央補助本省義務教育經費及特種教育處經費；省庫包括補助私立學校經費；縣市款包括區立、鄉立、鎮立等機關公費；私人款包括省立學校所收學雜費。

續表

全年經費（元）					類別
共計	國庫	省款	縣市等款	私人款	
30 878		21 496	7 462	1 920	圖書院
8 436		4 560	3 726	150	體育場
41 120		8 910	30 048	2 162	民衆學校
713 809		29 575	656 356	27 878	其他
968 108	**86 904**	**400 711**	**480 493**		**特種教育**
48 384	48 384				中山民衆學校
120 740		120 740			留學經費
207 096	10 932	121 604	74 560		教育行政
591 888	27 588	158 367	405 933		其他

三、二十四年度各縣市教育概況

縣市	教育機關		教職員	學生	全年經費（元）	每百方公里學校數
	學校	其他				
總計	8 847	755	19 016	505 256	9 634 831	4.7
武昌	352	38	2 748	43 761	3 615 047	13.3
漢陽	118	2	356	7 413	240 454	5.6
嘉魚	42	7	119	2 022	26 367	2.4
咸寧	102	2	146	4 318	34 906	8.1
蒲圻	97	11	164	2 943	41 202	7.9
崇陽	53	1	83	3 023	29 384	3.4
通城	160	10	203	7 447	35 411	1.4
通山	74	4	77	2 701	20 128	5.9
陽新	94	5	146	4 207	40 570	2.4
大冶	206	10	279	8 766	54 004	13.5
鄂城	151	4	209	6 296	40 469	8.2
黃岡	237	7	392	12 568	168 543	8.0
浠水	438	3	650	17 281	74 726	22.6
蘄春	370	16	578	13 566	113 743	13.9
廣濟	188	11	279	7 648	69 937	12.1
黃梅	30	16	63	1 520	31 048	1.7
英山	59	3	108	3 618	27 395	4.6

續表

縣市	教育機關		教職員	學生	全年經費	每百方公里
	學校	其他			（元）	學校數
羅田	37	1	60	2 647	20 629	1.6
麻城	165	5	209	6 065	48 000	3.5
黃安	168	7	212	8 463	57 698	7.6
黃陂	100	30	218	6 018	56 000	4.6
禮山	128		166	5 994	34 238	7.9
孝感	106	14	178	4 431	45 823	4.0
雲夢	72	5	96	2 873	25 484	11.9
漢川	54	4	122	4 172	25 499	3.7
應城	109	28	316	7 853	114 920	10.0
安陸	214	3	280	7 818	68 503	15.3
應山	101	3	133	4 064	20 597	3.9
隨縣	142	6	304	7 913	90 960	2.1
鍾祥	72	5	192	4 665	68 574	1.3
京山	59	13	130	3 052	30 393	1.5
天門	150	16	250	8 125	45 032	6.5
沔陽	177	8	304	7 663	63 548	3.8
潛江	64	15	98	2 899	26 696	4.4
監利	94	10	177	3 904	43 870	3.6
石首	56	4	76	3 650	26 215	3.4
公安	39	10	77	3 479	31 811	3.6

續表

縣市	教育機關		教職員	學生	全年經費（元）	每百方公里學校數
	學校	其他				
松滋	66	12	114	4 848	33 583	2.8
枝江	112	8	162	5 820	57 888	9.5
江陵	177	19	446	12 176	156 391	5.0
荊門	142	27	252	6 997	72 341	3.3
宜城	66	11	90	3 591	14 244	4.3
棗陽	160	3	324	8 354	57 434	4.5
襄陽	539	18	794	50 764	267 953	13.5
光化	217	8	318	9 141	61 039	22.0
穀城	158	11	252	6 799	36 579	6.7
保康	38		48	1 401	10 816	1.7
南漳	139	7	177	4 806	36 465	3.4
遠安	45		61	2 653	13 757	2.8
當陽	259	8	350	16 393	77 466	10.3
宜都	91	12	166	5 574	35 099	5.9
宜昌	158	154	927	13 601	395 864	4.0
興山	48	3	64	2 291	10 655	2.4
秭歸	40	14	83	3 270	17 243	2.2
長陽	70	1	202	3 709	26 280	2.0
五峯	49		60	1 982	15 312	2.2
鶴峯	34		46	1 571	11 149	1.0

續表

縣市	教育機關		教職員	學生	全年經費 （元）	每百方公里 學校數
	學校	其他				
宣恩	35	2	53	1 704	16 368	1.7
來鳳	47	3	66	1 907	14 956	2.1
咸豐	48	4	66	1 949	16 355	1.9
利川	101	4	136	3 178	35 735	3.4
恩施	104	3	183	4 767	62 931	2.3
建始	62		73	2 542	27 002	2.2
巴東	68	4	103	2 989	27 234	2.3
房縣	83	8	109	2 882	32 212	1.1
均縣	185	6	254	7 584	46 206	5.1
鄖縣	137	26	275	6 192	50 938	2.3
竹山	33	4	61	1 631	16 804	1.2
竹谿	68	6	102	2 527	21 669	2.6
鄖西	111	4	113	3 569	23 869	2.3
漢口市	279	31	2 288	42 221	1 788 073	100.0
不分縣					439 231	

附註：一、學校一項包括民眾學校及補習學校在內，各縣經費包括教育行政經費及其他教育事
業費在內。

二、不分縣之經費包括教育廳及特種教育處行政費，其他事業費及留學經費等。

貳、學　校

二十四年度各縣市學校

縣市	共計	大學及專校				中等	
		共計	國立	省立	私立	共計	省立
總計	**7 930**	**6**	**1**	**1**	**4**	**102**	**27**
武昌	316	6	1	1	4	37	13
漢陽	117					4	2
嘉魚	32						
咸寧	97						
蒲圻	91					1	
崇陽	48						
通城	149					1	
通山	72						
陽新	85					1	
大冶	193					1	
鄂城	142						
黃岡	228					2	1

學校		小學校及幼稚園				共計	縣市
縣市區立	私立	共計	省立	縣市立等	私立		
14	**61**	**7 822**	**718**	**6 146**	**958**	**7 930**	**總計**
	24	273	120	131	22	316	武昌
	2	113	13	94	6	117	漢陽
		32	7	23	2	32	嘉魚
		97	7	66	24	97	咸寧
1		90	8	79	3	91	蒲圻
		48	7	35	6	48	崇陽
1		148	7	141		149	通城
		72	7	65		72	通山
1		84	8	74	2	85	陽新
	1	192	7	184	1	193	大冶
		142	7	113	22	142	鄂城
	1	226	7	172	47	228	黃岡

縣市	共計	大學及專校				中等	
		共計	國立	省立	私立	共計	省立
浠水	436					1	
蘄春	363					3	
廣濟	182					1	
黄梅	19					1	
英山	55						
羅田	34						
麻城	158						
黄安	162						
黄陂	96					1	
禮山	122						
孝感	100					2	
雲夢	71						
漢川	25						
應城	104					2	
安陸	206					1	1
應山	97						

續表

學校		小學校及幼稚園				共計	縣市
縣市區立	私立	共計	省立	縣市立等	私立		
1		435	7	427	1	436	浠水
2	1	360	8	54	298	363	蘄春
	1	181	9	166	6	182	廣濟
1		18	7	8	3	19	黄梅
		55	7	40	8	55	英山
		34	7	25	2	34	羅田
		158	7	151		158	麻城
		162	8	85	69	162	黄安
1		95	7	43	45	96	黄陂
		122	7	77	38	122	禮山
	2	98	7	81	10	100	孝感
		71	8	62	1	71	雲夢
		25	8	15	2	25	漢川
	2	102	7	88	7	104	應城
		205	7	194	4	206	安陸
		97	7	79	11	97	應山

縣市	共計	大學及專校				中等	
		共計	國立	省立	私立	共計	省立
隨縣	140					2	
鍾祥	71					2	1
京山	40						
天門	102						
沔陽	99						
潛江	61						
監利	88						
石首	44						
公安	38						
松滋	62					1	
枝江	108						
江陵	130					3	1
荊門	136					1	1
宜城	54						
襄陽	159						
襄陽	234					5	3

續表

學校		小學校及幼稚園				共計	縣市
縣市區立	私立	共計	省立	縣市立等	私立		
	2	138	8	117	13	140	隨縣
		69	8	46	15	71	鍾祥
		40	8	31	1	40	京山
		102	8	93	1	102	天門
		99	8	88	3	99	沔陽
		61	8	53		61	潛江
		88	8	76	4	88	監利
		44	8	34	2	44	石首
		38	8	29	1	38	公安
1		61	8	48	5	62	松滋
		108	8	82	18	108	枝江
1	1	127	8	89	30	130	江陵
		135	7	128		136	荊門
		54	8	44	2	54	宜城
		159	7	128	24	159	棗陽
1	1	229	13	209	7	234	襄陽

縣市	共計	大學及專校				中等	
		共計	國立	省立	私立	共計	省立
光化	211					1	
穀城	104						
保康	38						
南漳	135						
遠安	45						
當陽	257						
宜都	91						
宜昌	151					6	2
興山	47						
秭歸	31						
長陽	70						
五峯	49						
鶴峯	32						
宣恩	34						
來鳳	47						
咸豐	47						

續表

學校		小學校及幼稚園				共計	縣市
縣市區立	私立	共計	省立	縣市立等	私立		
	1	210	7	190	13	211	光化
		104	7	94	3	104	穀城
		38	7	31		38	保康
		135	7	128		135	南漳
		45	7	38		45	遠安
		257	8	245	4	257	當陽
		91	8	65	18	91	宜都
	4	145	16	116	13	151	宜昌
		47	7	38	2	47	興山
		31	7	23	1	31	秭歸
		70	7	55	8	70	長陽
		49	7	35	7	49	五峯
		32	7	25		32	鶴峯
		34	7	27		34	宣恩
		47	7	40		47	來鳳
		47	7	40		47	咸豐

縣市	共計	大學及專校				中等	
		共計	國立	省立	私立	共計	省立
利川	100						
恩施	102					1	1
建始	62						
巴東	67						
房縣	82						
均縣	180						
鄖縣	136					1	1
竹山	33						
竹谿	38						
鄖西	110						
漢口市	265					20	

續表

學校		小學校及幼稚園				共計	縣市
縣市區立	私立	共計	省立	縣市立等	私立		
		100	7	93		100	利川
		101	8	91	2	102	恩施
		62	7	54	1	62	建始
		67	7	59	1	67	巴東
		82	7	75		82	房縣
		180	7	171	2	180	均縣
		135	8	124	3	136	鄖縣
		33	7	25	1	33	竹山
		38	7	28	3	38	竹谿
		110	7	103		110	鄖西
3	17	245	69	66	110	265	漢口市

叁、教　職　員

二十四年度各縣市教職員

縣市	共計	大學及專校				中等	
		共計	國立	省立	私立	共計	省立
總計	**16 216**	**410**	**215**	**40**	**155**	**2 464**	**943**
武昌	2 570	410	215	40	155	1 164	524
漢陽	354					115	80
嘉魚	65						
咸寧	136						
蒲圻	142					9	
崇陽	76						
通城	177					9	
通山	74						
陽新	119					6	
大冶	249					12	
鄂城	178						

學校		小學校及幼稚園				共計	縣市
縣市區立	私立	共計	省立	縣市立等	私立		
257	**1 264**	**13 342**	**1 416**	**9 231**	**2 695**	**16 216**	**總計**
	640	996	656	169	171	2 570	武昌
	35	239	46	135	58	354	漢陽
		65	7	56	2	65	嘉魚
		136	7	98	31	136	咸寧
9		133	8	116	9	142	蒲圻
		76	7	60	9	76	崇陽
9		168	7	161		177	通城
		74	7	67		74	通山
6		113	8	98	7	119	陽新
	12	237	7	224	6	249	大冶
		178	7	141	30	178	鄂城

縣市	共計	大學及專校				中等	
		共計	國立	省立	私立	共計	省立
黃岡	380					51	30
浠水	643					12	
蘄春	548					36	
廣濟	266					11	
黃梅	50					10	
英山	100						
羅田	50						
麻城	198						
黃安	192						
黃陂	152					18	
禮山	160						
孝感	152					26	
雲夢	92						
漢川	61						
應城	242					43	
安陸	251					21	21

續表

學校		小學校及幼稚園				共計	縣市
縣市區立	私立	共計	省立	縣市立等	私立		
	21	329	7	208	114	380	黃岡
12		631	7	620	4	643	浠水
18	18	512	8	78	426	548	蘄春
	11	255	41	185	29	266	廣濟
10		40	7	20	13	50	黃梅
		100	7	74	19	100	英山
		50	7	41	2	50	羅田
		198	7	191		198	麻城
		192	8	115	69	192	黃安
18		134	7	57	70	152	黃陂
		160	7	96	57	160	禮山
	26	126	7	102	17	152	孝感
		92	8	75	9	92	雲夢
		61	8	43	10	61	漢川
12	31	199	7	171	21	242	應城
		230	7	210	13	251	安陸

縣市	共計	大學及專校				中等	
		共計	國立	省立	私立	共計	省立
應山	112						
隨縣	270					29	
鍾祥	163					31	23
京山	82						
天門	149						
沔陽	156						
潛江	81						
監利	128						
石首	60						
公安	72						
松滋	107					10	
枝江	158						
江陵	322					61	43
荆門	232					20	20
宜城	74						
棗陽	316						

續表

學校		小學校及幼稚園				共計	縣市
縣市區立	私立	共計	省立	縣市立等	私立		
		112	7	92	13	112	應山
	29	241	8	196	37	270	隨縣
	8	132	8	89	35	163	鍾祥
		82	8	72	2	82	京山
		149	8	140	1	149	天門
		156	8	129	19	156	沔陽
		81	8	73		81	潛江
		128	8	96	24	128	監利
		60	8	45	7	60	石首
		72	8	63	1	72	公安
10		97	8	83	6	107	松滋
		158	8	122	28	158	枝江
7	11	261	8	146	107	322	江陵
		212	7	205		232	荊門
		74	8	58	8	74	宜城
		316	7	273	36	316	棗陽

縣市	共計	大學及專校				中等	
		共計	國立	省立	私立	共計	省立
襄陽	466					103	87
光化	288					13	
穀城	156						
保康	48						
南漳	167						
遠安	61						
當陽	345						
宜都	161						
宜昌	544					134	69
興山	59						
秭歸	59						
長陽	201						
五峯	60						
鶴峯	40						
宣恩	51						
來鳳	63						

續表

學校		小學校及幼稚園				共計	縣市
縣市區立	私立	共計	省立	縣市立等	私立		
8	8	363	59	258	46	466	襄陽
	13	275	7	225	43	288	光化
		156	7	137	12	156	穀城
		48	7	41		48	保康
		167	7	160		167	南漳
		61	7	54		61	遠安
		345	8	330	7	345	當陽
		161	8	120	33	161	宜都
	65	410	63	268	79	544	宜昌
		59	7	50	2	59	興山
		59	7	50	2	59	秭歸
		201	7	171	23	201	長陽
		60	7	46	7	60	五峯
		40	7	33		40	鶴峯
		51	7	44		51	宣恩
		63	7	56		63	來鳳

縣市	共計	大學及專校				中等	
		共計	國立	省立	私立	共計	省立
咸豐	64						
利川	135						
恩施	174						24	24
建始	73						
巴東	99						
房縣	105						
均縣	227						
鄖縣	209						22	22
竹山	56						
竹谿	61						
鄖西	110						
漢口市	1 975						474	

續表

學校		小學校及幼稚園				共計	縣市
縣市區立	私立	共計	省立	縣市立等	私立		
		64	7	57		64	咸豐
		135	7	128		135	利川
		150	8	126	16	174	恩施
		73	7	64	2	73	建始
		99	7	81	11	99	巴東
		105	7	98		105	房縣
		227	7	213	7	227	均縣
		187	8	176	3	209	鄖縣
		56	7	47	2	56	竹山
		61	7	49	5	61	竹谿
		110	7	103		110	鄖西
138	336	1 501	73	553	875	1 975	漢口市

肆、学　生

二十四年度各縣市學生

縣市	共計	大學及專校				中等	
		共計	國立	省立	私立	共計	省立
總計	**425 112**	**1 569**	**584**	**98**	**887**	**22 877**	**8 938**
武昌	37 328	1 569	584	98	887	11 320	4 799
漢陽	7 363					840	566
嘉魚	1 710						
咸寧	3 720						
蒲圻	2 525					91	
崇陽	2 551						
通城	7 081					143	
通山	2 517						
陽新	3 488					51	
大冶	8 020					29	
鄂城	5 310						

學校		小學校及幼稚園				共計	縣市
縣市區立	私立	共計	省立	縣市立等	私立		
2 177	11 762	400 666	59 814	277 826	63 026	425 112	**總計**
	6 521	24 439	15 917	5 421	3 101	37 328	武昌
	274	6 523	1 501	4 102	920	7 363	漢陽
		1 710	371	1 285	54	1 710	嘉魚
		3 720	439	2 475	806	3 720	咸寧
91		2 434	380	2 026	28	2 525	蒲圻
		2 551	360	1 906	285	2 551	崇陽
143		6 938	506	6 432		7 081	通城
		2 517	408	2 109		2 517	通山
51		3 437	713	2 593	131	3 488	陽新
	29	7 991	553	7 335	103	8 020	大冶
		5 310	355	4 367	588	5 310	鄂城

縣市	共計	大學及專校				中等	
		共計	國立	省立	私立	共計	省立
黄岡	11 730					561	345
浠水	17 196					105	
蘄春	13 294					248	
廣濟	6 967					89	
黄梅	1 150					72	
英山	3 077						
羅田	2 398						
麻城	5 443						
黄安	7 800						
黄陂	5 638					154	
禮山	5 398						
孝感	4 167					115	
雲夢	2 813						
漢川	2 183						
應城	5 731					417	
安陸	7 453					188	188

續表

學校		小學校及幼稚園				共計	縣市
縣市區立	私立	共計	省立	縣市立等	私立		
	216	11 169	563	7 868	2 738	11 730	黃岡
105		17 091	666	16 373	52	17 196	浠水
156	92	13 046	724	2 108	10 214	13 294	蘄春
	89	6 878	1 147	5 128	603	6 967	廣濟
72		1 078	372	520	186	1 150	黃梅
		3 077	686	1 855	536	3 077	英山
		2 398	700	1 578	120	2 398	羅田
		5 443	484	4 959		5 443	麻城
		7 800	640	4 360	2 800	7 800	黃安
154		5 484	722	2 125	2 637	5 638	黃陂
		5 398	430	3 344	1 624	5 398	禮山
	115	4 052	403	3 145	504	4 167	孝感
		2 813	531	2 129	153	2 813	雲夢
		2 183	726	1 243	214	2 183	漢川
38	379	5 314	367	4 496	451	5 731	應城
		7 265	608	6 361	296	7 453	安陸

縣市	共計	大學及專校				中等	
		共計	國立	省立	私立	共計	省立
應山	3 728						
隨縣	7 765					292	
鍾祥	4 503					253	203
京山	2 192						
天門	5 667						
沔陽	4 322						
潛江	2 621						
監利	3 184						
石首	2 150						
公安	2 434						
松滋	4 540					128	
枝江	5 620						
江陵	11 265					670	577
荊門	6 510					181	181
宜城	2 304						
棗陽	8 296						

續表

學校		小學校及幼稚園				共計	縣市
縣市區立	私立	共計	省立	縣市立等	私立		
		3 728	453	2 890	385	3 728	應山
	292	7 473	384	6 127	962	7 765	隨縣
	50	4 250	660	2 725	865	4 503	鍾祥
		2 192	478	1 654	60	2 192	京山
		5 667	585	5 041	41	5 667	天門
		4 322	394	3 435	493	4 322	沔陽
		2 621	532	2 089		2 621	潛江
		3 184	379	2 415	390	3 184	監利
		2 150	668	1 313	169	2 150	石首
		2 434	483	1 911	40	2 434	公安
128		4 412	588	3 475	349	4 540	松滋
		5 620	538	4 242	840	5 620	枝江
51	42	10 595	464	6 100	4 031	11 265	江陵
		6 329	477	5 852		6 510	荊門
		2 304	448	1 709	147	2 304	宜城
		8 296	210	6 961	1 125	8 296	襄陽

縣市	共計	大學及專校				中等	
		共計	國立	省立	私立	共計	省立
襄陽	12 597					978	865
光化	8 956					77	
穀城	4 639						
保康	1 401						
南漳	4 630						
遠安	2 653						
當陽	16 272						
宜都	5 574						
宜昌	13 008					1 315	661
興山	2 241						
秭歸	2 300						
長陽	3 709						
五峯	1 982						
鶴峯	1 461						
宣恩	1 664						
來鳳	1 907						

續表

學校		小學校及幼稚園				共計	縣市
縣市區立	私立	共計	省立	縣市立等	私立		
40	73	11 619	1 488	9 017	1 114	12 597	襄陽
	77	8 879	588	7 110	1 181	8 956	光化
		4 639	420	4 015	204	4 639	穀城
		1 401	326	1 075		1 461	保康
		4 630	422	4 208		4 630	南漳
		2 653	629	2 024		2 653	遠安
		16 272	810	15 208	254	16 272	當陽
		5 574	534	4 111	929	5 574	宜都
	654	11 693	1 829	8 198	1 666	13 008	宜昌
		2 241	420	1 760	61	2 241	興山
		2 300	444	1 788	68	2 300	秭歸
		3 709	575	2 829	305	3 709	長陽
		1 982	379	1 412	191	1 982	五峯
		1 461	452	1 000		1 461	鶴峯
		1 664	483	1 181		1 664	宣恩
		1 907	424	1 483		1 907	來鳳

縣市	共計	大學及專校				中等	
		共計	國立	省立	私立	共計	省立
咸豐	1 919						
利川	3 098						
恩施	4 579					350	350
建始	2 542						
巴東	2 940						
房縣	2 842						
均縣	7 231						
鄖縣	6 070					203	203
竹山	1 581						
竹谿	2 161						
鄖西	3 496						
漢口市	40 507					4 007	

續表

學校		小學校及幼稚園				共計	縣市
縣市區立	私立	共計	省立	縣市立等	私立		
		1 919	527	1 392		1 919	咸豐
		3 098	401	2 697		3 098	利川
		4 229	562	3 299	368	4 579	恩施
		2 542	309	2 213	20	2 542	建始
		2 940	366	2 443	131	2 940	巴東
		2 842	265	2 577		2 842	房縣
		7 231	486	6 516	229	7 231	均縣
		5 867	592	5 037	238	6 070	鄖縣
		1 581	252	1 290	39	1 581	竹山
		2 161	307	1 584	270	2 161	竹谿
		3 496	358	3 138		3 496	鄖西
1 148	2 859	36 500	6 153	13 630	16 717	40 507	漢口市

伍、經　　費

二十四年度各縣市教育經費

單位：元

縣市	共計	大學及專校				中等	
		共計	國立	省立	私立	共計	省立
總計	**7 726 008**	**1 501 110**	**941 100**	**75 226**	**484 784**	**2 575 313**	**1 099 130**
武昌	3 471 364	1 501 110	941 100	75 226	484 784	1 357 415	629 355
漢陽	223 088					125 811	86 838
嘉魚	19 363						
咸寧	26 228						
蒲圻	28 159					3 200	
崇陽	22 144						
通城	29 948					3 052	
通山	17 006						
陽新	23 832					2 046	
大冶	37 839					7 800	
鄂城	29 448						

學校		小學校及幼稚園				共計	縣市
縣市區立	私立	共計	省立	縣市立等	私立		
197 600	**1 278 583**	**3 649 585**	**801 522**	**2 084 855**	**763 208**	**7 726 008**	**總計**
	728 060	612 839	494 247	44 574	74 018	3 471 364	武昌
	38 973	97 277	31 163	34 860	31 254	223 088	漢陽
		19 363	2 352	16 595	416	19 636	嘉魚
		26 228	2 352	19 970	3 906	26 228	咸寧
3 200		24 959	2 688	19 391	2 880	28 159	蒲圻
		22 144	2 352	17 712	2 080	22 144	崇陽
3 052		26 896	2 352	24 544		29 948	通城
		17 006	2 352	14 654		17 006	通山
2 046		21 786	2 688	15 162	3 936	23 832	陽新
	7 800	30 039	2 352	25 320	2 367	37 839	大冶
		29 448	2 352	21 288	5 808	29 448	鄂城

縣市	共計	大學及專校				中等	
		共計	國立	省立	私立	共計	省立
黃岡	153 840					66 426	38 810
浠水	66 396					4 229	
蘄春	103 354					22 290	
廣濟	49 060					3 200	
黃梅	18 140					5 196	
英山	17 994						
羅田	13 376						
麻城	30 612						
黃安	41 326						
黃陂	44 423					7 164	
禮山	28 769						
孝感	38 524					7 813	
雲夢	21 684						
漢川	17 376						
應城	98 654					33 792	
安陸	65 382					16 580	16 580

續表

學校		小學校及幼稚園				共計	縣市
縣市區立	私立	共計	省立	縣市立等	私立		
	27 616	87 414	2 352	38 416	46 646	153 840	黃岡
4 229		62 167	2 352	58 815	1 000	66 396	浠水
14 200	8 090	81 064	2 688	23 146	55 230	103 354	蘄春
	3 200	45 860	4 834	34 854	6 172	49 060	廣濟
5 196		12 944	2 352	6 112	4 480	18 140	黃梅
		17 994	2 352	11 632	4 010	17 994	英山
		13 376	2 352	10 544	480	13 376	羅田
		30 612	2 352	28 260		30 612	麻城
		41 326	2 688	28 946	9 692	41 326	黃安
7 164		37 259	2 352	15 947	18 960	44 423	黃陂
		28 769	2 352	18 273	8 144	28 769	禮山
	7 813	30 711	2 352	25 339	3 020	38 524	孝感
		21 684	2 688	17 316	1 680	21 684	雲夢
		17 376	2 688	11 928	2 760	17 376	漢川
5 397	28 395	64 862	2 352	56 990	5 520	98 654	應城
		18 802	2 352	43 504	2 946	65 382	安陸

縣市	共計	大學及專校				中等	
		共計	國立	省立	私立	共計	省立
應山	13 982						
隨縣	83 589					29 292	
鍾祥	54 117					25 337	20 737
京山	21 321						
天門	24 618						
沔陽	50 280						
潛江	17 931						
監利	31 740						
石首	16 730						
公安	22 222						
松滋	27 859					4 899	
枝江	49 398						
江陵	124 421					48 649	40 265
荊門	56 743					18 573	18 573
宜城	10 469						
棗陽	49 254						

續表

學校		小學校及幼稚園				共計	縣市
縣市區立	私立	共計	省立	縣市立等	私立		
		13 982	2 352	10 400	1 230	13 982	應山
	29 292	54 297	2 688	41 241	10 368	83 589	隨縣
	4 600	28 780	2 688	18 892	7 200	54 117	鍾祥
		21 321	2 688	18 201	432	21 321	京山
		24 618	2 688	21 810	120	24 618	天門
		50 280	2 688	38 496	9 096	50 280	沔陽
		17 931	2 688	15 243		17 931	潛江
		31 740	2 688	24 252	4 800	31 740	監利
		16 713	2 688	11 059	2 966	16 713	石首
		22 222	2 688	18 934	600	22 222	公安
4 899		22 960	2 688	19 072	1 200	27 859	松滋
		49 398	2 688	42 150	4 560	49 398	枝江
3 984	4 400	75 772	2 688	39 484	33 600	124 421	江陵
		38 170	2 352	35 818		56 743	荊門
		10 469	2 688	7 241	540	10 469	宜城
		49 254	2 352	42 976	3 926	49 254	棗陽

縣市	共計	大學及專校				中等	
		共計	國立	省立	私立	共計	省立
襄陽	223 835					124 779	115 179
光化	50 850					7 560	
穀城	25 072						
保康	7 377						
南漳	26 338						
遠安	10 566						
當陽	70 595						
宜都	30 108						
宜昌	297 223					159 563	96 561
興山	8 455						
秭歸	13 234						
長陽	22 958						
五峯	13 105						
鶴峯	9 030						
宣恩	14 236						
來鳳	11 770						

續表

學校		小學校及幼稚園				共計	縣市
縣市區立	私立	共計	省立	縣市立等	私立		
4 800	4 800	99 056	43 260	42 489	13 307	223 835	襄陽
	7 560	43 290	2 352	33 410	7 528	50 850	光化
		25 072	2 352	21 480	1 240	25 075	穀城
		7 377	2 352	5 025		7 377	保康
		26 338	2 352	23 986		26 338	南漳
		10 566	2 352	8 214		10 566	遠安
		70 595	2 688	66 707	1 200	70 595	當陽
		30 108	2 688	22 682	4 738	30 108	宜都
	63 002	137 660	43 410	72 922	21 328	297 223	宜昌
		8 455	2 352	5 959	144	8 455	興山
		13 234	2 352	8 646	2 236	13 234	秭歸
		22 058	2 352	19 019	1 587	22 958	長陽
		13 105	2 352	10 013	740	13 105	五峯
		9 030	2 352	6 678		9 030	鶴峯
		14 236	2 352	11 884		14 236	宣恩
		11 770	2 352	9 418		11 770	來鳳

縣市	共計	大學及專校				中等	
		共計	國立	省立	私立	共計	省立
咸豐	13 314						
利川	31 788						
恩施	54 988					19 281	19 281
建始	24 784						
巴東	21 932						
房縣	25 258						
均縣	37 973						
鄖縣	41 375					16 951	16 951
竹山	12 740						
竹谿	15 010						
鄖西	16 808						
漢口市	1 203 300					454 415	

續表

學校		小學校及幼稚園				共計	縣市
縣市區立	私立	共計	省立	縣市立等	私立		
		13 314	2 352	10 962		13 314	咸豐
		31 788	2 352	29 436		31 788	利川
		35 707	2 688	29 496	3 523	54 988	恩施
		24 784	2 352	22 192	240	24 784	建始
		21 932	2 352	15 480	4 100	21 932	巴東
		25 258	2 352	22 906		25 258	房縣
		37 973	2 352	34 141	1 480	37 973	均縣
		24 424	2 688	19 936	1 800	41 375	鄖縣
		12 740	2 352	10 168	220	12 740	竹山
		15 010	2 352	11 516	1 142	15 010	竹谿
		16 808	2 352	14 456		16 808	鄖西
139 433	314 982	748 885	24 000	406 273	318 612	1 203 300	漢口市

陸、社　　教

一、二十四年度各縣市社會教育機關

縣市	共計	民眾教育館			圖書館			體
		省立	縣市立等	私立	省立	縣市立等	私立	省立
總計	1 600	7	80	4	8	17	2	1
武昌	74	1	2	1	2			1
漢陽	3		1					
嘉魚	17					1		
咸寧	3		1					
蒲圻	15	1			1			
崇陽	1		1					
通城	21		1			1		
通山	4		1					
陽新	12		1			1		
大冶	19		2	1				
鄂城	6		1					

育場		民眾學校			其他			縣市
縣市立等	私立	省立	縣市立等	私立	省立	縣市立等	私立	
37	**1**	**35**	**593**	**20**	**68**	**412**	**315**	**總計**
		23	2	2	25	4	11	武昌
			1			1		漢陽
1			1			12	2	嘉魚
			1			1		咸寧
1		2	1		7	2		蒲圻
								崇陽
1			11			7		通城
						3		通山
1			5	1		3		陽新
1			9			6		大冶
			2			3		鄂城

縣市	共計	民眾教育館			圖書館			體
		省立	縣市立等	私立	省立	縣市立等	私立	省立
黃岡	12		1	1				
浠水	5		1					
蘄春	23		1			1		
廣濟	16	1	1		1			
黃梅	27		1					
英山	3		1					
羅田	3							
麻城	9		1					
黃安	7		1			2		
黃陂	31		2					
禮山								
孝感	20		1	1				
雲夢	6		1					
漢川	29		1					
應城	33		5			1		
安陸	11		1					

續表

育場		民衆學校			其他			縣市
縣市立等	私立	省立	縣市立等	私立	省立	縣市立等	私立	
1			1	2		5	1	黃岡
			2			2		浠水
			4	2	1	14		蘄春
1		2	2		4	4		廣濟
1			1		7	7	10	黃梅
						2		英山
			2			1		羅田
1			4			3		麻城
						4		黃安
2			1			1	25	黃陂
								禮山
1			1	1		5	10	孝感
			1			4		雲夢
1			25			2		漢川
1						25	1	應城
1			5			4		安陸

縣市	共計	民衆教育館			圖書館			體
		省立	縣市立等	私立	省立	縣市立等	私立	省立
應山	7		1					
隨縣	8		1				1	
鍾祥	6		1			1		
京山	32		1			1		
天門	61	1	2		1			
沔陽	81		1			1		
潛江	16		1					
監利	12		1					
石首	16		1			2		
公安	11		1					
松滋	16		3					
枝江	12		2					
江陵	66	1	1		1			
荊門	33		6					
宜城	23		1			1		
棗陽	4		1					

育場		民衆學校			其他			縣市
縣市立等	私立	省立	縣市立等	私立	省立	縣市立等	私立	
			3			3		應山
1			1			4		隨縣
1			1			2		鍾祥
1			18			11		京山
1		2	40		5	9		天門
			73			3	3	沔陽
			1			14		潛江
			1			9	1	監利
						13		石首
			1			9		公安
1			3			9		松滋
			2			8		枝江
1		2		1	6	2	51	江陵
			2			25		荆門
			1	1		19		宜城
1			1			1		棗陽

縣市	共計	民衆教育館			圖書館			體
		省立	縣市立等	私立	省立	縣市立等	私立	省立
襄陽	323	1	1		1	1		
光化	14		1					
穀城	65		1				1	
保康								
南漳	11		1					
遠安								
當陽	10		1			1		
宜都	12		3					
宜昌	161	1	2		1			
興山	4		1					
秭歸	23		1					
長陽	1		1					
五峯								
鶴峯	2							
宣恩	3							
來鳳	3		1					

續表

育場		民眾學校			其他			縣市
縣市立等	私立	省立	縣市立等	私立	省立	縣市立等	私立	
2		2	300		7	6	2	襄陽
2			2	4		5		光化
1			32	3		25	2	穀城
								保康
			1			7	2	南漳
								遠安
2			1			4	1	當陽
1						8		宜都
	1	2	2		6	18	128	宜昌
			1			2		興山
1			7	2		9	3	秭歸
								長陽
								五峯
			2					鶴峯
1			1			1		宣恩
						2		來鳳

| 縣市 | 共計 | 民眾教育館 | | | 圖書館 | | | 體 |
		省立	縣市立等	私立	省立	縣市立等	私立	省立
咸豐	5		1					
利川	5		1			1		
恩施	5		1					
建始								
巴東	5		1					
房縣	6		1					
均縣	1		1					
鄖縣	27		1					
竹山	4		1					
竹谿	36		1					
鄖西	5		1					
漢口市	45		1			1		

育場		民衆學校			其他			縣市
縣市立等	私立	省立	縣市立等	私立	省立	縣市立等	私立	
			1			3		咸豐
			1			2		利川
			2			2		恩施
								建始
			1			3		巴東
1			1			3		房縣
1			1	1		6	1	均縣
1			1			24		鄖縣
						3		竹山
			1			5	29	竹谿
1			1			2		鄖西
1			4			6	32	漢口市

二、二十四年度各縣市社會教育職員

縣市	共計	民衆教育館			圖書館			體
		省立	縣市立等	私立	省立	縣市立等	私立	省立
總計	2 705	52	228	8	17	31	4	4
武昌	178	16	8	4	17			4
漢陽	2		2					
嘉魚	54					1		
咸寧	3		3					
蒲圻	20	6						
崇陽	2		2					
通城	26		3			1		
通山	1		1					
陽新	23		2			2		
大冶	26		4	1				
鄂城	22		2					
黃岡	7		2	1				
浠水	7		2					
蘄春	30		1			1		

育場		民衆學校			其他			縣市
縣市立等	私立	省立	縣市立等	私立	省立	縣市立等	私立	
45	**2**	**18**	**757**	**42**	**23**	**459**	**1 015**	**總計**
		18		16	16		79	武昌
								漢陽
1			2			5	45	嘉魚
								咸寧
			4			10		蒲圻
								崇陽
			22					通城
								通山
1			9	1		8		陽新
			18			3		大冶
			4			16		鄂城
			2	2				黃岡
			5					浠水
			4	2		22		蘄春

縣市	共計	民眾教育館			圖書館			體
		省立	縣市立等	私立	省立	縣市立等	私立	省立
廣濟	12	6	2					
黃梅	13		3					
英山	2		2					
羅田	8							
麻城	6		2					
黃安	11		5			2		
黃陂	61		4					
禮山								
孝感	26		3	2				
雲夢	4		2					
漢川	54		3					
應城	74		14			15		
安陸	29		2					
應山	21		3					
隨縣	34		3				3	
鍾祥	29		6					

育場		民眾學校			其他			縣市
縣市立等	私立	省立	縣市立等	私立	省立	縣市立等	私立	
			4					廣濟
					7	3		黃梅
								英山
			7			1		羅田
			4					麻城
						4		黃安
4			2			1	50	黃陂
								禮山
			1	1		4	15	孝感
			2					雲夢
1			50					漢川
1						34	10	應城
14			10			3		安陸
			12			6		應山
1			3			24		隨縣
4			4			15		鍾祥

縣市	共計	民眾教育館			圖書館			體
		省立	縣市立等	私立	省立	縣市立等	私立	省立
京山	48		2					
天門	98	5	7					
沔陽	143		4					
潛江	15		3					
監利	43		2					
石首	16		2			2		
公安	5		2					
松滋	7		6					
枝江	4		4					
江陵	124	5	2					
荊門	20		12					
宜城	16		3					
棗陽	8		3					
襄陽	328	7	4			3		
光化	30		3					
穀城	96		3				1	

續表

育場		民眾學校			其他			縣市
縣市立等	私立	省立	縣市立等	私立	省立	縣市立等	私立	
2			40			4		京山
1			80			5		天門
			73				66	沔陽
						12		潛江
			2			5	34	監利
						12		石首
			3					公安
1								松滋
								枝江
1				4		10	102	江陵
						8		荊門
				3		10		宜城
1			4					棗陽
2			300			8	4	襄陽
2			5	4		16		光化
3			35	5		25	24	穀城

縣市	共計	民衆教育館			圖書館			體
		省立	縣市立等	私立	省立	縣市立等	私立	省立
保康								
南漳	10		3					
遠安								
當陽	5		3					
宜都	5		4					
宜昌	383	7	20					
興山	5		3					
秭歸	24		1					
長陽	1		1					
五峯								
鶴峯	6							
宣恩	2							
來鳳	3		3					
咸豐	2		2					
利川	1		1					
恩施	9		3					

續表

育場		民眾學校			其他			縣市
縣市立等	私立	省立	縣市立等	私立	省立	縣市立等	私立	
								保康
			3				4	南漳
								遠安
						1	1	當陽
						1		宜都
	2					73	281	宜昌
			2					興山
			7	2		11	3	秭歸
								長陽
								五峯
			6					鶴峯
			2					宣恩
								來鳳
								咸豐
								利川
			6					恩施

縣市	共計	民衆教育館			圖書館			體
		省立	縣市立等	私立	省立	縣市立等	私立	省立
建始								
巴東	4		2					
房縣	4		2					
均縣	27		2					
鄖縣	66		5					
竹山	5		2					
竹谿	41		2					
鄖西	3		3					
漢口市	313		18			4		

續表

育場		民眾學校			其他			縣市
縣市立等	私立	省立	縣市立等	私立	省立	縣市立等	私立	
								建始
			2					巴東
			2					房縣
			2	2		20	1	均縣
4			4			53		鄖縣
						3		竹山
							39	竹谿
								鄖西
1			10			23	257	漢口市

三、二十四年度各縣市社會教育學生

縣市	共計	民衆學校			其他		
		省立	縣市立等	私立	省立	縣市立等	私立
總計	71 701	4 052	51 377	950	3 432	9 370	2 520
武昌	6 433	2 569	124	241	3 129	160	210
漢陽	50		50				
嘉魚	312		122			190	
咸寧	28		28				
蒲圻	199	159	40				
崇陽							
通城	366		366				
通山							
陽新	456		367	38		51	
大冶	345		345				
鄂城	42		42				
黄岡	376		30	76		270	
浠水	85		85				
蘄春	272		141	68	63		
廣濟	604	524	80				
黄梅	370		52		240	78	

續表

縣市	共計	民衆學校			其他		
		省立	縣市立等	私立	省立	縣市立等	私立
英山							
羅田	95		95				
麻城	183		183				
黄安							
黄陂	65		65				
禮山							
孝感	264		40	38		75	111
雲夢	60		60				
漢川	1 480		1 480				
應城	2 122					2 122	
安陸	365		230			135	
應山	336		156			180	
隨縣	148		75			73	
鍾祥	162		162				
京山	860		540			320	
天門	2 137	96	1 960			81	
沔陽	2 758		2 758				
潛江	67		67				

續表

縣市	共計	民眾學校			其他		
		省立	縣市立等	私立	省立	縣市立等	私立
監利	228		48			180	
石首	1 500					1 500	
公安	45		45				
松滋	308		178			130	
枝江	200		100			100	
江陵	911	326		45			540
荊門	487		167			320	
宜城	1 287		44	43		1 200	
棗陽	58		58				
襄陽	38 167	295	37 800				72
光化	185		75	110			
穀城	2 160		1 280	120		760	
保康							
南漳	176		68			25	83
遠安							
當陽	121		71			50	
宜都							
宜昌	593	83	80			430	

續表

縣市	共計	民衆學校			其他		
		省立	縣市立等	私立	省立	縣市立等	私立
興山	50		50				
秭歸	970		440	140		280	110
長陽							
五峯							
鶴峯	110		110				
宣恩	40		40				
來鳳							
咸豐	30		30				
利川	80		80				
恩施	188		188				
建始							
巴東	49		49				
房縣	40		40				
均縣	353		52	31		230	40
鄖縣	122		122				
竹山	50					50	
竹谿	366		66				300
鄖西	73		73				
漢口市	1 714		280			380	1 054

四、二十四年度各縣市社會教育經費

單位：元

縣市	共計	民衆教育館			圖書館			體
		省立	縣市立等	私立	省立	縣市立等	私立	省立
總計	**940 715**	**58 792**	**86 180**	**1 500**	**21 496**	**7 462**	**1 920**	**4 560**
武昌	127 018	17 499	1 160	1 200	21 496			4 560
漢陽	936		936					
嘉魚	679					150		
咸寧	1 236		1 236					
蒲圻	6 370	6 240						
崇陽	840		840					
通城	1 508		1 008					
通山	144		144					
陽新	7 170		786			60		
大冶	1 486		756					
鄂城	660		660					
黃岡	1 416		816	120				
浠水	780		780					
蘄春	1 446		228				228	
廣濟	7 304	6 240	1 064					

育場		民衆學校			其他			縣市
縣市立等	私立	省立	縣市立等	私立	省立	縣市立等	私立	
3 726	**150**	**8 910**	**30 048**	**2 162**	**29 575**	**83 364**	**600 870**	總計
		8 910			27 097		45 096	武昌
								漢陽
145			168			216		嘉魚
								咸寧
			130					蒲圻
								崇陽
			500					通城
								通山
72			3 304	200		2 748		陽新
90			540			100		大冶
								鄂城
			144	336				黃岡
								浠水
			480	120	126	264		蘄春
								廣濟

縣市	共計	民衆教育館			圖書館			體
		省立	縣市立等	私立	省立	縣市立等	私立	省立
黄梅	5 040		1 392					
英山	498		498					
羅田	2 088							
麻城	1 752		792					
黄安	3 820		3 400					
黄陂	2 101		1 476					
禮山								
孝感	1 772		648	180				
雲夢	843		768					
漢川	450		450					
應城	6 048		4 872			1 176		
安陸	1 282		720					
應山	1 320		1 080					
隨縣	2 400		720				1 680	
鍾祥	3 456		2 268					
京山	720		720					

續表

育場		民眾學校			其他			縣市
縣市立等	私立	省立	縣市立等	私立	省立	縣市立等	私立	
			288		2 352	1 008		黃梅
								英山
			1 668			420		羅田
			960					麻城
						420		黃安
65			240			320		黃陂
								禮山
						504	440	孝感
			75					雲夢
								漢川
								應城
			264			298		安陸
						240		應山
								隨縣
			936			252		鍾祥
								京山

| 縣市 | 共計 | 民衆教育館 | | | 圖書館 | | | 體 |
		省立	縣市立等	私立	省立	縣市立等	私立	省立
天門	8 575	5 673	2 422					
沔陽	1 488		1 488					
潛江	1 674		1 332					
監利	756		756					
石首	1 280		720			200		
公安	2 460		1 560					
松滋	595		595					
枝江	2 064		2 064					
江陵	23 499	5 800	726					
荆門	2 637		2 637					
宜城	962		888					
棗陽	817		792					
襄陽	28 886	8 740	1 680			2 300		
光化	2 698		1 248					
穀城	5 836		888				240	
保康								

育場		民眾學校			其他			縣市
縣市立等	私立	省立	縣市立等	私立	省立	縣市立等	私立	
			480					天門
								沔陽
			102			240		潛江
								監利
						360		石首
			900					公安
								松滋
								枝江
604						5 280	11 089	江陵
								荊門
				74				宜城
			25					棗陽
1 600			12 000			1 846	720	襄陽
250				200		1 000		光化
120			2 304	216		1 840	228	穀城
								保康

縣市	共計	民眾教育館			圖書館			體
		省立	縣市立等	私立	省立	縣市立等	私立	省立
南漳	2 604		1 008					
遠安								
當陽	1 445		1 305					
宜都	1 304		1 304					
宜昌	77 050	8 600	7 200					
興山	648		648					
秭歸	1 680		240					
長陽	288		288					
五峯								
鶴峯								
宣恩								
來鳳	600		600					
咸豐	660		660					
利川	852		672					
恩施	3 504		984					
建始								

育場		民衆學校			其他			縣市
縣市立等	私立	省立	縣市立等	私立	省立	縣市立等	私立	
			780	816				南漳
								遠安
						140		當陽
								宜都
	150					44 200	16 900	宜昌
								興山
120			220	80		1 020		秭歸
								長陽
								五峯
								鶴峯
								宣恩
								來鳳
								咸豐
			180					利川
			2 520					恩施
								建始

縣市	共計	民衆教育館			圖書館			體
		省立	縣市立等	私立	省立	縣市立等	私立	省立
巴東	720		720					
房縣	552		552					
均縣	2 548		948					
鄖縣	3 831		1 143					
竹山	420		420					
竹谿	1 330		1 330					
鄖西	1 132		1 132					
漢口市	562 737		14 712			3 348		

續表

育場		民衆學校			其他			縣市
縣市立等	私立	省立	縣市立等	私立	省立	縣市立等	私立	
								巴東
								房縣
						1 240	120	均縣
360			120	120		1 308		鄖縣
			720					竹山
								竹谿
								鄖西
300						18 100	526 277	漢口市

柒、特種教育

二十四年度各縣中山民眾學校

縣別	校數	教員數	學生數	經費數（元）
總計	72	95	8 443	48 384
咸寧	4	7	570	3 360
蒲圻	2	2	219	960
崇陽	5	5	472	2 400
通山	2	2	184	960
陽新	2	4	263	1 920
大冶	4	4	401	1 920
鄂城	7	9	944	4 320
黃岡	4	5	462	2 400
廣濟	1	1	77	480
英山	4	6	541	2 880
羅田	1	2	154	960
麻城	3	5	439	2 400

續表

縣別	校數	教員數	學生數	經費數（元）
黃安	6	9	663	7 104
黃陂	3	5	315	2 400
禮山	6	6	596	2 880
漢川	4	7	509	3 360
天門	3	3	348	1 440
沔陽	5	5	583	2 400
潛江	2	2	211	960
監利	4	6	492	2 880

捌、留學生

一、二十四年度國外留學生國別概況

國別	總計			公費生			自費生			百分比
	共計	男	女	共計	男	女	共計	男	女	
總計	112	99	13	25	24	1	87	75	12	100.00
日本	30	30		7	7		23	23		26.79
美國	26	19	7	4	4		22	15	7	23.21

續表

國別	總計			公費生			自費生			百分比
	共計	男	女	共計	男	女	共計	男	女	
德國	23	20	3	7	7		16	13	3	20.54
英國	15	13	2	4	3	1	11	10	1	13.39
法國	12	11	1	1	1		11	10	1	10.71
比國	3	3		2	2		1	1		2.68
奧國	2	2					2	2		1.79
坎拿大①	1	1					1	1		0.89

二、二十四年度國外留學生科別概況

國別	總計			公費生			自費生			百分比
	共計	男	女	共計	男	女	共計	男	女	
總計	**112**	**99**	**13**	**25**	**24**	**1**	**87**	**75**	**12**	**100.00**
法政	30	28	2	2	2		28	26	2	26.79
理科	19	17	2	5	4	1	14	13	1	16.96
工程	15	15		9	9		6	6		13.39
教育	12	9	3	2	2		10	7	3	10.71

---

① 即"加拿大"。

續表

國別	總計			公費生			自費生			百分比
	共計	男	女	共計	男	女	共計	男	女	
醫藥	11	7	4	2	2		9	5	4	9.82
農林	10	10		2	2		8	8		8.93
文哲	9	7	2	2	2		7	5	2	8.04
藝術	3	3					3	3		2.68
商業	2	2		1	1		1	1		1.79
體育	1	1					1	1		0.89

三、二十四年度國外留學生籍貫別概況

籍貫	總計			公費生			自費生		
	共計	男	女	共計	男	女	共計	男	女
總計	**112**	**99**	**13**	**25**	**24**	**1**	**87**	**75**	**12**
武昌	14	11	3	2	1	1	12	10	2
漢陽	5	5					5	5	
咸寧	1	1					1	1	
蒲圻	1	1					1	1	
大冶	1	1		1	1				

續表

籍貫	總計			公費生			自費生		
	共計	男	女	共計	男	女	共計	男	女
鄂城	5	4	1	3	3		2	1	1
黃岡	9	8	1	1	1		8	7	1
浠水	5	5		2	2		3	3	
蘄春	2	2		1	1		1	1	
廣濟	8	7	1	1	1		7	6	1
黃梅	2	2		1	1		1	1	
羅田	1		1				1		1
黃安	1	1					1	1	
黃陂	15	14	1	3	3		12	11	1
孝感	2	2		1	1		1	1	
雲夢	2	2		1	1		1	1	
漢川	1	1					1	1	
應城	2	2					2	2	
應山	2	2					2	2	
鍾祥	1	1		1	1				
京山	2	2					2	2	

續表

籍貫	總計			公費生			自費生		
	共計	男	女	共計	男	女	共計	男	女
天門	1	1					1	1	
沔陽	3	3		2	2		1	1	
潛江	3	3		1	1		2	2	
監利	3	3					3	3	
公安	2	2					2	2	
江陵	3	3					3	3	
襄陽	6	5	1	3	3		3	2	1
穀城	1		1				1		1
宜昌	1	1					1	1	
恩施	1	1					1	1	
漢口市	6	3	3	1	1		5	2	3

附註：一、以上三表所列學生數係二十四年度結束時人數。

二、公費生內有五人為半公費生。

三、自費生包括在本省領受獎學金及在教育部登記人數。

玖、私　　塾

二十四年度私塾概況

縣別	私塾數			全年所收學費數(元)			學　總數		
	共計	已改良	未改良	共計	已改良	未改良	共計	已改良	未改良
總計	11 654	5 909	5 745	985 540	544 936	440 604	225 463	124 437	101 026
武昌	279	115	164	28 652	12 642	16 010	4 589	2 032	2 557
漢陽	192	159	33	20 194	16 716	3 478	3 294	2 841	453
嘉魚	109	40	69	8 963	3 759	5 204	1 587	713	874
咸寧	51	51		7 409	7 409		828	828	
蒲圻	70	36	34	8 400	4 320	4 080	1 050	540	510
崇陽	69	54	15	2 521	1 963	558	1 274	1 039	235
通城	59	59		3 145	3 145		1 177	1 177	
通山	62	17	45	4 823	1 410	3 413	1 139	328	811
陽新	219	148	71	10 708	7 578	3 130	3 650	2,615	1 035
大冶	161	44	117	9 994	2 847	7 147	2 517	748	1 769
鄂城	103	11	92	8 843	1 498	7 345	1 793	229	1 564
黃岡	411	120	291	69 160	29 827	39 333	12 748	5 096	7 652

| 生 | | | | 塾師 | | | | | | | | | | | 縣別 |
| 年齡 | | 每年學費(元) | | 總數 | | | 學歷 | | | 年齡 | | 年俸(元) | | | |
最大	最小	最多	最少	共計	已改良	未改良	曾受師範教育	曾受中小學教育	私塾出身	最大	最小	最多	最少		
28	**3**	**80**	**0.4**	**11 743**	**5 961**	**5 782**	**823**	**3 614**	**7 306**	**88**	**17**	**800**	**5**		**總計**
25	5	30	1	279	115	164	4	47	228	75	20	500	20		武昌
21	6	20	2	192	159	33	11	56	125	60	18	320	26		漢陽
20	6	12	6	109	40	69		37	72	50	26	170	40		嘉魚
17	6	40	2	51	51		6	12	33	68	21	600	45		咸寧
18	5	16	5	70	36	34		36	34	65	20	240	80		蒲圻
18	6	12	1	69	54	15	4	55	10	55	21	300	20		崇陽
14	6	4	2	59	59		2	22	35	58	18	86	28		通城
22	6	10	4	62	17	45	25	19	18	66	22	140	60		通山
24	5	10	0.6	222	151	71	9	48	165	74	17	120	14		陽新
21	4	25	1	161	44	117	2	48	111	70	20	210	10		大冶
20	4	24	1	103	11	92	11	21	71	88	20	210	20		鄂城
18	3	16	1.5	426	136	290	15	245	166	68	17	364	35		黃岡

縣別	私塾數			全年所收學費數(元)			學		
							總數		
	共計	已改良	未改良	共計	已改良	未改良	共計	已改良	未改良
浠水	52	36	16	3 278	2 531	747	1 088	816	272
蘄春	83	11	72				1 232	212	1 020
廣濟	348	348		25 099	25 099		5 287	5 287	
黄梅	190	10	180	14 221	916	13 305	1 924	117	1 807
英山	61	61		2 977	2 977		938	938	
羅田	224	105	119	7 863	4 144	3 719	3 715	1 885	1 830
麻城	175	59	116	13 067	4 679	8 388	5 109	1 944	3 165
黄安	22	22		1 200	1 200		664	664	
黄陂	143	39	104	14 524	3 350	11 174	4 302	1 080	3 222
禮山	81	81		9 305	9 305		2 784	2 784	
孝感	285	57	228	36 030	8 614	27 416	5,066	1 192	3 874
雲夢	59	59		7 619	7 619		1 527	1 527	
漢川	168	23	145	14 479	2 424	12 055	2 725	458	2 267
應城	141	66	75	9 940	6 940	3 000	2 116	1 211	905
安陸	261	242	19	16 233	15 290	943	4 034	3 821	213
應山	613	248	365	37 037	15 684	21 353	8 666	3 921	4 745
隨縣	317	191	126	31 090	21 010	10 080	8 114	4 964	3 150

續表

生				塾師										縣別
年齡		每年學費(元)		總數			學歷			年齡		年俸(元)		
最大	最小	最多	最少	共計	已改良	未改良	曾受師範教育	曾受中小學教育	私塾出身	最大	最小	最多	最少	
20	3	20	1	53	37	16	10	23	20	65	20	140	15	浠水
22	5	20	1	83	11	72	2	19	62	62	19	126	15	蘄春
21	5	20	1	348	348		29	222	97	75	20	200	30	廣濟
23	4	30	1	190	10	180		59	131	73	18	400	10	黃梅
15	5	7	1	61	61			22	39	60	25	140	24	英山
20	4	15	0.5	226	107	119	37	67	122	62	18	70	15	羅田
20	7	24	4	175	59	116		46	129	68	20	240	70	麻城
16	6	2.5	1.5	22	22		9	7	6	62	20	80	30	黃安
22	3	35	1	182	43	139	9	55	118	78	19	300	10	黃陂
20	6	25	2	81	81		3	4	74	65	22	180	20	禮山
20	6	24	3	285	57	228	10	38	237	69	22	240	36	孝感
15	5	8	3	59	59			20	39	55	21	162	100	雲夢
23	5	30	1	168	23	145	15	30	123	80	20	310	25	漢川
18	5	50	0.8	141	66	75		57	84	75	20	330	28	應城
22	5	24	0.9	261	242	19	11	79	171	76	17	200	15	安陸
20	5	30	2	633	266	367	13	157	463	60	20	320	60	應山
25	5	30	1	317	191	126	44	91	182	71	22	330	20	隨縣

縣別	私塾數			全年所收學費數(元)			學 總數		
	共計	已改良	未改良	共計	已改良	未改良	共計	已改良	未改良
鍾祥	174	64	110	11 825	5 025	6 800	3 787	1 565	2 222
京山	207	157	50	15 496	13 908	1 588	4 466	3 977	489
天門	196	148	48	15 660	11 540	4 120	5 317	8 397	1 920
沔陽	441	85	356	48 513	14 192	34 321	6 749	1 621	5 128
潛江	329	221	108	19 471	13 618	5 853	5 805	4 233	1 572
監利	456	66	390	43 216	6 375	36 841	5 144	821	4 323
石首	107	50	57	14 973	7 876	7 097	1 263	640	623
公安	79	52	27	9 627	5 989	3 638	1 005	651	354
松滋	235	98	137	21 410	9 418	11 992	7 953	3 156	4 797
枝江	111	56	55	14 130	8 885	5 245	2 773	1 632	1 141
江陵	407	249	158	40 105	21 598	18 507	6 861	3 910	2 951
荆門	297	154	143	20 709	11 240	9 469	4 894	2 752	2 142
宜城	116	46	70	6 062	2 592	3 470	1 625	701	924
棗陽	308	216	92	20 280	14 402	5 878	6 520	4 965	1 555
襄陽	424	171	253	26 070	13 680	12 390	7 321	3 273	4 048
光化	119	38	81	11 686	3 964	7 722	3 063	1 193	1 870
穀城	136	85	51	11 177	6 967	4 210	1 327	968	359

續表

生				塾師											縣別
年齡		每年學費(元)		總數			學歷			年齡		年俸(元)			
最大	最小	最多	最少	共計	已改良	未改良	曾受師範教育	曾受中小學教育	私塾出身	最大	最小	最多	最少		
15	7	21	1	174	64	110	20	103	51	70	18	110	6		鍾祥
20	5	30	1	207	157	50	18	107	82	77	21	360	10		京山
16	6	16	4	196	148	48	6	108	82	60	20	140	40		天門
22	6	21	3	441	85	356	18	75	348	70	20	300	20		沔陽
26	4	18	1	329	221	108	11	108	210	78	20	425	8		潛江
18	5	30	4	456	66	390	8	70	378	60	18	260	30		監利
21	7	47	3	107	50	57	5	27	75	67	18	800	40		石首
25	5	40	2	79	52	27	9	20	50	70	20	500	40		公安
				235	98	137	36	87	112						松滋
18	6	40	2	111	56	55	22	32	57	76	18	800	40		枝江
24	6	50	1	407	249	158	36	55	316	75	20	546	22		江陵
24	5	20	0.4	297	154	143	14	77	206	74	18	200	12		荊門
18	7	20	1	116	46	70	12	33	71	64	25	120	25		宜城
22	5	15	1	308	216	92	19	87	202	79	19	150	20		襄陽
19	8	15	3	424	171	253	32	62	330	73	23	150	30		襄陽
20	6	19	1	119	38	81	8	31	80	74	24	200	60		光化
20	7	24	4	136	85	51		54	82	68	20	240	70		穀城

縣別	私塾數			全年所收學費數(元)			學 總數		
	共計	已改良	未改良	共計	已改良	未改良	共計	已改良	未改良
保康	41	7	34	1 786	344	1 442	645	151	494
南漳	82	52	30	5 050	3 730	1 320	1 422	1 006	416
遠安	26	12	14	1 025	585	440	606	322	284
當陽	7	7		800	800		256	256	
宜都	369	300	69	22 457	18 317	4 140	9 282	6 812	2 470
宜昌	138	95	43	10 622	9 557	1 065	2 711	1 860	851
興山	21		21	798		798	338		338
秭歸	34	28	6	2 860	2 490	370	937	739	198
長陽	281	93	188	18 720	7 440	11 280	8 430	2 883	5 547
五峯	25	6	19	960	242	718	438	122	316
鶴峯	24	7	17	1 209	575	634	416	157	259
宣恩	29	17	12	1 668	622	1 046	574	360	214
來鳳	7	5	2	530	380	150	73	51	22
咸豐	25	12	13	1 235	560	675	415	217	198
利川	29	22	7	3 233	2 503	730	454	363	91
恩施	84	4	80	5 675	2 686	2 989	1 221	499	722
建始	68	38	30	1 818	1 008	810	1 061	640	421

續表

生				塾師										縣別
年齡		每年學費(元)		總數			學歷			年齡		年俸(元)		
最大	最小	最多	最少	共計	已改良	未改良	曾受師範教育	曾受中小學教育	私塾出身	最大	最小	最多	最少	
19	7	50	1.5	41	7	34		8	33	70	25	120	12	保康
15	5	10	1.5	82	52	30	10	31	41	62	18	160	40	南漳
18	5	4.7	0.5	26	12	14	1	13	12	56	25	60	25	遠安
25	8	8	1	7	7			1	6	56	38	200	80	當陽
22	5	18	0.5	369	300	69	29	80	260	81	18	240	10	宜都
22	5	10	2	138	95	43	1	94	43	70	20	380	30	宜昌
18	5	25	1	21		21			21	73	22	60	18	興山
18	4	30	1	34	28	6	5	11	18	72	24	300	40	秭歸
16	5	10	2	281	93	188	19	81	181	55	25	120	40	長陽
20	6	5	1	25	6	19	2	5	18	72	20	70	20	五峯
				24	7	17	3	9	12					鶴峯
				29	17	12	4	17	8					宣恩
14	7	6	3	7	5	2		5	2	57	32	120	40	來鳳
16	5	20	2	25	12	13		22	3	65	22	100	20	咸豐
				30	23	7	5	7	18			180	70	利川
17	4	12	0.4	84	4	80	2	22	60	66	20	300	20	恩施
21	4	15	0.5	68	38	30	4	10	54	78	20	200	5	建始

縣別	私塾數			全年所收學費數(元)			學		
							總數		
	共計	已改良	未改良	共計	已改良	未改良	共計	已改良	未改良
巴東	91		91	3 485		3 485	1 470		1 470
房縣	27	16	11	3 120	1 940	1 180	593	341	252
均縣	129	31	98	6 456	1 724	4 732	2 248	660	1 588
鄖縣	56	48	8	3 343	2 939	404	1 160	975	185
竹山	41		41	3 806		3 806	755		755
竹谿	68	23	45	2 773	1 064	1 709	868	335	533
鄖西	86	2	84	3 963	220	3 743	1 168	67	1 101
漢口市	499	482	17	74 766	72 200	2 566	12 500	12 093	407
省會	217	134	83	26 198	16 845	9 353	4 612	3 066	1 546

附註：陽新縣，內有三塾，各設塾師二人。黃岡縣，內有十五塾，各設塾師二人。浠水縣，內有一塾，設塾師二人。蘄春縣，經費數未報。羅田縣，內有二塾，各設塾師二人。黃陂縣，內有三十九塾，各設塾師二人。應山縣，內有二十塾，各設塾師二人。京山縣，四、五兩區私塾，因災停辦，故未報。沔陽縣，第六區因災未報。公安縣，第二區因災未報。保康縣，三、四兩區因災未報。利川縣，內有一塾，設塾師二人。房縣，深山僻處之私塾未報。竹山縣，二、六兩區因災未報。竹谿縣，三、六、七、八、九等區，因匪未報。漢口市，內有七塾，各設塾師二人。

續表

生				塾師										縣別
年齡		每年學費（元）		總數			學歷			年齡		年俸（元）		
最大	最小	最多	最少	共計	已改良	未改良	曾受師範教育	曾受中小學教育	私塾出身	最大	最小	最多	最少	
16	6	5	1	91		91		80	11	42	18	50	20	巴東
16	6	8	2	27	16	11	1	20	6	62	24	200	80	房縣
20	6	15	1	129	31	98	3	22	104	72	20	120	12	均縣
20	5	10	1	56	48	8	14	20	22	65	20	200	30	鄖縣
22	6	15	0.5	41		41	1	10	30	78	21	200	16	竹山
19	5	15	1.5	68	23	45	3	9	56	77	20	150	16	竹谿
19	6	15	1	87	2	85	3	6	78	68	21	120	16	鄖西
28	4	80	1	506	489	17	118	180	208	79	21	800	23	漢口市
17	4	30	1	217	134	83	40	73	104	72	23	300	20	省會

拾、會　考

最近三年來中學師範學生畢業會考成績比較

類別	二十二年度			二十三	
	共計	上學期	下學期	共計	上學期
					中
					參加學
總計	2 701	1 222	1 479	3 169	1 158
高中	390	158	232	495	141
初中	2 311	1 064	1 247	2 674	1 017
					及格學
總計	1 396	605	791	1 654	504
高中	182	68	114	255	81
初中	1 214	537	677	1 399	423
					不及格
總計	1 305	617	688	1 515	654
高中	208	90	118	240	60
初中	1 097	527	570	1 275	594

年度	二十四年度			類別
下學期	共計	上學期	下學期	

學

生數

2 011	3 432	1 125	2 307	總計
354	772	211	561	高中
1 657	2 660	914	1 746	初中

生數

1 150	2 169	758	1 411	總計
174	469	150	319	高中
976	1 700	608	1 092	初中

學生數

861	1 263	367	896	總計
180	303	61	242	高中
681	960	306	654	初中

類別	二十二年度			二十三	
	共計	上學期	下學期	共計	上學期

補考學

類別	共計	上學期	下學期	共計	上學期
總計	**875**	**420**	**455**	**1 096**	**466**
高中	142	64	78	188	51
初中	733	356	377	908	415

留級學

類別	共計	上學期	下學期	共計	上學期
總計	**430**	**197**	**233**	**419**	**188**
高中	66	26	40	52	9
初中	364	171	193	367	179

及格學生佔參

類別	共計	上學期	下學期	共計	上學期
總計	**51.68**	**49.51**	**53.48**	**52.19**	**43.52**
高中	46.67	43.04	49.14	51.52	57.45
初中	52.53	50.47	54.29	52.32	41.59

不及格學生佔參

類別	共計	上學期	下學期	共計	上學期
總計	**48.32**	**50.49**	**46.52**	**47.81**	**56.48**
高中	53.33	56.96	50.86	48.48	42.55
初中	47.47	49.53	45.71	47.68	58.41

續表

年度	二十四年度			類別
下學期	共計	上學期	下學期	

生數

630	952	268	684	總計
137	241	46	195	高中
493	711	222	489	初中

生數

231	311	99	212	總計
43	62	15	47	高中
188	249	84	165	初中

加學生百分比

57.19	63.20	67.38	61.16	總計
49.15	60.75	71.09	56.86	高中
58.90	63.91	66.52	62.54	初中

加學生百分比

42.81	36.80	32.62	38.84	總計
50.85	39.25	28.91	43.14	高中
41.10	36.09	33.48	37.46	初中

類別	二十二年度			二十三	
	共計	上學期	下學期	共計	上學期
最優					
高中	算學黨義	算學	黨義	黨義歷史	黨義
初中	黨義	黨義	〃	黨義史地	〃
最劣					
高中	外國語化學	外國語	化學	物理	物理
初中	理化	理化	理化	外國語理化	外國語
師					
參加學					
總計	**268**		**268**	**367**	**208**
師範	110		110	167	82
鄉村師範	91		91	132	93
藝術師範	35		35	68	33
簡易師範	32		32		
及格學					
總計	**216**		**216**	**223**	**139**
師範	90		90	132	70

續表

年度	二十四年度			類別
下學期	共計	上學期	下學期	

科目

歷史	算學外國語	算學	外國語	高中
史地	外國語國文	外國語	國文	初中

科目

物理	理化	物理	理化	高中
理化	理化史地	理化	史地	初中

範

生數

159	514	314	200	總計
85	164	82	82	師範
39	124	38	86	鄉村師範
35	65	33	32	藝術師範
	161	161		簡易師範

生數

84	343	230	113	總計
62	102	66	36	師範

類別	二十二年度			二十三	
	共計	上學期	下學期	共計	上學期
鄉村師範	67		67	63	59
藝術師範	27		27	28	10
簡易師範	32		32		

不及格

總計	**52**		**52**	**144**	**69**
師範	20		20	35	12
鄉村師範	24		24	69	34
藝術師範	8		8	40	23
簡易師範	0		0		

補考學

總計	**38**		**38**	**94**	**57**
師範	10		10	26	10
鄉村師範	22		22	41	29
藝術師範	6		6	27	18
簡易師範	0		0		

續表

年度	二十四年度			類別
下學期	共計	上學期	下學期	
4	87	34	53	鄉村師範
18	44	20	24	藝術師範
	110	110		簡易師範

學生數

75	171	84	87	總計
23	62	16	46	師範
35	37	4	33	鄉村師範
17	21	13	8	藝術師範
	51	51		簡易師範

生數

37	139	63	76	總計
16	53	14	39	師範
12	33	3	30	鄉村師範
9	17	10	7	藝術師範
	36	36		簡易師範

類別	二十二年度			二十三	
	共計	上學期	下學期	共計	上學期

留級學

類別	共計	上學期	下學期	共計	上學期
總計	14		14	50	12
師範	10		10	9	2
鄉村師範	2		2	28	5
藝術師範	2		2	13	5
簡易師範	0		0		

及格學生佔參

類別	共計	上學期	下學期	共計	上學期
總計	80.60		80.60	60.76	66.83
師範	81.82		81.82	79.04	85.37
鄉村師範	73.63		73.63	47.73	63.44
藝術師範	77.14		77.14	41.18	63.44
簡易師範	100.00		100.00		

不及格學生佔參

類別	共計	上學期	下學期	共計	上學期
總計	19.40		19.40	39.24	33.17
師範	18.18		18.18	20.96	14.63
鄉村師範	26.37		26.37	52.27	36.56

續表

年度	二十四年度			類別
下學期	共計	上學期	下學期	
生數				
38	**32**	**21**	**11**	總計
7	9	2	7	師範
23	4	1	3	鄉村師範
8	4	3	1	藝術師範
	15	15		簡易師範
加學生百分比				
52.83	**66.73**	**73.25**	**56.50**	總計
72.94	62.20	80.49	43.90	師範
10.26	70.16	89.47	61.63	鄉村師範
51.43	67.69	60.61	75.00	藝術師範
	68.32	68.32		簡易師範
加學生百分比				
47.17	**33.27**	**26.75**	**43.50**	總計
27.06	37.80	19.51	56.10	師範
89.74	29.84	10.53	38.37	鄉村師範

類別	二十二年度			二十三	
	共計	上學期	下學期	共計	上學期
藝術師範	22.86		22.86	58.82	36.56
簡易師範	0		0		

最優

師範	算學		算學	算學	算學
鄉村師範	黨義		黨義	黨義算學	黨義
藝術師範	國畫		國畫	國畫	國畫
簡易師範	小學教材及教學法		小學教材及教學法		

最劣

師範	史地		史地	小學行政	小學行政
鄉村師範	"		"	小學行政鄉村教育	"
藝術師範	國文		國文	藝術教學法國文	藝術教學法
簡易師範	"		"		

附註：一、二十二年度上學期，師範尚未會考，故缺。

二、二十四年度上學期，因特殊情形，就各該校考試，本期成績較優，或以此故。

三、及格學生，係指全部學科及格而言。

四、不及格學生，包括補考留級在內，凡一、二科不及格者，應於下期補考，三科以上不及格者，照章留級。

五、學校呈送會考，而學生無故不到者，以留級計。

續表

年度	二十四年度			類別
下學期	共計	上學期	下學期	
48.57	32.31	39.39	25.00	藝術師範
	31.68	31.68		簡易師範

科目

算學	算學理化	算學	理化	師範
〃	算學	〃	算學	鄉村師範
國畫	西洋畫	西洋畫	西洋畫	藝術師範
	算學	算學		簡易師範

科目

小學行政	小學教材 及教學法	小學教材 及教學法	小學教材 及教學法	師範
鄉村教育	黨義 教育概論	黨義	教育概論	鄉村師範
國文	國文 藝術教學法	國文	藝術教學法	藝術師範
	國文	〃		簡易師範